Richard Carlson

Alles kein Problem in der Familie!

Einige einfache Methoden,
wie man die täglichen Pflichten
und das Chaos im Haushalt
besser in den Griff bekommt

Aus dem Amerikanischen
von Jutta Ressel

Knaur

Originaltitel: Don't Sweat the Small Stuff with Your Family
Originalverlag: Hyperion, New York

Die Einschweißfolie ist eine PE-Folie und biologisch abbaubar.
Dieses Buch wurde auf chlor- und säurefreiem Papier gedruckt.

Besuchen Sie uns im Internet:
www.droemer-weltbild.de

Umschlaggestaltung: Agentur ZERO, München
Satz: Ventura Publisher im Verlag
Druck und Bindung: Clausen & Bosse, Leck
Printed in Germany
ISBN 3-426-66619-7

2 4 5 3 1

Richard Carlson

Alles kein Problem in der Familie!

Ich widme dieses Buch meiner Familie – Kris, Jazzy und Kenna. Es bedeutet mir unendlich viel, mein Leben mit euch teilen zu dürfen. Danke, dass ihr einfach so für mich da seid und es mir auch verzeiht, wenn ich bisweilen in allem ein Problem sehe und mich verrückt mache.

Inhalt

Dank

Ich möchte meiner Familie und meinen Freunden von Herzen danken, dass sie mir als wertvolle Beispiele gedient haben und mir außerdem auch noch geholfen haben, hervorragende Strategien zu finden, nicht in allem ein Problem zu sehen und sich nicht verrückt machen zu lassen. Besonders danke ich meiner Frau Kris für ihre enorme Unterstützung und Mithilfe beim Schreiben dieses Buches. Sie hatte nicht nur viele gute Ideen, sondern hat sie auch noch überaus beeindruckend in die Tat umgesetzt. Ebenso möchte ich Leslie Wells danken, einer der besten Lektorinnen, die es gibt, sowie Patti Breitman und Linda Michaels für ihre unermüdliche Unterstützung, ihre ermutigenden Worte und natürlich ihr Fachwissen. Es bedeutet mir sehr viel, mit euch arbeiten zu dürfen. Schließlich will ich auch noch allen meinen Freunden bei Hyperion meinen Dank aussprechen, vor allem Vicky Chew, Jennifer Landers und Jennifer Lang, die meinetwegen keine Mühen gescheut haben.

Einführung

Egal, ob es sich um Ihre Kinder, Ihren Partner*, Ihre Eltern, Ihren heranwachsenden Sohn oder Ihre Tochter, Ihren Bruder oder Ihre Schwester oder auch um einen entfernteren Verwandten handelt – die Aussichten, dass sich die Familiendynamik bisweilen etwas schwierig gestaltet, stehen gut. Die Vertrautheit, die unvermeidlichen Eigenheiten, Erwartungen, Einschränkungen, nicht unter einen Hut zu bringende Pläne, Schrullen, Verpflichtungen und alles andere an familiärem Heckmeck können zu einem Umfeld beitragen, das von Stress geprägt ist. Außerdem wissen die Mitglieder Ihrer Familie am allerbesten, wie man Sie per Knopfdruck auf die Palme bringen kann. Kommen zu dieser Familiendynamik auch noch die üblichen Verpflichtungen und Ärgernisse eines Haushalts hinzu – Rechnungen, Ausgaben, das tägliche Abspülen, Papierberge, dünne Wände, Gartenarbeit, Telefonate, Haustiere, Nachbarn, Wäsche, Lärm, Unterhaltskosten und so weiter – dann haben Sie alle Voraussetzungen beisammen, um auf einen Nervenzusammenbruch zuzusteuern. Seien wir einmal ehrlich. Teil einer Familie zu sein ist sicher ein Privileg und etwas sehr Schönes, aber es kann sich bisweilen auch etwas schwierig gestalten, selbst wenn alles gut läuft. Wünschen Sie sich,

* Aus Gründen der Lesbarkeit verzichten wir generell auf die Verwendung der weiblichen Form. Selbstverständlich ist immer auch die Partnerin gemeint.

Ihre Familie positiv und liebevoll zu erfahren, müssen Sie lernen, geduldig zu sein und sich nicht von Kleinigkeiten verrückt machen zu lassen, die dann Ihr Dasein bestimmen. Es gibt sowieso schon genug Probleme, mit denen man zurechtkommen muss, was Familie und das Leben zu Hause angeht. Wenn Sie also daheim in allem ein Problem sehen und sich verrückt machen, dann werden Sie vermutlich bald zum Nervenbündel. Für mich ist das mit einer der wichtigsten Punkte: Sie haben viel zu verlieren: die Harmonie in Ihrem Heim, ja sogar Ihren Verstand!

Ich habe dieses Buch geschrieben, um Ihnen das Leben zu Hause mit Ihrer Familie etwas zu vereinfachen und es hoffentlich auch etwas liebevoller zu gestalten. Die Strategien haben die gängigsten Frustrationsquellen zum Inhalt und sollen Ihnen helfen, wieder Freude in Ihr Familienleben zu bringen – Freude, die so häufig ob all der kleinen Enttäuschungen und Widrigkeiten des Alltags verloren geht. Die Ratschläge sind so angelegt, dass sie Ihrem Einschätzungsvermögen, Ihrer Geduld und Ihrem gesunden Menschenverstand förderlich sind. Sie sollen Ihnen helfen, auf Ihre Familie und Ihr häusliches Leben mit mehr Gelassenheit zu reagieren, mit mehr Dankbarkeit und Wohlbehagen.

Menschen, die lernen, nicht in allem in der Familie und zu Hause ein Problem zu sehen, haben einen enormen Vorteil im Leben. Sie verschwenden viel weniger Energie aufgrund von Ärger und Frust, wodurch sie mehr Spaß haben und auch produktiver und einfühlsamer sein können. Die Energie, die sonst für Stressgefühle aufgewendet wird, ist dann nämlich auf Kreativität konzentriert, auf das Schaffen von freudvollen Erfahrungen. Wenn Sie sich Kleinigkeiten nicht mehr so unter die Haut gehen lassen, wird Ihre Familie für Sie eher zu einer Quelle der Freude. Sie sind dann geduldiger und umgänglicher. Das Leben erscheint Ihnen einfacher. Sie kommen sich weniger belastet und bedrängt vor und Sie erfahren mehr Harmonie in Ihrem Leben. Dieses friedvolle Gefühl überträgt sich dann auch auf die anderen Mitglieder Ihrer Familie.

Lernen Sie, den Dingen Ihren angemessenen Stellenwert zuzuweisen und sich nicht so schnell aus dem Konzept bringen zu lassen, wird Ihr Dasein einfacher, weniger stressvoll. Sie vermögen dann die Unschuld in anderen zu erkennen, selbst bei Verhalten, das Sie sonst auf die Palme getrieben hat. Auf diese Weise fühlen Sie sich als Familie enger zusammengehörig und als Einzelperson friedvoller. Außerdem gehen Sie dann mit sich selbst nicht so streng ins Gericht und sind weniger erpicht, dass alles einen bestimmten Gang zu gehen hat, damit Sie glücklich und zufrieden sind. Ihr Herz ist von mehr Liebe erfüllt, die sie mit den Menschen Ihrer Umgebung teilen. Letztendlich neigen Sie dann auch zu weniger Überreaktionen, was wiederum dazu beiträgt, dass auch Ihre Lieben sich von ihrer besten Seite zeigen.

Nachdem ich mein Buch »Alles kein Problem!« veröffentlicht hatte, haben mich viele Leute gefragt: »Ja geht es denn bei Ihnen zu Hause immer so friedlich zu?« Ich muss gestehen, dass dem nicht so ist. Von dem Augenblick an, als »Alles kein Problem!« die Regale in den Buchläden füllte, legten vor allem meine Kinder einen erheblich höheren Maßstab an mich an als je zuvor. Wie es scheint, lassen sie mir jetzt rein gar nichts mehr durchgehen. So war es zum Beispiel schon öfter der Fall, dass meine jüngere Tochter Kenna mit einem Exemplar meines Buches durch das Haus rannte und brüllte: »Alles kein Problem, Daddy!«, wenn ich wegen irgendetwas zu angespannt war und überreagierte. »Alles kein Problem, Daddy!« Meine achtjährige Tochter Jazzy geht manchmal sogar noch härter mit mir ins Gericht als ihre kleine Schwester. Kürzlich saßen wir beide beim Frühstück; an diesem Tag sollte ich quer durchs Land fliegen, um eine Firma zu unterweisen, wie man entspannter und stressfrei arbeiten kann. Während wir also beim Essen saßen und uns unterhielten, änderte ich plötzlich die Gesprächsrichtung und begann ihr einen Vortrag zu halten – was sie absolut nicht leiden kann. Zu einem bestimmten Zeitpunkt stand sie dann auf. Sie stemmte die Arme auf die Hüften und sagte in einem liebevollen, aber dennoch sarkastischen Ton: »Ach, Daddy, und du bringst wirklich Leuten bei, wie man sich entspannt?« Nun, ich gebe es ja zu; ich sehe bei meiner Familie viel öfter ein Problem als anderswo. Und ich möchte wetten, dass es Ihnen nicht anders geht!

Keiner von uns wird je hundert Prozent schaffen oder überhaupt an diese Marke heranreichen, wenn es darum geht, mit unserer Familie und dem Leben zu Hause zurechtzukommen. Es wird immer Zeiten geben, in denen wir uns frustriert und überfordert fühlen. Wir können jedoch einige wichtige Weichen stellen. Wir können tiefgehende, manchmal sogar drastische Verbesserungen im Umgang mit unserer Familie und den Verpflichtungen, die der Alltag mit sich bringt, erreichen. Wir können in der Tat unsere Lebensqualität grundlegend verbessern, und zwar als Einzelpersonen wie auch als Familie.

Der Wunsch, nicht in allem ein Problem zu sehen und sich verrückt machen zu lassen, ist im Leben von Millionen von Menschen zu einer Sache höchster Dringlichkeit geworden. Und nirgends kommt diesem Wunsch eine größere Bedeutung zu als im Umgang mit den Menschen, die wir lieben. Werden wir ein bisschen ruhiger und entspannter, können wir es vermeiden, unsere Familie, unsere Lieben als Selbstverständlichkeit zu betrachten, wie das sooft der Fall ist. Stattdessen wissen wir dann die Familie – ja sogar das Leben als solches – als Geschenk zu würdigen.

Können Sie diese Überlegungen zu einem Teil Ihres Lebens machen, werden Sie ein friedlicheres und liebevolleres Familienleben führen. Ihnen und Ihrer Familie wünsche ich das Allerbeste.

1.

Schaffen Sie ein positives emotionales Klima

Wie ein Garten am besten unter bestimmten Bedingungen gedeiht, so funktioniert auch Ihr Zuhause reibungsloser, wenn das emotionale Klima wohl durchdacht ist. Ein gutes emotionales Klima gibt Ihnen die Basis, mögliche Ursachen von Stress und Konflikten abzuwehren, so dass Sie nicht mehr auf jede Krise und Widrigkeit nur reagieren. Es hilft Ihnen, mit dem Leben zu *agieren* und nicht nur darauf zu *reagieren.*

Bei dem Versuch, für sich und Ihre Familie das ideale emotionale Klima zu schaffen, sollten Sie sich verschiedene wichtige Fragen stellen: Welche Art Mensch sind Sie? Welche Art von Umfeld tut Ihnen gut und welche benötigen Sie? Wünschen Sie sich ein friedlicheres Zuhause? Diese Fragestellungen sind von Bedeutung, um das optimale emotionale Klima herzustellen.

Das Schaffen eines emotionalen Klimas hat mehr mit Ihren inneren Vorlieben als mit Ihren äußeren Lebensumständen zu tun. So können beispielsweise die Art, wie Ihre Möbel arrangiert sind, die Wahl der Tapeten oder des Teppichs durchaus zum emotionalen Klima beitragen, obgleich sie nicht seine wichtigsten Bestandteile darstellen. Ihr emotionales Klima definiert sich nämlich hauptsächlich durch Dinge wie Lärmpegel, die Geschwindigkeit Ihrer jeweiligen Aktivität (rennt jeder herum wie ein aufgescheuchtes Huhn?), den Respekt füreinander und den Willen – oder eben auch den fehlenden Willen –, einfach nur still dazusitzen und zuzuhören.

Beispielsweise haben wir bei uns zu Hause beschlossen, eine Umgebung relativer Ruhe zu schaffen und auch aufrechtzuerhalten. Selbst wenn wir unsere Zielvorstellung oft nicht erreichen, unternehmen wir doch immer wieder Schritte, um Widrigkeiten zu unseren Gunsten zu wenden. Obwohl wir alle gern viel Zeit miteinander verbringen und das auch oft tun, hat doch jeder Einzelne von uns Freude daran, zu Hause auch einmal für sich zu sein. Die schlichte Erkenntnis, dass Alleinsein eher als etwas Positives betrachtet denn als negativ bewertet wird, erleichtert es uns allen, auf Lärm, Hyperaktivität und Chaos, die jederzeit entstehen können, einfühlsamer zu reagieren. Wir haben gelernt, ein Gefühl dafür zu entwickeln, wann ein Familienmitglied das Bedürfnis nach mehr Ruhe und Freiraum hat.

Außerdem versuchen wir, unnötige Hektik auf ein Minimum zu beschränken. Auch wenn unsere beiden Kinder erst acht und fünf Jahre alt sind, haben wir dieses Thema viele Male diskutiert. Als Familie haben wir uns darauf geeinigt, an diesem Punkt sowohl individuell als auch interaktiv zu arbeiten. Wenn ich also beispielsweise in die Gewohnheit verfalle, Hektik zu verbreiten, weil ich mehrere Dinge gleichzeitig erledigen will, habe ich meinen Kindern die Erlaubnis erteilt, mich zu ermahnen, langsamer zu machen. Sie wissen, wie wichtig ein gesundes Tempo für unsere Lebensqualität zu Hause ist, und es bereitet ihnen kein Problem, mich daran zu erinnern, wenn ich mit diesem Ziel einmal nicht in Einklang stehe.

Natürlich wird die ideale emotionale Umgebung von Familie zu Familie variieren. Ich bin jedoch davon überzeugt, dass Ihnen, wenn Sie nur etwas Zeit darauf verwenden darüber nachzudenken, in welcher Art von Umgebung Sie leben möchten, relativ einfache Veränderungen in den Sinn kommen werden, die Sie dann unschwer in die Tat umsetzen können. Seien Sie geduldig.

Vermutlich hat es viele Jahre gedauert, das derzeitige emotionale Klima herzustellen; es wird folglich auch eine Weile dauern, ein neues zu schaffen. Ich bin mir jedoch sicher, dass Sie diese Strategie langfristig gesehen besonders lohnend finden werden.

2.

Gönnen Sie sich zehn Minuten mehr Zeit

Wenn sie eine Einzelperson oder auch eine Familie fragen, was der größte Stressfaktor für sie ist, wird fast immer die Tatsache genannt, dass man ständig ein paar Minuten hinter seinem Zeitplan zurückliegt. Ganz egal, ob wir zu einem Fußballspiel, zur Arbeit, zum Flughafen, zu einem Picknick, zu einem ganz normalen Schultag oder zur Kirche unterwegs sind, die meisten von uns scheinen immer einen Grund zu finden, bis zur letzten Minute abzuwarten, bis wir endlich aufbrechen, wodurch wir natürlich in relativen Zeitdruck geraten. Dieses Verhalten verursacht eine ganze Menge unnötigen Stress, da unsere Gedanken ständig darum kreisen, wer da auf uns wartet, wie weit wir hinter unserem Zeitplan zurückliegen und wie oft das vorkommt. In der Regel krallen wir uns dann am Lenkrad unseres Autos fest, bekommen ein steifes Genick vor lauter Anspannung und machen uns Sorgen über die Konsequenzen, wenn wir uns verspäten. Zu spät zu kommen bereitet uns Stress und führt dazu, dass wir in allem ein Problem sehen und uns verrückt machen.

Dieses überaus gängige Problem kann jedoch ganz einfach gelöst werden, indem wir uns schlicht zehn Minuten mehr Zeit nehmen, um allein oder mit der Familie zu einer Verabredung zu kommen. Ungeachtet dessen, wohin Sie gerade wollen, nehmen Sie sich einfach vor, auf alle Fälle zehn

Minuten *früher* dort einzutreffen, anstatt bis zum letzten Augenblick zu warten und dann aus der Tür zu stürzen. Der Kunstkniff dabei besteht natürlich darin, sich ein bisschen früher als sonst fertigzumachen und auch sicherzustellen, dass die nötigen Vorbereitungen bereits getroffen sind, bevor Sie sich vielleicht noch einer anderen Tätigkeit zuwenden.

Ich kann Ihnen gar nicht sagen, wie sehr mir diese einfache Strategie in meinem Leben schon geholfen hat. Anstatt mich damit herumzuschlagen, im allerletzten Moment die Schuhe meiner Tochter oder meine Brieftasche zu suchen, bin ich jetzt meistens rechtzeitig fertig und habe sogar noch einen angenehmen Zeitpuffer. Machen Sie sich nicht vor, dass diese zehn Minuten mehr nicht viel ausmachen würden – sie tun es. Diese paar Minuten mehr vor oder zwischen den jeweiligen Unternehmungen können den Unterschied zwischen einem stressigen und einem erfreulichen Tag ausmachen. Außerdem werden Sie auch feststellen, dass Sie ohne Zeitdruck mehr Freude an allem haben, da sie nicht nur die einzelnen Tagesordnungspunkte in Hetze abhaken. Selbst ganz alltägliche Dinge können Spaß machen, wenn man nicht in solcher Eile ist.

Haben Sie eine Unternehmung beendet, gehen Sie etwas früher weg, um sich der nächsten zuzuwenden. Falls es Ihnen möglich ist, versuchen Sie doch, Ihre Aktivitäten – Arbeit, Spiel und auch alles andere – mit größeren Zwischenräumen zu planen. Aber treiben Sie es nicht zu weit mit der Einteilung Ihrer Zeit! Gestatten Sie sich ruhig auch etwas Muße – Zeit, in der Sie absolut nichts vorhaben.

Wenn Sie diese Strategie in die Tat umsetzen, werden Sie mit Erstaunen bemerken, wie entspannt Ihr Leben Ihnen plötzlich vorkommen wird. Das ständige Gefühl, sich mit allem Möglichen herumschlagen zu müssen, der Druck und die Hetze – all das wird durch ein Gefühl von Ruhe und Frieden ersetzt.

3.

Bedenken Sie, dass ein glücklicher Ehepartner auch ein hilfsbereiter ist

Dieses Konzept ist so offensichtlich, dass es mir schon fast peinlich ist, darüber zu schreiben. Dennoch bin ich zu dem Schluss gekommen, dass nur sehr wenige Ehen sich die bemerkenswerten Konsequenzen dieser Strategie zunutze machen. Die Idee besteht schlichtweg darin, dass Ihr Partner Ihnen gern behilflich sein wird, wenn er oder sie glücklich ist und sich anerkannt fühlt. Ist Ihr Partner hingegen unglücklich oder hat den Eindruck, als Selbstverständlichkeit betrachtet zu werden, dann wird er oder sie Ihnen *Ihr* Leben bestimmt nicht einfacher machen wollen.

Um keine Missverständnisse aufkommen zu lassen: Ich will hiermit nicht andeuten, dass es in Ihre Verantwortung fällt, Ihren Partner glücklich zu machen. Es ist Sache eines jeden Einzelnen, für sein Glück zu sorgen. Wir spielen jedoch durchaus eine wichtige Rolle, wenn es darum geht, unserem Partner das so wichtige Gefühl von Wertschätzung zu vermitteln.

Denken Sie doch einmal einen Augenblick über Ihre eigene Situation nach. Wie oft bedanken Sie sich ernsthaft bei Ihrem Mann oder Ihrer Frau für all die harte Arbeit, die er oder sie Ihretwegen leistet? Ich habe Hunderte von Leuten kennen gelernt, die zugaben, dass sie ihrem Part-

ner eigentlich nie auf diese Art und Weise gedankt haben, und kaum jemand, der das wirklich regelmäßig tut.
Ihr Mann beziehungsweise Ihre Frau ist jedoch auch Ihr Partner. Im Idealfall sollten Sie ihn oder sie deshalb so behandeln, wie Sie das auch mit Ihrem besten Freund oder Ihrer besten Freundin tun würden. Wenn Ihr bester Freund also beispielsweise zu Ihnen sagen würde: »Ich möchte gern ein paar Tage allein irgendwo verbringen«, was würden Sie da antworten? In den meisten Fällen würden Sie wahrscheinlich mit einer Bemerkung reagieren wie: »Das hört sich gut an. Das hast du dir auch verdient. Das solltest du tun.« Aber wenn Ihr Partner genau dasselbe sagen würde, wäre Ihre Reaktion dann die gleiche? Oder würden Sie darüber nachsinnen, auf welche Weise sein oder ihr Wunsch Auswirkungen auf Sie persönlich haben könnte? Würden Sie sich ausgeschlossen, abgelehnt oder verärgert fühlen? Ist ein guter Freund beziehungsweise eine gute Freundin mehr mit sich selbst beschäftigt oder mit dem Glück des Anderen? Meinen Sie, es ist ein Zufall, dass gute Freunde Ihnen mit Freuden helfen, wann immer es ihnen möglich ist?
Ganz offensichtlich können Sie Ihren Mann oder Ihre Frau nicht immer auf die gleiche Art und Weise behandeln, wie Sie das mit guten Freunden tun würden. Schließlich bringen eine Ehe, ein Haushalt und gemeinsame Finanzen eine ganze Menge Verantwortung mit sich. Dennoch kann die Dynamik ganz ähnlich sein. Käme zum Beispiel eine gute Freundin vorbei, um Ihnen Ihr Haus zu putzen, und nähme sie sich sogar noch die Zeit, um Ihnen das Abendessen zuzubereiten, was würden Sie da sagen? Wie würden Sie reagieren? Wenn Ihr Partner dasselbe tut, hat er dann nicht die gleiche Anerkennung und Dankbarkeit verdient? Ganz gewiss. Egal, welcher Art unsere Tätigkeit ist, ob wir zu Hause bleiben, außerhalb arbeiten oder beides kombinieren können, wir alle haben es

gern und auch verdient, geschätzt zu werden. Und sobald wir nicht mehr das Gefühl haben, als Selbstverständlichkeit betrachtet zu werden, liegt es in unserer Natur, hilfsbereit zu sein.

Kaum etwas ist leichter vorherzusagen als die Art, wie Menschen darauf reagieren, wenn sie sich anerkannt und geschätzt fühlen. Meine Frau und ich schätzen einander aufrichtig und wir versuchen, uns nie als Selbstverständlichkeit zu betrachten. Mir tut es ausgesprochen gut, wenn Kris mir sagt, wie sehr sie meine harte Arbeit zu würdigen weiß, und sie sagt mir das immer wieder, sogar noch nach über dreizehn Jahren Ehe. Und auch ich bemühe mich, immer daran zu denken, ihr meine Dankbarkeit für ihre harte Arbeit zu vermitteln und auch für den enormen Beitrag, den sie Tag für Tag für unsere Familie leistet. Das Ergebnis ist, dass es uns beiden große Freude bereitet, etwas für den anderen zu tun – nicht aus Verpflichtung, sondern weil wir uns gewürdigt wissen.

Vielleicht machen Sie es ja bereits genauso. Wenn ja, dann weiter so. Wenn allerdings nicht, dann ist es nie zu spät, damit anzufangen. Fragen Sie sich, wie Sie Ihre Dankbarkeit Ihrem Partner gegenüber zum Ausdruck bringen könnten. In der Regel ist die Antwort ganz einfach. Unternehmen Sie weitere Anstrengungen, um danke zu sagen, und tun sie es von Herzen. Denken Sie nicht so oft daran, was Sie für Ihre Beziehung tun, sondern was Ihr Mann beziehungsweise Ihre Frau dafür tut. Ich möchte wetten, dass Sie – wie alle anderen glücklichen Paare – feststellen werden: Je glücklicher und anerkannter sich Ihr Partner fühlt, desto öfter wird er oder sie auch bereit sein, Ihnen behilflich zu sein.

4.

Lernen Sie von Kindern, denn sie leben in der Gegenwart

Diese Strategie ist praktikabel, egal, ob Sie Kinder haben, die bei Ihnen zu Hause leben, oder nicht, ja sogar wenn Sie selbst nie eigene Kinder hatten. Sie könnten dann Zeit mit den Kindern anderer Leute verbringen oder einfach welche im Park beobachten. Sicher gilt diese Aussage nicht immer, aber die meiste Zeit leben Kinder ganz selbstverständlich im gegenwärtigen Augenblick; das ist besonders für Kleinkinder zutreffend.

Das Leben im »gegenwärtigen Augenblick« zu erfahren ist weder ein mysteriöses Unterfangen noch eine große Sache. Im Grunde beinhaltet es nichts weiter, als Sorgen, Kümmernissen, Reuegefühlen, Irrtümern, dem Eindruck, »dass da etwas nicht stimmt«, Angelegenheiten, die es zu erledigen gilt, Dingen, die einen beunruhigen, der Zukunft und der Vergangenheit weniger Aufmerksamkeit zu schenken. In der Gegenwart zu leben heißt schlichtweg, sein Leben jetzt zu leben, wobei das Augenmerk vollkommen auf den gegenwärtigen Moment gerichtet bleibt, und Ihren Gedanken nicht zu gestatten, in Richtungen abzuschweifen, die mit diesem Moment gar nichts zu tun haben. Wenn Ihnen das gelingt, genießen Sie nicht nur den Augenblick in vollen Zügen, sondern Sie geben auch noch Ihr Bestes an Leistung und Kreativität, weil Sie nämlich viel weniger von Ihren Wünschen, Bedürfnissen und Sorgen abgelenkt werden.

Glückliche Menschen wissen, dass – ganz egal, was gestern, vergangenen Monat oder vor einem Jahr passiert ist oder was in ein paar Stunden, morgen oder nächstes Jahr auch geschehen mag – das Hier und Jetzt der einzige Zeitpunkt ist, zu dem man wirklich Glück finden und erfahren kann. Das heißt natürlich nicht, dass Sie nicht von Ihrer Vergangenheit beeinflusst werden oder dass Sie nichts aus ihr gelernt hätten; auch nicht, dass Sie keine Zukunftspläne schmieden sollten – wie zum Beispiel für den Ruhestand und so weiter. Ich will Ihnen lediglich begreiflich machen, dass Ihre effektivste, stärkste und positivste Energie die Energie von heute ist – die Energie des Hier und Jetzt. Wenn Sie sich also Sorgen machen und beunruhigt sind, dann bezieht sich das in der Regel auf etwas, das schon vorbei ist, oder auch auf etwas, das noch kommen wird, nicht auf das Heute.

Kinder begreifen intuitiv, dass das Leben aus einer Abfolge von gegenwärtigen Augenblicken besteht, wobei jeder voll erfahren werden will, einer nach dem anderen – so, als käme jedem die gleiche Bedeutung zu. Sie gehen in der Gegenwart auf und schenken dem Menschen, mit dem sie gerade zu tun haben, ungeteilte Aufmerksamkeit.

Ich erinnere mich noch gut an einen rührenden Vorfall vor fünf oder sechs Jahren. Meine Frau und ich hatten einen Babysitter engagiert, der auf unsere damals zweijährige Tochter aufpassen sollte, während wir abends ausgingen. Die Kleine und ich spielten gerade miteinander in ihrem Sandkasten, als der Babysitter kam. Als ich aufstand, um zu gehen, stieß meine Tochter einen missbilligenden Schrei aus. Es war, als wollte sie sagen: »Wie kannst du es wagen, unser Spiel zu unterbrechen, wo wir doch gerade so viel Spaß miteinander haben!« Sie brüllte und schrie und beklagte sich, dass sie nicht den Babysitter wolle sondern *mich*. Kurz nachdem wir »entwischt« waren, fiel mir auf, dass ich meine Autoschlüssel vergessen hatte, und ich ging noch einmal zurück, um sie zu holen. Ich stahl mich durch die Hintertür ins Haus und sah, wie meine Tochter über das ganze Gesicht strahlte und lachte und wieder in ihrem Sandkasten spielte. Sie war vom gegenwärtigen Augenblick völlig gefangen genommen; die Vergangenheit hatte sie komplett losgelassen – selbst wenn diese Vergangenheit nur ein paar Minuten zurücklag.

Wie oft tut ein Erwachsener dergleichen? Ein Psychologe oder Zyniker mag ja vielleicht sagen, dass meine Tochter mich manipulieren wollte mit ihrem Gebrüll – und in dieser Annahme mag durchaus ein Körnchen Wahrheit stecken. Ein glücklicher Mensch jedoch wird erkennen, dass sie eben nur in jenem Moment lautstark Widerspruch eingelegt hat, um dann zum nächsten Augenblick fortzuschreiten. Sobald ich die Szenerie verlassen hatte, fühlte sie sich frei, ihre Aufmerksamkeit wieder auf das Hier und Jetzt zu richten – eine hervorragende Lektion für uns alle.

Nehmen Sie sich diese Strategie zu Herzen und entdecken Sie, dass sich dem gegenwärtigen Augenblick hinzugeben eine Qualität ist, nach der zu streben sich durchaus lohnt. Sie werden so die Fähigkeit gewinnen, gewöhnliche Ereignisse auf außergewöhnliche Weise zu erfahren. Dann werden Sie viel weniger Energie darauf verwenden, sich einzureden, dass momentan sowieso alles nicht so recht läuft, und mehr Zeit damit zubringen, den besonderen Augenblick zu genießen, in dem Sie sich gerade befinden – diesen jetzt nämlich.

5.

Schützen Sie Ihr Privatleben

Ihr Heim ist Ihr Zufluchtsort vor der Welt. Wenn Sie es zulassen, dass zu viel von dem Irrsinn draußen in Ihr Heim eindringt, dann verlieren Sie eine mögliche Quelle des Friedens oder reduzieren sie zumindest. Während es den meisten ein Anliegen ist, ihre körperliche Sicherheit zu schützen und auch Schritte unternehmen, um das zu gewährleisten, vernachlässigen wir oft unsere emotionale oder seelische Sicherheit, wenn wir sie nicht sogar ganz ignorieren.

Das eigene Privatleben zu schützen und zu respektieren heißt sich wie anderen klarzumachen, dass Sie sich selbst und auch Ihren Seelenfrieden zu schätzen wissen. Es bedeutet, dass Ihnen Ihr Wohlergehen und Ihr Glück überaus wichtig sind. Ihr Heim ist einer der wenigen Orte, wo Sie in der Regel ein gewisses Maß an Kontrolle über das haben, was zu Ihnen vordringt und was nicht. Das Zuhause ist oft ein Ort, wo Sie die Macht haben, nein zu sagen.

Der Schutz des Privatlebens kann vielerlei Aspekte beinhalten. Es kann bedeuten, dass Sie Ihren Anrufbeantworter Anrufe und Nachrichten aufzeichnen lassen, damit Sie nicht selbst ans Telefon müssen. Oft stürzen wir aus reiner Gewohnheit an den Apparat, obwohl wir eigentlich mit gar niemandem sprechen wollen. Ist es dann ein Wunder, dass wir uns überrumpelt oder bedrängt fühlen? Meine grundsätzliche Strategie ist, nicht ans Telefon zu gehen, wenn ich lieber allein sein möchte oder wenn ich mich bereits mit jemandem aus meiner Familie beschäftige, der meine Aufmerksamkeit will oder braucht. Warum unterbrechen wir unsere Lieben, nur um mit jemandem zu telefonieren, den wir vielleicht nicht einmal kennen?

Wenn Sie Kinder haben, könnten Sie versuchen, die Anzahl der Einladungen für ihre Spielkameraden zu begrenzen, die bei Ihnen vorbeikommen wollen. Damit wollen Sie keineswegs eine ungesellige Umgebung schaffen, sondern es geht Ihnen lediglich darum, ein Gefühl der Ausgeglichenheit und Harmonie in Ihrem Heim herzustellen. Im Lauf der vergangenen Jahre hatten meine Frau und ich oft das Gefühl, dass unser Zuhause eher einem Bahnhof oder einer Bushaltestelle glich als einem Ort, wo man sich zurückziehen kann. Indem wir einfach unser Bedürfnis anerkannt haben, eine friedlichere Umgebung schaffen zu wollen, und indem wir einige geringfügige Korrekturen vorgenommen haben, um unser Privatleben zu schützen, ist es uns schließlich gelungen, die Balance wiederherzustellen.

Sie können lernen, öfter nein zu sagen zu Vorschlägen, die Sie von Ihrem Zuhause fern halten, und Sie können ebenfalls lernen, weniger Freunde und andere Leute zu sich nach Hause einzuladen. Um es noch einmal zu sagen: Sie machen das nicht, um zum Einsiedler zu werden oder um Ihre Freunde und Familie von anderen zu entfremden, sondern um Ihrem Bedürfnis nach einem Privatleben gerecht zu werden und es sich auch zu bewahren. Wenn Sie so an die Sache herangehen, werden Sie bald einen wesentlichen Unterschied in Ihrem Lebensgefühl feststellen. Sie werden ein stärkeres Gefühl von Behaglichkeit und Frieden empfinden. Und *wenn* Sie andere zu sich nach Hause einladen oder auch eine großzügige

Einladung annehmen, dann werden Sie das in dem Bewusstsein tun, dass es Ihrem aufrichtigen Wunsch entspringt und nicht nur der Tatsache, dass Sie sich unter Druck oder verpflichtet fühlen.

Wir alle brauchen ein gewisses Maß an Privatleben. Wenn Sie nach Hause kommen, wissen Sie, dass das Ihr Heim ist. Egal, ob Sie bei jemandem in einem kleinen Zimmer zur Untermiete wohnen, in einer Wohnung leben oder ein Eigenheim besitzen, achten Sie Ihr Bedürfnis nach einer Privatsphäre. Im Handumdrehen werden Ihnen Widrigkeiten nicht mehr so unter die Haut gehen.

6.

Verzeihen Sie sich Ihre Wutausbrüche

Es ist mir egal, wer Sie sind oder wie abgeklärt Sie sich geben – es gibt Zeiten, in denen Sie schlichtweg aus der Rolle fallen. Meist ist es eigentlich nicht groß der Rede wert, wenn man einmal einen Wutausbruch hat. Sie werden ärgerlich oder erheben Ihre Stimme, denn Sie fühlen sich ungerecht behandelt oder als Selbstverständlichkeit betrachtet. Sie reißen vor Abscheu die Hände hoch. Sie geraten so unter Stress, dass Sie das Gefühl haben, jeden Moment auszuflippen. Sie fluchen vielleicht lautstark, oder, was noch schlimmer ist, dreschen womöglich auf etwas ein und werfen mit Gegenständen um sich. Doch es ist wichtig, dass Sie sich so einen Wutausbruch verzeihen – außer Sie haben tatsächlich jemanden verletzt oder sich selbst wehgetan – und sich eingestehen, dass auch Sie nur ein Mensch sind, dass Sie darüber hinweggehen und geloben, in Zukunft weniger ärgerlich zu werden. Das ist das Beste, was Sie tun können.

Ein größeres Problem als der Wutausbruch an sich ist meines Erachtens die Art, wie wir uns hinterher selbst dafür bestrafen. Sie sagen sich, welch ein schlechter Mensch Sie doch sind und dass Sie die Dinge zu Hause nicht in den Griff bekommen. Sie haben Schuldgefühle und sind erfüllt von Negativität und Selbstmitleid. Leider führt so ein selbstzerstörerischer innerer Monolog zu nichts Positivem; ja, er ermuntert uns vielleicht sogar noch, genau das Verhalten zu wiederholen, über das wir uns gerade noch so aufgeregt haben, indem es nämlich unsere Aufmerksamkeit weiterhin auf das Problem konzentriert.

Im Lauf meines Berufslebens als Psychologe habe ich einige außergewöhnliche Menschen kennen gelernt, darunter auch eine Vielzahl weltberühmter Therapeuten und wissenschaftlicher Autoren, die sich darauf spezialisiert haben, andere darin zu unterweisen, wie man in Frieden leben kann. Wenn die meisten von ihnen auch wirklich friedliche und einfühlsame Menschen sind, so ist, wie sie selbst zugegeben haben, nicht einer dabei, der frei von gelegentlichen Wutausbrüchen wäre. Jeder ist nur ein Mensch und hat es verdient, dass man ihm verzeiht. Besonders Sie!

Friedlicher zu werden, vor allem in der Vertrautheit des eigenen Zuhauses, ist ein langer Prozess, kein kurzfristig zu erreichendes Ziel. Es ist nichts Besonderes, wenn Leute mir berichten: »Ich habe gelernt, mich weit weniger in etwas hineinzusteigern, und ich bin viel glücklicher als zuvor, aber hin und wieder geht doch noch der Gaul mit mir durch.« Meine Reaktion ist fast immer: »Herzlichen Glückwunsch! Sie machen Ihre Sache gut.«

Einer der Schlüssel, wie Sie sich selbst rasch verzeihen können, ist zuzugeben, dass Sie aus der Rolle gefallen sind, und sich dann bewusst zu machen, dass es bestimmt *wieder* passieren wird – wahrscheinlich mehrere tausend Mal. Das ist schon in Ordnung so. Das einzig Wichtige ist, dass Sie sich in die richtige Richtung bewegen. Und wenn Sie erst einmal damit begonnen haben, sich Ihre eigenen Wutausbrüche zu verzeihen, dann wird es auch viel einfacher, anderen den gleichen Gefallen zu erweisen.

Irgendwie gefällt es mir in gewisser Weise sogar – manchmal –, wenn sich eines meiner Kinder ein bisschen daneben benimmt, weil ich so nämlich die Möglichkeit bekomme, mein Mitgefühl zu zeigen, und wohl auch, weil ich daran erinnert werde, dass wir alle im selben Boot sitzen. Schließlich weiß ich ja selbst, wie schlecht man sich dabei fühlt.
Wenn Sie sich also Ihre Wutausbrüche verzeihen und anderen auch, dann werden die Tiefs in Ihrem Leben ebenso zurückgehen wie der Hang, in allem ein Problem zu sehen und sich verrückt zu machen.

7.

Hören Sie ihr zu – und ihm auch

Wenn ich mir einen einzigen Vorschlag aussuchen müsste, der praktisch bei allen Beziehungsproblemen – somit natürlich auch in der Familie – hilfreich ist, dann wäre das, ein besserer Zuhörer zu werden. Und obgleich die breite Mehrheit ausgiebig an dem Problem zu arbeiten hat, so muss ich doch mit Schande gestehen, dass wir *Männer* den größten Bedarf haben.

Von Hunderten von Frauen, die ich im Lauf meines Lebens persönlich kennen gelernt habe, und von Tausenden, mit denen ich im Rahmen meiner Tätigkeit gesprochen habe, hat sich die Mehrheit darüber beklagt, dass ihr Mann, Freund, Bekannter oder Vater ein schlechter Zuhörer sei. Und die meisten waren der Meinung, dass schon die leiseste Verbesserung in der Qualität des Zuhörens extrem gut aufgenommen würde und zweifellos auch der Beziehung dienlich wäre – und zwar *jeder* Form von Beziehung. Zuhören zu können ist fast schon eine Art Zaubertrank, der gute Ergebnisse praktisch garantiert.

Es ist interessant, sich mit Paaren zu unterhalten, die von sich behaupten, eine liebevolle Beziehung zu haben. In den meisten Fällen wird als Erfolgsgeheimnis die Fähigkeit des Partners genannt, gut zuhören zu können; sie ist einer der wichtigsten Faktoren, der zum Gelingen der Bezie-

hung beiträgt. Dies trifft auch auf gute Beziehungen zwischen Vater und Tochter oder Freund und Freundin zu.
Warum also werden so wenige von uns gute Zuhörer, wenn es sich mit solcher Sicherheit positiv auswirkt? Ein paar Gründe fallen mir spontan dazu ein: Was die Männer betrifft, so haben viele das Gefühl, dass Zuhören eine nicht-aktive Lösung ist. Anders ausgedrückt: Wenn wir zuhören, anstatt uns verbal ins Zeug zu legen, haben wir nicht den Eindruck, dass wir überhaupt etwas tun; wir erleben uns als zu passiv. Es fällt uns schwer zu akzeptieren, dass im Zuhören selbst die Lösung liegt.
Eine Möglichkeit, über diese spezielle Hürde hinwegzukommen, besteht darin, Verständnis dafür zu entwickeln, wie sehr es Menschen, die wir lieben, zu schätzen wissen, wenn wir ihnen zuhören. Hört uns jemand aufrichtig zu, fühlen wir uns gehört und geliebt und verstanden; es tut uns gut. Wenn wir andererseits das Gefühl haben, dass man uns nicht zuhört, verlässt uns der Mut. Wir haben das Gefühl, dass etwas fehlt; wir fühlen uns unvollkommen und unbefriedigt.
Ein weiterer wichtiger Grund, warum so wenige von uns gute Zuhörer sind, liegt darin, dass uns überhaupt nicht klar ist, wie schlecht wir eigentlich sind. Aber wie sollten wir es je lernen, wenn uns das niemand sagt oder wenigstens irgendwie andeutet? Unsere unzureichenden Qualitäten als Zuhörer werden zu einer unsichtbaren Angewohnheit, von der wir nicht einmal wissen, dass wir sie haben. Und da wir ja so häufig in Gesellschaft sind, scheint uns unsere Fähigkeit, zuhören zu können, mehr als ausreichend zu sein – und deshalb machen wir uns keine großen Gedanken mehr.
Festzustellen, wie effektiv Sie als Zuhörer sind, erfordert ein gerüttelt Maß an Ehrlichkeit und Bescheidenheit. Sie müssen gewillt sein, sich zurückzunehmen und sich selbst zuzuhören, wenn Sie sich verbal ins Zeug

legen und jemandem ins Wort fallen. Oder Sie müssen noch etwas geduldiger werden und sich einmal selbst beobachten, wenn Sie urplötzlich einfach weggehen oder an etwas anderes zu denken beginnen, noch bevor die Person, mit der Sie sich gerade unterhalten, überhaupt ausgeredet hat.

So werden Sie an das praktisch garantierte gute Ergebnis schon ziemlich nah herankommen. Sie werden überrascht sein, wie schnell alte Probleme und Streitpunkte sich wie von selbst lösen und wie viel näher Sie sich den Menschen, die Sie lieben, fühlen werden, wenn Sie sich einfach zurücknehmen und ein besserer Zuhörer werden. Gut zuhören zu können ist eine Kunst und doch ist es gar nicht so schwierig. Alles, was Sie brauchen, ist Ihr Wille, wirklich ein besserer Zuhörer sein zu wollen, und dazu noch etwas Übung. Ihre Mühe wird sich mit Sicherheit lohnen!

8.

Regen Sie sich nicht über Zank auf

Kaum etwas kann einen ruhigen Tag zu Hause schlimmer beeinträchtigen, als wenn sich Ihre Kinder einen Wettkampf im Zanken liefern. Jeder, der schon einmal mit Geschwisterrivalität konfrontiert war, weiß genau, wovon ich hier spreche.

Schon kurze Zeit nach der Geburt meiner jüngsten Tochter riet mir eine meiner Freundinnen: »Da gewöhnst du dich besser gleich dran!« – was ihre Reaktion auf meine Sorge war, dass da ein größeres Streitpotenzial entstehen könnte. Wie es sich herausstellte, hatte sie vollkommen Recht. Tatsache ist, dass Zank einfach zu einem Bestandteil des Lebens wird, wenn Sie mehr als nur ein Kind haben. Die Fragestellung lautet also nicht, *ob* Zankereien auftreten oder nicht, sondern: Wie sieht die beste und klügste Strategie aus, um die Sache in den Griff zu kriegen?

Ich kann nicht leugnen, dass mir Zank bisweilen unglaublich auf die Nerven geht. Ich bin jedoch zu dem Schluss gekommen, dass die beste Möglichkeit, die Eltern, Großeltern, Babysittern, Hausmeistern – ja jedem, der mit zankenden Kindern zu tun hat – zur Verfügung steht, darin liegt, einfach seinen Frieden damit zu schließen – und zwar ein und für alle Mal. Mir ist klar, dass das leichter gesagt ist als getan, aber haben wir denn eine andere Wahl?

Es gibt zwei sehr gute Gründe, sich über Zank nicht mehr aufzuregen. Der erste ist folgender: Kämpfen Sie gegen etwas an – egal, worum es sich handelt –, dann sieht das, wogegen Sie sich wehren, immer schlimmer aus, als es eigentlich ist. Wenn sich zum Beispiel Ihre beiden Söhne streiten und Sie sich zu sehr hineinziehen lassen oder mitagieren, dann müssen Sie sich plötzlich nicht nur mit Ihren sich prügelnden Kindern auseinandersetzen, sondern auch noch mit Ihren eigenen Reaktionen wie Bluthochdruck, negativen Gedanken, aufgewühlten Gefühlen. Wenn Sie also gegen Zankereien ankämpfen, ist es, als würden Sie mit Ihren Kindern im Ring stehen. So wird Zank leicht unverhältnismäßig aufgebauscht, was anders ausgedrückt heißt, dass Sie in allem ein Problem sehen und sich verrückt machen.
Der zweite Grund, sich über Zank nicht aufzuregen, ist dieser: Wenn Sie dagegen ankämpfen, schüren Sie eigentlich nur das Feuer. In gewisser Weise vermitteln Sie nämlich eine falsche Botschaft, geben sogar ein schlechtes Vorbild ab. Wie können Sie schließlich von Ihren Kindern Ruhe und Frieden erwarten, wenn Sie sich selbst am Konflikt beteiligen? In den meisten Fällen wird Ihr Kind Ihre Aufgeregtheit und Bereitschaft zum Mitagieren spüren, was wiederum jedes Kind ermutigen wird auszuprobieren, ob es Sie dazu bringen kann, Partei zu ergreifen. Mit Ihrem inneren Kampf und Ihren äußerlich sichtbaren Reaktionen gießen Sie Öl ins Feuer.
Die gute Nachricht ist, dass auch der umgekehrte Fall zutrifft. Wenn Sie mit Zankereien Frieden schließen, wenn Sie sie als Bestandteil der Elternschaft akzeptieren, dann wird kein weiterer Zündstoff geliefert. Es besteht sogar ein Zusammenhang zwischen dem Ausmaß, in dem Sie sich zurücknehmen und Ruhe bewahren können, und einer verringerten Anzahl an Streitigkeiten, die Sie erdulden müssen.

Es gibt natürlich auch Zeiten, in denen Sie sich einmischen wollen und es auch müssen, und selbstverständlich ist es Ihr Anliegen, Ihre Kinder anzuleiten, langfristig gut miteinander auszukommen. Was ich hier eigentlich meine, ist dieser tagtägliche Kleinkrieg. Über diese ganz normalen, alltäglichen Konflikte sollten Sie sich nicht mehr aufregen.
Wie so häufig liegt der Schlüssel zu einem friedlicheren Leben in der Akzeptanz dessen, was ist, anstatt darauf zu beharren, dass das Leben so werden soll, wie wir es gerne hätten. Wenn Sie also Frieden schließen mit den Zankereien Ihrer Kinder, dann setzen Sie ein Zeichen, dass Sie an Unfrieden und Chaos nicht teilnehmen und auch nicht darauf überreagieren.
Ich würde es so sehen: Sobald Sie einen Tick mehr Abstand gewinnen können und sich über den normalen Zank unter Geschwistern nicht mehr aufregen, werden Ihre Kinder bald Ihrem guten Beispiel folgen.

9.

Betrachten Sie das Hegen Ihres Heimes wie das Streichen einer Brücke

Ein Architekt hat mir einmal zu meinem großen Erstaunen erzählt, wie viel Arbeit vonnöten sei, um die Golden Gate Bridge in der Bucht von San Francisco instand zu halten. Er sagte, dass die Brücke wahrhaftig an jedem Tag des Jahres gestrichen würde. Anders ausgedrückt: Sobald die Arbeit fertig ist, kann man gleich wieder von vorne anfangen. Sie nimmt nie ein Ende! Genau genommen handelt es sich dabei jedoch um einen andauernden Prozess. Würde man diese beständigen Wartungsarbeiten nicht leisten, dann liefe man Gefahr, dass die Brücke kostspielige Abnutzungserscheinungen erlitte und auch noch weitere Verschönerungsaktionen notwendig würden.

Eines Tages ging mir auf, dass sein Heim zu hegen so etwas Ähnliches ist, wie diese außergewöhnliche Brücke zu streichen. Diese Vorstellung hat mir das Leben enorm erleichtert.

Wie die meisten Leute habe auch ich mich durch die Pflege und Instandhaltung unseres Zuhauses überfordert gefühlt. Wenn irgendetwas reparaturbedürftig war oder nicht klappte, dann machte mich das nervös und unzufrieden. Rückblickend muss ich sagen, dass ich die meiste Zeit frustriert war, weil es den Anschein hatte, als wäre in unserem Heim ständig etwas nicht in Ordnung. Da war ein Ausguss zu richten, ein Zimmer zu streichen, Unkraut musste gezupft werden, die Toilette war defekt und so weiter. Ich hatte immer das Gefühl, dass doch einmal eine Zeit kommen müsste, wenn endlich alles in Ordnung sein würde. Und ich stellte mir außerdem vor, wie entspannt und zufrieden ich mich fühlen würde, sobald endlich alles fertig wäre.

Nun, mehrere Jahre später, sind die Arbeiten am und im Haus noch immer im Gang. Auf dem Dachboden herrscht noch immer Unordnung, das schmutzige Geschirr steht noch immer im Ausguss, die Zimmer meiner Töchter müssen wieder einmal gestrichen werden und auch das Unkraut gilt es zu jäten. In gewisser Hinsicht ist es dasselbe wie mit der Golden Gate Bridge. Man ist nie fertig – und wird es auch nie sein. Der einzige Unterschied ist, dass ich das jetzt begriffen habe und als gegeben hinnehme, wenn man ein Haus besitzt.

Mein Heim unter diesem Gesichtspunkt zu sehen ist eine enorme Erleichterung für mich. Anstatt in Panik auszubrechen und überzureagieren, wenn es etwas zu erledigen gibt oder etwas nicht fertig ist, bin ich jetzt in der Lage, für alles das richtige Maß zu finden. Ich möchte damit nicht sagen, dass ich nicht hart arbeite, um alles gut in Schuss zu halten, das ist ganz gewiss der Fall, nur dass ich nicht mehr so verbissen dahinter her bin, das Projekt möglichst zügig zu beenden.

Ich denke, wenn Sie Ihr Zuhause aus diesem Blickwinkel heraus betrachten, dann wird ein ungeheurer Druck von Ihnen genommen werden. Aller Wahrscheinlichkeit nach werden Sie sogar eine noch größere Wertschätzung Tätigkeiten gegenüber empfinden, die Sie zu Ende bringen, aber viel weniger Frust, wenn Sie es einmal nicht schaffen sollten.

10.

Gehen Sie nicht ans Telefon

Wie oft schon haben Sie sich absolut überbeansprucht gefühlt von all dem, was Sie zu Hause zu leisten haben, und dann hat im unpassendsten Augenblick auch noch das Telefon geläutet? Oder Sie sind gerade dabei, eilig allein oder auch mit Ihren Kindern aus dem Haus zu gehen, wenn das Telefon klingelt. Oder – am anderen Ende des Spektrums – Sie waren gerade dem Augenblick hingegeben, für sich allein oder mit jemandem, den Sie lieben, als wiederum das Telefon geläutet hat.

Die Frage ist: Haben Sie abgenommen? Wenn Sie so sind, wie die meisten Menschen, dann vermutlich schon. Aber warum? Unsere Reaktion auf ein läutendes Telefon ist eines der wenigen Dinge im Leben, über die wir absolute Kontrolle und Entscheidungsgewalt haben. In Zeiten der Anrufbeantworter und Voicemails ist es nicht so relevant, ob wir ans Telefon gehen, wie früher. In den meisten Fällen können wir ja einfach zu einem angenehmeren Zeitpunkt zurückrufen.

Bei uns zu Hause zählt es zu den stressigsten Augenblicken, wenn das Telefon morgens genau dann läutet, wenn wir gerade weggehen wollen und eines der Kinder zurückrennt, um abzunehmen. Anstatt ins Auto einzusteigen, hänge ich dann am Apparat und widme mich den Angelegenheiten anderer Leute. Die Zeit und der damit einhergehende Stress sind

der Mühe nicht wert. Aber ich habe ein kleines Geheimnis. Ich besitze ein Telefon, bei dem man die Klingelfunktion abschalten kann. Manchmal, sofern ich daran denke, stelle ich etwa dreißig Minuten, bevor wir eigentlich gehen müssen, die Klingel einfach ab. Auf diese Weise kommen die Kinder nicht in Versuchung abzunehmen, wenn es läutet.
Vor vielen Jahren haben ein guter Freund und ich uns über die strittige Frage unterhalten, ob man während eines gemeinsamen Essens mit der Familie ans Telefon gehen soll oder nicht. Wir kamen überein, dass ein derartiges Verhalten eine Respektlosigkeit ist, außer man erwartet gerade einen überaus wichtigen Anruf. Diese Botschaft lautet nämlich: Jemand Unbekannter ruft da gerade an und es ist mir wichtiger dranzugehen, als hier bei euch zu sitzen. Ganz schön beängstigend, nicht?
Einige der zauberhaftesten Momente mit meinen Kindern erlebe ich immer, wenn wir miteinander lesen oder spielen und zufällig das Telefon läutet. Anstatt unser Zusammensein zu unterbrechen, schauen wir einander an und sind uns einig: Nichts kann uns wichtiger sein, als die gemeinsam verbrachte Zeit in diesem Augenblick. Das ist eine der Möglichkeiten, wie ich meinen Kindern zeige, wie viel sie mir bedeuten. Sie wissen, dass ich mit Telefonieren praktisch meinen Lebensunterhalt bestreite, und meine Entscheidung fällt mir oft nicht leicht.
Natürlich wird es viele Zeitpunkte geben, an denen Sie wirklich ans Telefon gehen wollen. Ich rate Ihnen jedoch dringend, eine sorgfältige Auswahl zu treffen. Stellen Sie sich folgende Frage: »Wird es mein Leben einfacher machen, wenn ich jetzt ans Telefon gehe, oder wird mein Tag dann noch stressiger?« Es liegt auf der Hand, dass *nicht* ans Telefon zu gehen bei bestimmten Gelegenheiten eine überaus machtvolle Entscheidung sein kann, die auch den Stress bei Ihnen zu Hause bestens zu reduzieren vermag.

11.

Leben Sie aus dem Herzen

Ein subtiler Grund, der aber dennoch zu den Hauptursachen zählt, in allem ein Problem zu sehen und sich verrückt zu machen, ist das Versäumnis, aus dem Herzen zu leben. Viele Menschen verfallen aus einer Art Verpflichtung heraus in einen Trott, weil alle andern es auch so machen oder es den Anschein hat, als wäre das richtig so. Zum Beispiel ergreifen viele einen Beruf, den die Eltern sich für sie wünschen, weil er ein hohes Prestige hat oder anderer äußerer Maßgaben wegen. Oder es zwingen manche Eltern ihren Kindern gewisse Aktivitäten auf oder stecken sie in bestimmte Kleidung, nur weil alle anderen es ebenso machen. Wieder andere mühen sich ab, ein Eigenheim zu erwerben, anstatt einfach eine Wohnung zu mieten, denn sie haben gehört, dass das angeblich zum privaten Glück gehört, oder sie leben in gewisser Weise über ihre finanziellen Verhältnisse, weil sie versuchen, mit anderen mitzuhalten.

Aus dem Herzen zu leben bedeutet einen Lebensstil zu wählen, der für Sie und Ihre Familie stimmig ist. Es bedeutet, dass Sie wichtige Entscheidungen treffen, weil sie mit Ihrem Herzen und Ihren Wertvorstellungen in Einklang stehen, nicht mit denen anderer Leute. Wenn Sie aus dem Herzen leben, vertrauen Sie mehr auf Ihre Intuition als auf den Druck, den die Werbung auf Sie ausübt, oder auf Erwartungen, welche die Gesellschaft, Nachbarn und Freunde an Sie richten.

Keinesfalls bedeutet aus dem Herzen zu leben allerdings, dass Sie zum Rebellen werden, mit Familientraditionen brechen oder anders werden als alle anderen.

Das Prinzip ist erheblich subtiler. Wenn Sie aus dem Herzen leben, vertrauen Sie auf die leise Stimme, die aus Ihrem Inneren dringt, sobald Sie ruhig genug sind, um sie vernehmen zu können. Es ist diese Stimme, die zu Ihnen aus einer Position der Weisheit und des gesunden Menschenverstands spricht – und nicht aus wildem Geschwätz und Gewohnheit. Wenn Sie eher auf Ihr Herz als auf Ihre Angewohnheiten vertrauen, kommen Ihnen plötzlich neue Einsichten. Diese können alles beinhalten, von der Idee, in eine andere Stadt zu ziehen, über die Erkenntnis, dass es notwendig ist, mit einer destruktiven Angewohnheit zu brechen, bis hin zu der Lösung, auf welche Weise man mit jemandem, den man liebt, besser umgehen kann. Sie gewinnen vielleicht auch Einsichten, mit wem Sie Ihre Zeit verbringen wollen, und finden neue Strategien, Probleme zu lösen. Alles fängt damit an, dass Sie auf Ihr Herz hören!

Die Unfähigkeit, aus dem Herzen zu leben, schafft eine Menge innerer Konflikte, die Sie wiederum schnell ungeduldig und besorgt werden lassen; Sie neigen dann zu Überreaktionen. Tief in Ihrem Inneren wissen Sie, was gut für Sie ist, welche Art von Leben Sie führen möchten und was für ein Mensch Sie gern sein wollen. Stehen Ihre Handlungen jedoch nicht mit Ihrer inneren Weisheit in Einklang, dann empfinden Sie Frustration und Stress. Sobald Sie lernen, aus dem Herzen zu leben, werden diese Tendenzen allmählich nachlassen und Sie fühlen sich ruhiger, glücklicher und weniger gestresst. Dann nämlich leben Sie *Ihr* Leben und nicht das eines anderen.

Aus dem Herzen kann man leben, indem man sich einfach darauf festlegt, es auch wirklich zu tun. Stellen Sie sich Fragen wie: »Wie möchte ich mein Leben wirklich führen?«, »Gehe ich tatsächlich meinen eigenen Weg oder tue ich etwas nur, weil ich es immer so gemacht habe oder weil ich dadurch die Erwartungen anderer erfülle?«. Dann werden Sie einfach ruhig und warten ab. Anstatt zu versuchen, aktiv eine Antwort zu finden, hören Sie, ob die Antworten nicht zu Ihnen kommen, wie aus dem Nichts.

Wollen Sie ruhiger werden und auch um einiges glücklicher, ist diese Strategie ein guter Anfang. Aus dem Herzen zu leben ist eine der Grundlagen für innere Ruhe und persönliches Wachstum. Sie werden auf diese Weise freundlicher und erheblich geduldiger. Versuchen Sie es einmal! Sie werden überrascht sein, ja sogar begeistert, was Sie da entdecken werden.

12.

Halten Sie Ihre Versprechen

Meiner Meinung nach wäre kein Buch über die Verbesserung des Familienlebens vollständig, ohne wenigstens ein paar Worte über das Halten von Versprechen zu verlieren. Es handelt sich hier um eine extrem wirkungsvolle, langfristig angelegte Strategie, die auf Dauer Ihre Bindung an Ihre Lieben gewährleistet. Sie können viel falsch machen – aber wenn Sie Ihre Versprechen halten, dann werden Sie reich belohnt, und zwar sowohl was die Qualität Ihrer Beziehungen angeht als auch im Hinblick auf die persönliche Integrität, die den anderen dann an Ihnen auffällt. Halten Sie hingegen Ihre Versprechen nicht, nehmen andere – sogar Ihre Familie – Ihr Wort weniger ernst oder, was noch schlimmer ist, fangen an, Ihnen insgesamt zu misstrauen.

Natürlich ist niemand perfekt und es gibt Zeiten, da brechen Sie Ihre Versprechen aus einer Vielzahl von Gründen: Sie vergessen sie einfach, etwas »Wichtiges« tritt ein. In den meisten Fällen ist das kein Problem, weil ein Versprechen zu halten kein Alles-oder-nichts-Vorsatz ist, sondern ein lebenslanger Prozess. Anders ausgedrückt: Ihr Ziel ist es nicht, perfekt zu sein, sondern danach zu streben, so viele Versprechen wie möglich zu halten.

Es ist noch nicht allzu lange her, da hatte ich meiner Tochter versprochen, zu ihrem Fußballspiel mitzukommen. Ein paar Wochen später bekam ich jedoch die Möglichkeit, an einer bekannten Talkshow teilzunehmen, in der mein Buch »Alles kein Problem!« diskutiert werden sollte. Nach Abwägung aller Gesichtpunkte musste ich dort natürlich hin. Meine Tochter war ehrlich enttäuscht. Ich fühlte mich allerdings als erfolgreicher Vater, als sie mich schließlich umarmte und sagte: »Ist schon gut, Daddy. Es ist ja das allererste Spiel, das du in diesem Jahr versäumst.« Meine Leistung war nicht perfekt, wie das ja auch selten der Fall ist, aber sie war auch wirklich nicht so übel. Und meine Tochter wusste, dass meine Worte nicht nur so dahin gesagt waren, als ich ihr erklärte: »Ich wäre wirklich gern dabei.« Sie weiß, dass meine Versprechen mir wichtig sind, und ich bemühe mich auch wirklich sehr, sie zu halten. Wie die meisten Menschen erwartet sie keine Perfektion, sondern nur meinen ehrlichen Versuch, mein Bestes zu geben.

Es ist auch wichtig, Versprechen zu halten, die subtiler oder eher indirekt sind. Wenn Sie beispielsweise zu Ihrer Mutter sagen: »Ich rufe dich morgen an«, dann bemühen Sie sich auch, das wirklich zu tun. So häufig sagen wir etwas – geben wir versteckte Versprechungen ab – weil uns das momentan das Leben erleichtert oder jemandem das Gefühl vermittelt, etwas Besonderes zu sein. Aber wir können sie nicht einhalten und verkehren auf diese Weise unsere eigentlich freundlichen Absichten sogar noch ins Negative. Wir versprechen beispielsweise: »Ich schaue später am Nachmittag noch bei dir vorbei« oder: »Ich werde ganz bestimmt bis spätestens sechs Uhr da sein.« Aber immer wieder wird nichts daraus. Wir begründen unsere Unzuverlässigkeit mit Rationalisierungen wie: »Ich habe es ja versucht, aber ich war wirklich beschäftigt«, allerdings ist das ein schwacher Trost für jemanden, der sich in der Position des Nehmenden befindet. Für viele Leute ist ein gebrochenes Versprechen nur ein weiterer Beweis dafür, dass Versprechen eben nicht viel zu bedeuten haben.

Ich bin zu dem Schluss gekommen, dass es erheblich besser ist, keine Versprechungen abzugeben, selbst wenn man es eigentlich möchte, sofern man nicht relativ sicher ist, dass man sie auch einhalten kann. Sind Sie nicht wirklich überzeugt, für jemanden etwas tun zu können, dann sagen Sie das auch nicht. Überraschen Sie ihn oder sie stattdessen. Wenn Sie also zum Beispiel nicht sicher sind, ob Sie auch wirklich anrufen können, dann sagen Sie nicht, dass Sie es vorhaben, und so weiter.

Indem wir unsere Versprechen halten, leisten wir unseren kleinen Beitrag, unseren Lieben zu helfen, ihren Sarkasmus auf ein Minimum zu beschränken. Wir lehren sie, dass es Menschen gibt, denen man vertrauen kann, die vertrauenswürdig sind.

Sie werden angenehm überrascht sein, wie sehr die Leute Sie schätzen werden, wenn Sie Ihre Versprechen halten. Ihr Leben zu Hause mit der Familie wird eine erhebliche Verbesserung erfahren.

13.

Kaufen Sie etwas Neues und geben Sie etwas Altes dafür weg

Wenn Sie alleine leben, ist diese Strategie einfach. Sind Sie verheiratet oder haben Sie einen Lebensgefährten, wird es schon erheblich schwieriger. Egal, wie Ihre Lebensumstände auch sein mögen und wie viele Personen in Ihrem Haushalt leben, diese Strategie lohnt sich und macht sich in Form eines angenehmen, organisierten Lebensstils bezahlt.

Die Überlegungen zu diesem Konzept basieren auf der Neigung von fast allen von uns, unser Heim bis zum Rand vollzustopfen. Es scheint dies ein Problem zu sein, das Leute ganz unabhängig von ihrem Einkommen, der Größe Ihrer Wohnung, der geografischen Lage, Rasse und Religion haben. Die Schwierigkeit liegt darin, dass Überfüllung eine ganze Menge Stress und Frust schaffen kann, da man ja wissen muss, wo man die Sachen alle unterbringt, und man sie ja auch wiederfinden will. Sich eingeengt zu fühlen kann zudem eine negative Auswirkung auf die Psyche haben, wir sind dann nämlich schneller gestresst und verärgert.

Die meisten Leute füllen ihren vorhandenen Stauraum wahrhaftig bis zur Grenze des Fassungsvermögens. Haben Sie in Ihrer Wohnung zwei Schränke, sind die bestimmt voll; haben Sie drei, sind sie vermutlich ebenso voll. Egal, wie viel Stauraum jemandem zur Verfügung steht, wir finden immer eine Möglichkeit, ihn auch zu füllen. Und natürlich wäre

daran nichts auszusetzen, wenn wir nie etwas Neues bekommen oder kaufen würden, das dann auch wieder Platz braucht; aber die meisten von uns schaffen ja ständig neue Sachen an.
Die Frage ist nur, wo das alles hin soll. Viele von uns ordnen den ganzen schon vorhandenen Krempel um, um auf diese Weise für Neues Platz zu schaffen. Anstatt uns einiger Sachen zu entledigen, räumen wir sie um, pferchen sie zusammen und stapeln alles aufeinander. Wir stopfen unseren Speicher, die Garage, Regale und anderen Stauraum voll. Die Gründe, warum wir alles aufheben, sind unterschiedlich: Angst, dass wir sie eines Tages doch wieder benötigen könnten, Gewohnheit, Nostalgie.
Die Lösung verlangt uns nur ein bisschen Disziplin ab, sie ist ziemlich einfach und hundertprozentig effektiv. Sobald Ihnen einmal klar ist, dass Sie Ihre Kapazität ausgeschöpft haben, geloben Sie nämlich, dass etwas anderes verschwinden muss, sobald in Ihrem Zuhause etwas Neues hinzukommt. Nehmen wir beispielsweise einmal an, Ihre fünfjährige Tochter bekommt zum Geburtstag zwei neue Teddybären geschenkt. Wenn Sie diese Strategie anwenden, müssten Sie nun mit Ihrer Tochter entscheiden, welche vergleichbaren Spielsachen wegzugeben sind, um den notwendigen Platz für die neuen Bären zu schaffen.
Diese Strategie in die Tat umzusetzen bewirkt Verschiedenes: Zunächst einmal lässt sich die Menge an altem Krempel bei Ihnen zu Hause auf diese Weise unter Kontrolle halten. Sie schaffen ständig Platz für Neues, indem Sie Sachen weggeben, die Sie nicht mehr benötigen. Ein versteckter Vorteil kann hierbei noch in reduzierten Lebenshaltungskosten liegen. Diese Strategie fordert sie nämlich dazu auf, es sich zweimal zu überlegen, bevor Sie etwas Neues anschaffen, weil Sie ja wissen, dass Sie dafür etwas anderes loswerden müssen. Zudem geben Sie Ihrem Kind ein Beispiel, wie wichtig es ist, unsere Sachen mit anderen zu teilen, die vielleicht we-

niger begünstigt sind als wir selbst. Wir können erklären, dass andere Kinder gar kein Spielzeug haben und dass wir ein paar Sachen verschenken können, um ihnen ihr Leben zu verschönern. Dieses Prinzip lässt sich auf alles anwenden, ob auf neue Teddybären, Möbel, Tupperware oder Kleidung.

Natürlich bestätigen Ausnahmen die Regel. Wenn Sie nicht genug Mobiliar zu Hause haben, wäre es natürlich dumm, Sachen wegzugeben, die Sie eigentlich noch brauchen, nur weil Sie sich peinlich genau an Ihr Gelöbnis halten oder an einen ähnlichen Plan. Oder wenn Sie wirklich neue Jeans wollen oder benötigen oder Ihr Kind nur ganz wenig Spielsachen hat, dann müssen Sie diese Strategie ja nicht allzu wörtlich nehmen.

In der Regel jedoch haben wir alles, was wir brauchen. Deshalb vermute ich, dass Sie diese Strategie schätzen lernen werden. Sie werden es genießen, dass Ihr Heim nicht schon im Chaos versinkt, egal, wie viele neue Sachen überhaupt noch hinzukommen. Und Sie werden ebenfalls Ihre Freude daran haben zu wissen, dass bedürftige Menschen Sachen verwenden, die in Ihrem Schrank bloß Platz weggenommen hätten. Somit ist das hier also eine höchst effektive Lösung für ein schon fast universelles Problem.

14.

Ermuntern Sie Ihre Kinder, sich zu langweilen

Kaum etwas regt Eltern im Allgemeinen mehr auf als folgende Sätze ihrer Kinder: »Mir ist langweilig« oder: »Ich weiß nicht, was ich tun soll.« Das trifft vor allem auf Eltern zu, die sich wirklich darum bemühen, ihren Kindern eine Vielzahl von Aktivitäten anzubieten, aus denen sie sich dann etwas aussuchen sollen. Die Ironie dabei ist, dass gerade die Eltern, die sich die größte Mühe geben, am meisten unter diesem Gequengel zu leiden haben.

Kinder, denen zu viele Wahlmöglichkeiten angeboten werden, zu viele regelmäßig stattfindende Aktivitäten und Unternehmungen, sind besonders empfänglich für Langeweile. Der Grund ist, dass diese Kinder es gewohnt sind, unterhalten und stimuliert zu werden – und zwar rund um die Uhr. Sie hetzen oft von Unternehmung zu Unternehmung und haben kaum Zeit zwischendurch. Ihre Terminkalender sind fast so voll wie die ihrer Eltern. Wenn dann einmal etwas nicht klappt, empfinden sie schlichtweg Langeweile und werden unruhig, ja sie machen sich schon fast verzweifelt auf die Suche nach irgendeiner Betätigung. Viele Kinder haben das Gefühl, dass sie ohne ein Telefon in der Hand schon nicht mehr leben können, ohne Fernseher und Radio, die wahrlich ununterbrochen laufen, ohne ein Computer- oder Videospiel, das sie unterhält.

Die Lösung liegt darin, den Kindern keinerlei Vorschläge zu unterbreiten, wie sie ihre Langeweile lindern könnten. Wie Sie wissen, werden Ihre Angebote ja sowieso meistens abgelehnt. Der eigentliche Punkt ist jedoch, dass Sie Ihren Kindern langfristig gesehen auch keinen Dienst erweisen. Indem Sie Ihren Kindern nämlich zu viele Vorschläge machen, wie sie sich beschäftigen könnten, schüren Sie das Problem nur, da Sie nämlich den Eindruck erwecken, es sei wirklich notwendig, jede freie Minute mit irgendetwas zu füllen.
Eine gute Lösung – und eine, die Ihre Kinder bestimmt irritieren wird – ist, auf ihr »Mir ist langweilig« mit »Prima, dann langweile dich nur« zu antworten. Sie können sogar noch darüber hinausgehen und sagen: »Es tut dir gut, wenn du dich hin und wieder einmal langweilst.« Ich kann Ihnen fast garantieren, dass Ihre Kinder nach mehreren ernsthaften Versuchen Ihrerseits schnell die Vorstellung aufgeben werden, dass es *Ihre* Aufgabe sei, sie ständig zu unterhalten. Ein versteckter Vorteil dieser Strategie liegt auch in der Förderung der Kreativität Ihrer Kinder, da diese so gezwungen werden, selbständig etwas zu entdecken.
Ich schlage Ihnen nun natürlich nicht vor, die ganze Zeit in dieses Horn zu stoßen und nicht aktiv und liebevoll an den Unternehmungen Ihrer Kinder teilzuhaben. Es geht mir darum, Ihnen zu zeigen, wie Sie mit dieser Überstimulation umgehen, wenn Sie genau spüren, dass die Langeweile Ihrer Kinder aus ihnen selbst kommt, es also nicht etwa an fehlenden Angeboten liegt.
Ich glaube, dass Ihnen das Gefühl von Autorität gefallen wird, das Sie spüren werden, wenn Sie das Problem mit der Langeweile an die zurückverweisen, die es auch haben – nämlich an Ihre Kinder. Und außerdem ist es wirklich nicht so schlecht, nicht jeden Augenblick etwas zu tun zu haben. Es ist ganz in Ordnung, sich hin und wieder zu langweilen!

15.

Stellen Sie sich darauf ein, dass etwas verschüttet wird

Ich habe diesen Trick vor über zwanzig Jahren gelernt. Er hat sich Tag für Tag und Jahr für Jahr als überaus hilfreich erwiesen, mein Ziel, mir und anderen ein friedlicheres häusliches Umfeld zu schaffen, auch zu erreichen.

Die Grundlage für diese Strategie basiert auf folgender Überlegung: Wenn wir erwarten, dass etwas passiert, sind wir weniger überrascht und reagieren deshalb weniger über. Haben wir uns also beispielsweise seelisch darauf eingestellt, dass etwas verschüttet wird, und der Fall tritt dann nicht ein, sind wir froh. Anders ausgedrückt: Wir lernen es zu schätzen, dass die Nahrungsmittel, die wir zu uns nehmen, meist nicht über den ganzen Boden verschüttet werden und das Leben in der Regel einen ruhigen Gang nimmt. Das Problem ist, dass wir uns so häufig auf die ärgerlichen Ausnahmen konzentrieren.

Versuchen Sie sich zu erinnern, wann zum letzten Mal jemand in Ihrer Familie ein Glas Milch oder eine Tasse Kaffee über den Teppich gekippt hat. Wie haben Sie darauf reagiert? Aller Wahrscheinlichkeit nach war Panik, Enttäuschung und eine gehörige Portion Stress mit im Spiel. Was meinen Sie, würde geschehen, wenn Sie, anstatt von der Prämisse auszugehen, dass nie etwas verschüttet werden sollte, Sie einfach erwarten, dass ein Getränk umgekippt wird, wenn Sie es schlichtweg als Unvermeidlichkeit akzeptierten? Dann erscheinen die gleichen Tatsachen plötzlich in ganz anderem Licht.

Das heißt natürlich nicht, dass Sie plötzlich Gefallen daran finden sollen, wenn dergleichen einmal passiert; aber so schlimm ist es nun auch wieder nicht – Sie akzeptieren es einfach. Es ist klar, dass Sie keine Vorstellung davon haben können, wann genau etwas verschüttet werden wird. Fest steht lediglich, dass es aller Wahrscheinlichkeit nach einmal so weit sein wird, vielleicht ja in ein paar Stunden, nächste Woche oder auch erst in drei Jahren. Aber wenn Sie nicht eine der seltenen Ausnahmen sind, dann wird in Zukunft bestimmt einmal bei Ihnen zu Hause Milch verschüttet werden. Diese Strategie bereitet Sie also auf den unausweichlichen Augenblick vor.

Das Bild von der vergossenen Milch kann unschwer auf so ziemlich alle anderen tagtäglichen Ärgernisse zu Hause angewendet werden: Etwas funktioniert nicht, etwas geht kaputt, jemand erledigt seine Aufgabe nicht, etwas geht schief – egal was. Der springende Punkt ist, dass Sie nicht überrascht werden, wenn etwas passiert, da Sie sowieso schon damit gerechnet haben.

Machen Sie sich also keine Sorgen, dass Ihre Erwartungshaltung der Sache noch Vorschub leisten könnte. Das ist bestimmt nicht der Fall. Hier ist nicht die Rede davon, dass wir etwas »visualisieren«, damit es dann auch eintritt, oder es auf irgendeine Weise heraufbeschwören. Hier geht es um die Gabe der Akzeptanz, nämlich etwas akzeptieren zu können, wie es nun einmal ist, anstatt aufgrund unserer Forderungen, wie etwas sein sollte, unser Glück zu untergraben. Beobachten Sie einmal, was geschieht, wenn Sie erwarten, dass etwas verschüttet wird. Ich möchte wetten, dass Sie beim nächsten Mal schon viel lockerer damit umgehen können.

16.

Gestatten Sie sich Lücken in Ihrem Terminkalender

Zu viel von etwas – selbst von etwas Gutem – ist eben dennoch zu viel. Egal, wie gesellig Sie sind oder wie gern Sie Ihre Zeit mit anderen verbringen, es birgt einen geheimen Zauber und Frieden, wenn Sie Ihren Terminkalender betrachten und darin ein paar Lücken entdecken – unverplante Zeit. In seinen Terminkalender Zeitblöcke einzuplanen, zu denen Sie rein gar nichts vorhaben, trägt zu einem Gefühl von Ruhe bei, denn Sie geraten dann nicht unter Druck.

Wenn Sie abwarten, bis alles erledigt ist, bevor Sie sich etwas Zeit für sich selbst gönnen, werden Sie nie welche haben. Ihr Terminkalender füllt sich sogar auf wundersame Weise noch mit selbst auferlegten Verpflichtungen, dazu kommen die Bedürfnisse und Wünsche anderer. Ihr Mann oder Ihre Frau, Ihr Partner oder Ihre Partnerin haben bestimmt etwas für Sie zu tun, Ihren Kindern – sofern sie welche haben – fällt es gewiss nicht schwer, Sie mit Wünschen zu bombardieren, ebenso die Nachbarn, Ihre Freunde und die Familie. Und dann gibt es ja auch noch gesellschaftliche Verpflichtungen, einige, die Ihnen Freude bereiten, andere, denen Sie sich zwangsweise stellen müssen. Weitere Bitten werden im Beruf an Sie herangetragen oder auch durch Fremde, die Telefonwerbung und -verkauf betreiben. Es hat den Anschein, als würde jeder ein

Stück Ihrer Zeit wollen – und schließlich auch bekommen. Jeder, bloß Sie nicht.

Die *einzige* Lösung besteht darin, dass Sie mit dem gleichen Respekt und Engagement, wie Sie einen Termin beim Arzt oder eine Verabredung mit einem Freund wahrnehmen, auch bei sich selbst vorgehen. Sie vereinbaren einen Termin, und wenn nicht gerade ein Notfall eintritt, dann halten Sie ihn auch ein. Die Vorgehensweise als solche ist überaus einfach. Sie schauen sich Ihren Terminkalender an und kennzeichnen – mit Tinte – die Zeit für sich selbst. Sie müssen dazu die Zeitblöcke durchstreichen und lassen somit nicht zu, dass dort etwas eingetragen wird.

Blicke ich in meinen eigenen Terminkalender, fällt mir auf, dass ich mir für diesen Freitag zwischen 13.30 und 16.30 Uhr Zeit eingeräumt habe. Es gibt keinerlei Termine in diesen drei Stunden und es wird auch keine geben, außer vielleicht in einem Notfall. Wenn mich also jemand innerhalb dieses Zeitblocks um etwas bittet – ein Radiosender will ein Interview mit mir machen, jemand möchte mich anrufen, ein Klient braucht Hilfe, egal was, dann kann ich nicht. Ich habe schon etwas vor, ich habe etwas für mich persönlich geplant. Gegen Ende des Monats habe ich sogar einen ganzen Tag für mich mit so einem Block gekennzeichnet. Auch das ist heilige Zeit und ich lege meine Hand dafür ins Feuer, dass sie nicht anderweitig genutzt werden wird.

Wie Sie sich sicher vorstellen können, muss man sich daran erst einmal gewöhnen. Als ich vor vielen Jahren damit begonnen habe, Zeit für mich einzuplanen, hatte ich stets Angst, dass ich etwas Wichtiges verpassen oder man mich für egoistisch halten könnte. Es fiel mir sehr schwer zu lernen, anderen zu sagen, dass ich keine Zeit hätte, wenn es doch diesen Freiraum in meinem Terminkalender gab. Dann jedoch wurde mir klar, dass ich mir das wert bin – und Sie sollten es sich auch sein!

Diese Zeitlücke ist mittlerweile zu einem der wichtigsten Termine in meinem Kalender geworden und ich habe sie zu schätzen und zu bewahren gelernt. Das heißt nicht, dass mir meine Arbeit weniger wichtig wäre oder dass die Zeit, die ich mit meiner Familie verbringe, nicht das Wichtigste überhaupt wäre. Es bedeutet nur, dass meine Zeitlücken das Gleichgewicht herstellen, das meiner Seele gut tut; ohne sie erscheint mir das Leben zu hektisch und überfordernd.
Ich ermuntere Sie hiermit, gleich heute mit dieser Strategie zu beginnen. Werfen Sie einen Blick in Ihren Terminkalender und suchen Sie sich einen Zeitpunkt aus – einmal die Woche, vielleicht anfangs sogar nur einmal pro Monat. Selbst wenn es nur ein paar Stunden sind, reservieren Sie Zeit für sich. Und wenn dann irgendwelche Bitten an Sie herangetragen werden, spielen Sie nicht einen Moment mit dem Gedanken, sie in dieser heiligen Zeitlücke zu erfüllen. Fangen Sie an, *Ihre* Zeit ebenso zu würdigen wie alles andere, ja sogar noch mehr. Keine Sorge. Sie werden damit nicht zum Egoisten, vermutlich wird sogar genau das Gegenteil eintreten. Sobald Sie wieder das Gefühl haben, dass Ihr Leben Ihnen gehört, werden Sie nämlich feststellen, dass Sie für die Bedürfnisse anderer viel zugänglicher sind. Haben Sie, was *Sie* brauchen, können Sie anderen auch mehr geben.

17.

Warten Sie nicht, bis schlechte Nachrichten kommen, damit Sie Ihr Leben zu schätzen wissen

Einige von uns bekommen vielleicht einmal die lang gefürchtete Diagnose gestellt, dass Sie eine tödliche Krankheit haben. Neben dem Schock, unter dem wir dann stehen, machen wir noch eine weitere Erfahrung: Wir schätzen plötzlich unser ganz normales Leben mehr. All die Dinge, die wir für selbstverständlich halten – Lachen, Schönheit, Freundschaft, Natur, die Familie, unsere Lieben, unser Heim – scheinen mit einem Mal wichtiger und bedeutender als je zuvor. Wir würdigen jeden Tag als Geschenk und Wunder, das uns lieb und teuer ist. Außerdem kommen uns all die Alltagsprobleme, die uns oft so sehr beunruhigen, völlig unwichtig vor; sie sind es nicht mehr wert, dass wir ihnen so viel Aufmerksamkeit schenken. Die kleinen Ärgernisse, auf die wir uns so gern konzentrieren, lösen sich in Wohlgefallen auf. Und wir richten unser Augenmerk auf das ungeheure Geschenk des Lebens.
Aus Erfahrung wissen wir mit ziemlicher Sicherheit, dass unsere Reaktion auf schlechte Nachrichten in etwa so aussieht, wie gerade beschrieben. Was für ein Sinn sollte also darin liegen, noch zu warten, bis wir unser Leben endlich zu schätzen wissen? Anstatt ein Gefühl von Dankbarkeit zu vertagen, bis man schließlich mit schlechten Nachrichten konfrontiert wird, sollten Sie lieber Ihr Leben sofort zu würdigen lernen.

Das Leben ist ein Wunder und wir sind wahrlich gesegnet, hier auf dieser Welt zu sein.
Ein großes Maß an Erkenntnis können Sie gewinnen, indem Sie sich bewusst machen, wie kurz und zerbrechlich das Leben doch ist und welchen Veränderungen alles unterliegt – gerade hatten Sie noch einen Mann, eine Frau oder ein Kind, und plötzlich sind Sie allein. Den einen Moment denken Sie, dass Ihr Leben ewig währen wird, da wird Ihnen auch schon klar, dass dem nicht so ist. Den einen Tag haben Sie Freude an Ihrem täglichen Spaziergang, den nächsten erleiden Sie einen Unfall, der Ihnen das Gehen unmöglich macht. Heute haben Sie ein Zuhause, morgen fällt es dem Feuer anheim.
Sie haben das Prinzip schon verstanden. Ganz offensichtlich gibt es also zwei unterschiedliche Möglichkeiten, auf die Unsicherheit und Zerbrechlichkeit des Lebens zu reagieren. Die eine ist, sich aufgrund des unausweichlichen Wechsels, der oft mit Schmerz einhergeht, in der Defensive und verängstigt zu fühlen; die andere, weitaus positivere, die gleichen Tatsachen als beständige Erinnerung daran zu nutzen, dass wir eigentlich dankbar sein sollten.
Da wir mit unserem Zuhause so vertraut sind und ja auch so viel Zeit dort verbringen, passiert es schnell, dass wir unsere Familie, unseren Besitz, die Umgebung, das Privatleben, Sicherheit, Komfort und alles andere, das wir durch unser Zuhause bekommen, als Selbstverständlichkeit betrachten. Wegen dieser Tendenz ist es von entscheidender Bedeutung, dass wir uns ständig daran erinnern, welch ein Glück wir doch eigentlich haben, ein Heim zu besitzen, egal, wie bescheiden es auch sein mag. Wir sollten uns jeden Tag ein paar Minuten Zeit nehmen, um uns das wirklich bewusst zu machen und möglichst auch unsere Dankbarkeit auszudrücken für die wichtige Rolle, die unser Zuhause in unserem Leben

spielt. Anstatt also zu warten, bis schlechte Nachrichten kommen, damit wir das Geschenk des Lebens zu schätzen lernen, fangen Sie an, dieses Geschenk zu einem Bestandteil Ihres gegenwärtigen Daseins zu machen. Dann werden Sie mehr Freude an Ihrem Zuhause haben, als Sie es je für möglich gehalten hätten. Versuchen Sie es einmal! Ich möchte wetten, dass es in Ihrem Leben mehr gibt, wofür Sie dankbar sein sollten, als Ihnen im Moment bewusst ist.

18.

Lassen Sie sich nicht so leicht überfordern

Kürzlich haben meine Frau Kris und ich einen Lachkrampf gekriegt – bis uns schließlich sogar die Tränen kamen. Kris hatte etwas in der Art gesagt wie: »Das muss ja wohl ein Scherz Gottes sein« und sich damit auf die Tatsache bezogen, dass wir beide mehrere Stunden damit zugebracht hatten, das Haus aufzuräumen, Sachen zu verstauen, zu organisieren und so weiter. Aber all unseren kühnen, gezielten Anstrengungen zum Trotz war es ganz offensichtlich, dass wir dabei sogar eher noch Rückschritte machten, richtiggehend kontraproduktiv waren.
Nein, unfähig sind wir eigentlich nicht. Wir sind sogar beide recht geschickt und geübt, alles schön in Ordnung zu halten. Tatsache war, dass jedes unserer Kinder gerade einen Spielgefährten da hatte. Eines der Kinder hatte eine Schmutzspur in der Küche hinterlassen, während Kris das Zimmer nebenan putzte. (Der Schuldige hatte offensichtlich unseren Slogan »Raus aus den Schuhen« vergessen.) Ein paar andere Kinder hatten versucht, etwas aus dem Wandschrank meiner Tochter zu nehmen, als – *peng* – die Hälfte der Spielsachen auf den Boden fiel. Ich war in der Zwischenzeit auf dem Speicher, um ein paar Sachen, die wir weggeben wollten, in Schachteln zu verstauen. Da stieß mein Fuß durch den Boden hindurch und verursachte ein Loch in der Decke des Zimmers darunter.

In jedem Raum herrschte Chaos; es war eben mal wieder so ein Tag … Sie werden bei sich zu Hause bestimmt schon ähnliche Erfahrungen gemacht haben.
In solchen Zeiten erliegt man schnell der Versuchung, alles sehr ernst zu nehmen und sich darüber aufzuregen. Die Spontanreaktion vieler ist, sich zu sagen, wie ungerecht das Leben doch sei und wie nutzlos jegliches Bemühen. In stressigen und frustrierenden Zeiten wie diesen lassen wir oft Revue passieren, wie oft uns dergleichen in der Vergangenheit schon widerfahren ist und wie wahrscheinlich es ist, dass es uns wieder passieren wird. Es erübrigt sich eigentlich zu erwähnen, wie wenig gut es uns tut, wenn wir uns das alles vor Augen führen.
Eine der effektivsten Methoden, mit dem Gefühl der Überforderung umzugehen, ist, einen Schritt Abstand zu nehmen und die humorvolle Seite daran zu erkennen. So wie Kris es ausgedrückt hat: »Wenn uns jemand heimlich beobachten würde, würde der sich schieflachen!« Genau zu dem Zeitpunkt haben wir die ganze Angelegenheit dann auch nicht mehr so ernst genommen.
Soll das jetzt heißen, dass uns das Chaos egal war? Natürlich nicht. Kris und ich sind nämlich ziemliche Putzteufel. Wir beide schätzen ein sauberes, gepflegtes Zuhause. Es gibt jedoch Zeiten, da hat man einfach keine Kontrolle über seine Umgebung – besonders wenn man Kinder hat. Manchmal sind einfach zu viele Leute da, es ist zu viel los oder nicht genug Zeit – was auch immer. Ich will Ihnen jetzt nicht vorschlagen, dass Sie nicht einmal einen Anlauf unternehmen sollten, ich möchte Sie nur daran erinnern, dass auch Sie nur ein Mensch sind. Mehr kann man manchmal eben einfach nicht tun.
Wenn Sie versuchen, die humorvolle Seite bei Ihren fruchtlosen Bemühungen zu sehen, dann nimmt Ihnen das den Druck, dass Sie perfekt sein

sollten, dass Sie einen makellosen Haushalt zu führen hätten. Anstatt sich völlig frustriert damit herumzuschlagen, auch ja „alles auf die Reihe zu kriegen“, könnten Sie dann mit der Tatsache Frieden schließen, dass, selbst wenn Sie den letzten Tisch staubgewischt haben, er vermutlich in ein oder zwei Tagen wieder genauso aussehen wird wie vorher.
Humor hält ihr Haus zwar nicht sauber und in Ordnung, aber er gibt Ihnen den richtigen Blickwinkel und bewirkt, dass Sie sich besser fühlen. Ohne deren Wichtigkeit schmälern zu wollen, gemahnt er sie, Ihre Arbeiten und Ihre Verantwortung im Haus nicht zu ernst zu nehmen.

19.

Stellen Sie sich die Frage: »Welche Botschaft vermittle ich meinen Kindern wirklich?«

Einer meiner liebsten Ratgeber für Eltern ist das Buch »Glück der positiven Erziehung« von Dr. Wayne Dyer. Er ermutigt Eltern, sich einmal die Frage zu stellen, was sie ihren Kindern eigentlich wirklich beibringen wollen, und auch die versteckten Botschaften unter die Lupe zu nehmen, die wir ihnen vermitteln. Er geht davon aus, dass einige der wichtigsten und am meisten geschätzten Eigenschaften des Menschen – Selbstbewusstsein, Risikobereitschaft, Geduld und Unabhängigkeit – auf unsichtbare Weise durch die Art untergraben werden können, wie wir mit unseren Kindern kommunizieren.

Beispielsweise fordern wir manchmal unsere Kinder auf, sich zu entspannen oder sich zurückzunehmen, aber wir tun das, indem wir unsere Stimme frustriert erheben. Oder wir wünschen uns, dass unsere Kinder zu unabhängigen Menschen heranwachsen, und dennoch räumen wir ihnen das Zimmer auf, weil uns die Unordnung nicht passt, oder wir gestatten es unseren Kindern nicht, angemessene Risiken einzugehen. Vielleicht *sagen* wir ja, dass unsere Kinder ruhig sein sollen, sind aber selbst überdreht, wenn nicht gar durchgedreht. Unser Ziel mag wohl sein, dass aus unseren Kindern kooperative Menschen werden sollen, dennoch neigen wir dazu, uns zu oft herumzustreiten. Es gibt viele Beispiele, da wir zu einer

bestimmten Verhaltensweise ermutigen wollen, aber eine Botschaft aussenden, die eigentlich auf das Gegenteil schließen lässt.
Viele dieser Botschaften, die wir unseren Kindern vermitteln, entspringen nämlich unserem Inneren. Sind wir frustriert und neigen zu Überreaktionen oder sind wir ruhig und gehen auf den anderen ein? Sind wir geduldig und hilfsbereit oder fordernd und aggressiv? Hören Sie Ihrem Mann, Ihrer Frau, Ihren Freunden und Kindern gut zu oder neigen Sie dazu, Ihr Gegenüber zu unterbrechen und dessen Sätze zu beenden? Wenn das der Fall ist, wundert es Sie dann, dass Ihre Kinder Schwierigkeiten haben, Ihren Anweisungen Aufmerksamkeit zu schenken und ihnen auch Folge zu leisten?
Eine der positiven versteckten Botschaften, die Kris und ich unseren Kindern vermitteln, ist, dass wir die bewusste Entscheidung getroffen haben, unsere Beziehung immer lebendig und frisch zu halten. Wir nehmen uns sehr viel Zeit füreinander und gehen auch regelmäßig miteinander aus. So haben wir Freude an unserer Beziehung, außerdem wollen wir, dass unsere Kinder mit dem *Wissen* aufwachsen, dass ihre Eltern sich wirklich lieben und schätzen – nicht nur, weil wir es sagen, sondern weil wir ihnen mit unserem Handeln und Verhalten vorleben, wie eine gute Beziehung aussieht.
Eine Sache, an der wir noch arbeiten müssen, ist unsere Neigung zu hetzen; das Paradoxe daran ist, dass es uns ärgert, wenn unsere Kinder ungeduldig sind. Um es noch einmal zu wiederholen: Das häusliche Verhalten wird von den versteckten Botschaften geprägt, die wir an unsere Kinder senden.
Achten Sie doch einmal auf Ihre eigenen versteckten Botschaften und Signale. Aller Wahrscheinlichkeit nach wird es vieles geben, das Sie gut machen, aber auch Bereiche, die verbesserungswürdig sind. Machen Sie

sich deswegen keine Sorgen – Sie sind eben auch nur ein Mensch! Das Wichtigste ist, sich der Macht der versteckten Botschaften bewusst zu sein. Sobald Sie das erreicht haben, werden Sie sich selbst auf die Schliche kommen, wenn Sie eine Botschaft vermitteln, die eigentlich nicht Ihrer Absicht entspricht.

Haben Sie diese Strategie erst einmal ein bisschen geübt, werden Sie schnell meine Meinung teilen, dass die Frage: »Welche Botschaft vermittle ich meinen Kindern wirklich?« eine überaus wichtige ist.

20.

Schätzen Sie die Teenager-Phase

Auf den ersten Blick scheint dieser Vorschlag fast unmöglich, ja eine Art Widerspruch in sich. Wenn man die Teenager-Jahre jedoch in einem weiteren Blickfeld betrachtet, glaube ich, dass es nicht nur möglich ist, sondern sogar gut machbar – und klug –, diese Phase zu schätzen und nicht dagegen anzukämpfen.

Das Schlüsselwort bei dieser Strategie lautet: *Phase*. Ich wäre geradezu entsetzt, wenn jemand, der dieses Buch liest und über zwanzig ist, noch derselbe Mensch wäre wie in seiner Teenager-Zeit. Es ist sehr viel wahrscheinlicher, dass sich unsere Werte und Einstellungen, unsere Arbeitsauffassung, unsere Ziele und Prioritäten ebenso verändert haben wie unser Äußeres. Ich persönlich gleiche dem Menschen, der ich einst als Teenager war, jedenfalls nicht mehr. Ich sehe anders aus und verhalte mich anders, alles in meinem Leben hat sich verändert. Blickt man zurück, war die Teenager-Zeit nichts weiter als eine Phase, die jeder durchmacht.

Warum aber nehmen wir dann alles so persönlich, wenn wir doch wissen, dass diese Jahre etwas Vorübergehendes sind? Die Antwort lautet wohl unter anderem, dass wir diese Tatsache schlichtweg vergessen. Wir befürchten, dass das Verhalten und die Richtung, die das Leben unseres

Fünfzehnjährigen nimmt, ewig so bleibt, wie in Stein gemeißelt. In gewisser Weise mangelt es uns am nötigen Glauben an unsere heranwachsenden Söhne und Töchter. Diesen Mangel können die Jugendlichen von heute spüren, er trägt meiner Meinung nach sogar zu den Problemen bei. Ich will hier nicht behaupten, dass es Ihre Schuld ist, wenn Ihr Teenager zu Hause mit allen möglichen Schwierigkeiten zu kämpfen hat. Aber ich bin mir ziemlich sicher, dass es vieles gibt, das wir tun können, um unsere Kinder in diesem Alter zu fördern und den Frust, den wir empfinden, auf ein Minimum zu reduzieren.

Ich glaube, einer der Gründe, warum ich meine Teenager-Jahre halbwegs unbeschadet überstanden habe, war, dass ich gespürt habe, dass meine Eltern mich akzeptierten und an mich glaubten. Es war, als ob ich *wüsste*, dass es schon in Ordnung ist, wie ich bin – selbst wenn das nicht immer der Fall war –, und dass nicht allein aufgrund der Tatsache, dass ich mit Schwierigkeiten zu kämpfen hatte, irgendetwas mit mir nicht stimmte. Obwohl mein Verhalten alles andere als perfekt war, wusste ich, dass meine Eltern mich schätzten. Ihr Vertrauen hat mir die nötige Kraft gegeben, aus dieser Phase herauszuwachsen.

Im Lauf der Jahre ist mir eine ähnliche Dynamik bei einigen – glücklichen – Familien aufgefallen, in denen Eltern und Kinder gemeinsam danach streben, friedlich miteinander zu leben. In wirklich allen Fällen kommen stets all die Jugendlichen am besten mit sich zu Rande, die Eltern haben, die an sie glauben – Eltern, die ihre Söhne und Töchter sichtbar schätzen.

Es ist natürlich ein Einfaches zu sagen: »Klar, dass Eltern an ihren Sohn glauben und ihn akzeptieren, wenn er bereits mit sich zu Rande kommt.« Und da ist ja vielleicht sogar etwas Wahres dran. Ich denke jedoch, dass wir uns bemühen sollten, an Jugendliche zu glauben und sie zu schätzen,

egal, wie groß deren Probleme momentan auch sein mögen, indem wir nämlich erkennen, wie wichtig das für sie ist.
Sie müssen sich nur einmal überlegen, um wie viel leichter es Ihnen fällt, eine Sache gut zu machen, wenn die Leute in Ihrem Umfeld an Sie glauben und Sie sich anerkannt fühlen. Bei Teenagern ist es auch nicht anders. Fühlt sich ein Jugendlicher anerkannt, dann hat er oder sie einen guten Ruf, dem er gerecht werden will. Umgekehrt gilt das allerdings auch: Fühlt sich ein Teenager nicht anerkannt, dann erfüllt er eben die negative Erwartungshaltung.
Ich will damit nicht sagen, dass es ein einfaches Unterfangen ist, sondern nur, dass es wichtig und der Mühe wert ist, an den eigenen Reaktionen zu arbeiten. Wenn Sie die Teenager-Zeit als eine Phase und nicht als Dauerzustand betrachten, werden viele der Schwierigkeiten verschwinden.

21.

Lassen Sie sich nichts unter die Haut gehen

Es macht Freude, diese Strategie einzusetzen, wenn Sie Kinder haben, doch auch sonst ist sie sehr effektiv. Sich zu weigern, sich etwas unter die Haut gehen zu lassen, kann sich nämlich auf wirklich alles beziehen: streitende Kinder, die ihre Aufmerksamkeit fordern, Chaos, ein unaufgeräumtes Zimmer, ein undichtes Dach, ein lärmendes Haustier, ein überschwemmtes WC, einen schnarchenden Ehemann.

Nicht alle, aber bestimmt einige der Probleme, die auf Überreaktionen beruhen, rühren von unseren gewohnten Reaktionsmustern her, die sich längst unserer Kontrolle entzogen haben. Wenn beispielsweise Ihre Kinder gerade fürchterlich streiten und Sie das Gefühl haben gleich durchzudrehen, dann besteht Ihre Spontanreaktion vielleicht darin, dass Sie Ihre Kinder verärgert in ihre Zimmer schicken. Dann verschlimmern Sie das Problem zudem noch, indem Ihnen Gedanken durch den Kopf gehen wie: »Es darf doch nicht wahr sein, wie oft das passiert« oder: »Wie schwer es doch ist, Kinder großzuziehen« oder sonst eine bekräftigende Aussage, die Sie selbst davon überzeugen soll, dass Sie gar nicht anders reagieren konnten.

Wir bauschen den Vorfall über alle Maßen auf, indem wir die Sache überinterpretieren und sie mit anderen auch noch diskutieren. Ziemlich

schnell macht man so aus einer Mücke einen Elefanten, wie das Phänomen so schön beschrieben wird.
Es ist jedoch durchaus möglich, sich dahingehend zu trainieren, dass wir auf alltägliche Schwierigkeiten weniger krass reagieren. Wenn Sie sich nichts unter die Haut gehen lassen, dann leugnen Sie damit nicht, dass Ihnen etwas auf die Nerven fällt. Vielmehr trainieren Sie Ihr Denken so um, dass es auf die gleichen Tatsachen anders reagiert. Sie fangen damit an, indem Sie sich zum Beispiel sagen: »Ich will mich wegen dieser Sache nicht aufregen und auch nicht überreagieren.«
Auf den ersten Blick betrachtet mag Ihnen das anfänglich etwas oberflächlich erscheinen. Wenn Sie sich schließlich sagen, dass Sie sich nicht aufregen wollen, mag Ihnen das so vorkommen, als würden Sie sich einreden, wie gut es Ihnen doch geht, wenn Sie die Grippe haben. Probieren Sie es mit dieser Strategie jedoch einmal, dann werden Sie überrascht feststellen, wie effektiv sie doch ist. Haben Sie Geduld und nehmen Sie sich Zeit. Sobald Sie vorhersehen können, wie Sie mit den diversen Situationen umgehen, lassen die gewohnten Überreaktionen nach. Sie wissen dann im Voraus, wie Ihre Reaktion aussehen wird, und nehmen die verschiedenen Lebensumstände zum Anlass, um dieses angemessene Verhalten weiter einzuüben. Auf diese Weise verwandeln Sie, was Ihnen sonst wie eine Last vorgekommen ist, in ein Spiel, das in Ihrem Inneren stattfindet.
Ich kann Ihnen gar nicht sagen, wie effektiv diese Vorgehensweise bei meinen zwei Kindern war. Wie die meisten Menschen habe auch ich oft überreagiert. Seit ich jedoch diese Strategie anwende, scheinen die meisten negativen Verhaltensschemata, die man aus Gewohnheit an den Tag legt, aufgebrochen zu werden. Erst neulich haben sich meine Kinder wieder in die Haare gekriegt, gebrüllt und sich gegenseitig beschuldigt. Ich

hatte es schon kommen sehen und mir insgeheim gesagt: »Ich will mich von dem Streit, der sich da zusammenbraut, nicht beunruhigen lassen.« Das Ergebnis war einer der seltenen Momente, nach denen Eltern sich so oft sehnen – perplexe Kinder. Ich saß lässig auf dem Sofa und habe meine Augen nicht von meinem Buch abgewandt, nicht einmal eine Sekunde lang. Es hat nicht einmal zwei Minuten gedauert, da waren die Kinder schon wieder absolut ruhig und haben sich gefragt, ob da wohl mit mir etwas nicht stimmt. Ihre Auseinandersetzung verschwand wie durch Zauberei ohne jegliche Einmischung meinerseits. Wir haben dann den restlichen Nachmittag richtig genossen. An dieser Strategie werden Sie Ihre Freude haben.

22.

Versäumen Sie keine Gelegenheit zu sagen: »Ich liebe dich.«

Zeit meines Lebens höre ich die Klagen vieler Menschen, dass ihre Eltern – oder ihr Partner – nie oder nur selten »Ich liebe dich« sagen. Andererseits aber ist mir noch nie jemand untergekommen, der sich beschwert hätte, weil die Eltern oder sonst jemand diese Worte zu oft gebrauchten.

Ich kann mir gar nichts Einfacheres vorstellen, als diesen Satz auszusprechen: »Ich liebe dich.« Viele Menschen tun das jedoch nicht – warum auch immer. Vielleicht meinen wir, dass unsere Lieben gar nicht das Bedürfnis haben, diese Worte zu hören, dass sie sie nicht hören wollen oder ihnen womöglich sowieso keinen Glauben schenken. Oder vielleicht sind wir ja auch zu stur oder zu schüchtern. Aber all diese Überlegungen zählen nicht; es gibt nämlich einfach viel zu viele wichtige Gründe, den Ihnen wichtigen Menschen zu sagen, dass Sie sie lieben.

Ob man Ihnen diese Worte in Ihrem Leben oft genug gesagt hat oder nicht, ist nicht der Punkt. Wichtig ist nur die Tatsache, dass die Menschen sich durch den Satz »Ich liebe dich« gut fühlen. Er erinnert sie daran, dass sie nicht allein sind und dass Ihnen etwas an ihnen liegt. Er hebt ihr Selbstwertgefühl – und auch Sie selbst fühlen sich danach besser!

In meiner Familie machen wir mit Sicherheit vieles falsch. Eines jedoch machen wir bestimmt richtig: Wir sagen einander, wie sehr wir uns lieben. Das ist einfach, schmerzlos und kostet nichts. Dieser Satz ist einer der machtvollsten Sätze auf Erden. Menschen, die wissen, dass sie geliebt werden – weil man es ihnen nämlich gesagt hat – vermögen sich bei der Welt mit ihrer eigenen Liebe zu revanchieren. Sie besitzen ein ruhiges Vertrauen und ein Gefühl von innerem Frieden.

Eine meiner tiefsten Überzeugungen ist folgende: Wenn Sie haben, was Sie brauchen, und zwar im emotionalen Bereich, dann ist es Ihnen ein inneres Bedürfnis, anderen auch zu geben. Sagen Sie also zu einem einzigen Menschen: »Ich liebe dich«, leisten Sie indirekt der Welt einen großen Dienst. Es gibt wohl keine Garantie, dass sich jemand geliebt und anerkannt fühlt. Doch die Chancen lassen sich durchaus steigern, wenn wir es ihm oder ihr häufiger mitteilen. Nur mit den Worten »Ich liebe dich« lassen sich in den Augen unserer Lieben so viele Fehler beheben. Wenn ich beispielsweise schwierige Zeiten mit meinen Kindern durchgemacht habe, haben uns diese Worte stets geholfen, uns gegenseitig zu verzeihen und weiterzukommen.

Auch im Hinblick auf uns selbst bringen einem die Worte »Ich liebe dich« natürlich Vorteile. Es fühlt sich gut an. Da Geben und Nehmen die zwei Seiten einer Medaille sind, entschädigt es schon, »Ich liebe dich« zu sagen, falls man diese Worte zeit seines Lebens missen musste. Es stimmt absolut, dass im Geben selbst der Lohn liegt. Und diese schlichten, liebevollen Worte zu sagen ist eine der grundlegendsten und einfachsten Formen des Gebens.

Es gibt so viele passende Gelegenheiten, zu denen Sie Ihrer Liebe Ausdruck verleihen können: wenn Sie nach Hause kommen, kurz bevor Sie weggehen, vor dem Zubettgehen und gleich am Morgen. In unserer Familie haben wir es uns zur Gewohnheit gemacht, »Ich liebe dich« zu sa-

gen, bevor wir nach einem Telefonat auflegen und auch bevor wir zusammen eine Mahlzeit einnehmen. Die Anlässe sind unbegrenzt.
Diese Strategie gehört zum Leichtesten, was Sie tun können, und letzten Endes mit zum Wichtigsten.

23.

Entwickeln Sie Ihre eigene Reset-Taste

In jedem Haushalt gibt es Warnsignale, die das Potenzial haben, uns in Alarmbereitschaft zu versetzen, wenn Chaos droht. Das Problem ist nur, dass wir kaum auf sie hören. Stattdessen fahren wir ungerührt mit unseren Angelegenheiten fort, bis wir uns schließlich vom Chaos überwältigt fühlen. Viel von diesem Gefühl, einfach ausgeliefert zu sein, können wir jedoch vermeiden, indem wir auf diese Warnsignale hören und lernen, sie als Reset-Taste einzusetzen, als Möglichkeit, zur Normalität zurückzukehren.

Ein solches Warnsignal bei uns zu Hause zum Beispiel ist, wenn wir uns alle vier gehetzt fühlen. Dieses unleugbare Gefühl der Raserei tritt auf, wenn alle unter Zeitdruck sind, herumhektiken, frustriert sind. Als Familie haben wir gelernt, dieses Gefühl zu erkennen und es wie eine Reset-Taste zu benutzen. Anders ausgedrückt: Einem von uns fällt dieser Zustand auf und sagt dann etwas wie: »Hey Leute, jetzt ist es mal wieder so weit.« Diese simple Erkenntnis ermöglicht es uns dann, Atem zu schöpfen, langsamer zu machen und wirklich neu anzufangen oder zumindest unser Tempo zu korrigieren. Dieses Warnsignal weist uns darauf hin, dass wir alle einen Gang zurückschalten und uns neu orientieren müssen.

Indem wir diesen Reset-Vorgang anwenden, können wir uns umorientieren und unsere eigentliche Haltung und Sichtweise wiedererlangen, was uns einen Neuanfang ermöglicht. Wenn wir in so einem Fall das Warnsignal jedoch einmal überhören oder ihm keine Aufmerksamkeit schenken, dann gehen die Wogen der Emotionen noch höher, was in der Regel zu einer Menge Frust führt.

Zu den anderen gängigen Alarmzeichen zählen hitzige Streitereien unter den Geschwistern. Sie können den Zank jedoch als gute Gelegenheit nutzen, um die häusliche Stimmung und Atmosphäre durch eine Rückstellung wieder ins Lot zu bringen. Anstatt eine handfeste Auseinandersetzung abzuwarten, schreiten Sie ein, bevor alles außer Kontrolle gerät. Nutzen Sie die frühen Warnsignale als Reset-Taste! Wenn Sie nur ein Kind haben, betrachten Sie Quengeleien unter dem gleichen Gesichtspunkt. Leben Sie alleine, könnte eine Rückstellung notwendig werden, wenn sich zu viel angesammelt hat oder sich das Geschirr im Ausguss stapelt. Die Liste der Möglichkeiten ist unendlich, doch Ihre Reset-Taste ist einzigartig. Der springende Punkt ist, dass man den Stress schon kommen sieht, bevor man schließlich mit ihm konfrontiert wird, um ihm ein Schnippchen zu schlagen zu können.

Lassen Sie einen Augenblick lang Ihr eigenes Zuhause Revue passieren. Gibt es vorherrschende oder wiederkehrende Stressfaktoren? Wenn ja, gibt es auch Warnsignale, die dem Stress vorangehen? Wenn Sie aufmerksam genug sind, werden Sie sie bestimmt entdecken. Der Trick ist, diese Signale zu Ihren eigenen Gunsten zu nutzen. Schenken Sie ihnen Aufmerksamkeit und verwenden Sie sie als Reset-Taste. Gehen Sie so vor, werden Sie bald viel weniger Stress zu Hause haben.

24.

Entdecken Sie das einfache Leben

Es gibt eine bekannte Basisbewegung, die schnell an Boden gewinnt und der sich viele verschiedene Bevölkerungsgruppen anschließen. Diese Bewegung heißt »Voluntary Simplicity«; sie tritt für ein einfacheres Leben ein, zu dem man sich freiwillig bekennt, nicht aus Notwendigkeit. Ziel ist es, die eigenen Wünsche zu begrenzen – und zwar nicht, weil Sie das müssen, sondern weil Sie es wirklich *wollen*. Sie betrachten das als einen Akt der Klugheit und als Potenzial für Zufriedenheit, denn so können Sie genießen, was Sie schon haben. Sein Leben einfacher zu gestalten setzt Zeit frei, Geld und Energien, die Ihnen dann für Sie und Ihre Familie zur Verfügung stehen.

Viele Menschen – ich zähle auch dazu – sind zu dem Schluss gekommen, dass mit den Nachbarn mithalten zu wollen und sich weiterhin in die sprichwörtliche Tretmühle einspannen zu lassen, sie nicht nur überfordert und kontraproduktiv ist, sondern auch stressig und zeitraubend. Die meisten von uns haben zunehmend mehr Wünsche und Bedürfnisse. Es hat den Anschein, als meinten wir, dass mehr zu haben auch mehr Lebensqualität bedeutet: mehr Hab und Gut, mehr Erfahrungen, mehr Unternehmungen und so weiter. Aber stimmt das wirklich?

Zu einem bestimmten Zeitpunkt sind wir dann so beschäftigt, dass wir unser Leben nicht mehr genießen können. Dann scheint wirklich jede Minute des Tages verplant und vergeben. Wir hetzen von Aktivität zu Aktivität und interessieren uns in der Regel mehr für das, was als Nächstes ansteht, als für das, was wir im Moment gerade tun. Zudem wollen die meisten von uns eine größere Wohnung, ein schöneres Auto, mehr Kleidung, einfach immer mehr. Egal, was wir haben, es ist nie genug. Unser Appetit scheint unersättlich.

Es ist nicht uninteressant, dass die Bewegung zugunsten eines etwas einfacheren Lebens sich nicht auf die Superreichen beschränkt. Die Klugheit dieses Ansatzes wird von vielen Menschen mit völlig unterschiedlichem finanziellem Hintergrund gewürdigt. Ich kenne eine Reihe von Leuten mit sehr niedrigem Einkommen, die sich entschlossen haben, sich diese Philosophie zu Eigen zu machen, und die alle behaupten, dass es sich für sie überaus bezahlt gemacht habe.

Sein Leben einfacher zu gestalten kann manchmal grundlegende Änderungen beinhalten, wie sich dafür zu entscheiden, in einer kleineren Wohnung zu leben und sich nicht länger abzumühen, eine größere zu finanzieren. Ein derartiger Entschluss kann zu einem weniger stressigen Leben führen, weil es Ihnen natürlich viel leichter fällt, die niedrigere Miete zu bezahlen. Andere Entscheidungen könnten sein, einfacher zu essen, sich gegenseitig Kleidung zu leihen oder zu überlassen und mehr Freizeitaktivitäten abzulehnen. Dahinter steht die Vorstellung, dass diese Veränderungen Ihr Leben verbessern, indem es nämlich einfacher wird.

Vor ein paar Jahren habe ich mein Büro verlegt. Dieser scheinbar so simple Entschluss hatte mehrere wohltuende Vereinfachungen zur Folge. Zuerst einmal war das Büro, das ich neu bezogen hatte, viel billiger als das vorherige, so dass mir etwas von dem finanziellen Druck genommen wurde. Außerdem war das Büro nur ein paar Kilometer von meinem Zuhause entfernt und nicht fünfzehn, die ich sonst zurückzulegen gewohnt war. Anstatt also pro Strecke dreißig Minuten zu fahren, verbrachte ich jetzt nicht einmal fünf Minuten im Auto. Da ich vermutlich an die fünfzig Wochen im Jahr arbeite, spare ich mir auf diese Weise zweihundert Stunden nur aufgrund einer einzigen simplen Entscheidung. Klar, mein früheres Büro war schöner, aber war es das auch wert? Rückblickend betrachtet sicher nicht. Unter den gleichen Umständen würde ich diese Entscheidung heute noch einmal treffen.

Ein einfacheres Auto zu kaufen oder zu leasen spart Geld und möglicherweise auch Fahrten zur Werkstatt. Wenn man weniger hat, muss man sich auch um weniger kümmern, Versicherungen abschließen, sauber halten, sich Gedanken und Sorgen machen. Alles, was Sie auf Kredit anschaffen, ist nur wieder ein Stück mehr, das Sie zu bezahlen haben, und somit eine weitere monatliche Belastung. Hat man ein Haus mit Garten, muss man sich Zeit nehmen, ihn auch zu pflegen. Ich könnte Ihnen noch viele weitere Beispiele nennen, aber ich denke, Sie haben schon verstanden, was ich meine.

Aus freiem Willen einfacher zu leben heißt natürlich nicht, alles aufzugeben, was Sie besitzen. Ganz im Gegenteil, bisweilen ist es von offensichtlichem Vorteil, etwas anzuschaffen, das Ihnen das Leben leichter und angenehmer macht. Ich kann mir beispielsweise gar nicht mehr vorstellen, ohne meinen Computer oder mein Faxgerät auszukommen. Wenn ich das täte, würde mein Leben eindeutig erheblich komplizierter. Ich bezweifle sogar, dass Sie dieses Buch je in Händen hielten!

Bei freiwillig gewählter Einfachheit geht es nicht um einen einmaligen Entschluss, auch nicht um die freiwillige Entscheidung zur Armut. Sie können ein teures Auto fahren und sich dennoch dem einfachen Leben verschreiben. Sie können sich schöne Dinge wünschen, sie besitzen und sich auch an ihnen erfreuen und trotzdem Ihr einfacheres Leben genießen. Hier ist also eher von einer Richtung die Rede, einer ganzen Reihe von Entschlüssen, die Sie fassen, weil Sie Ihre Lebensqualität verbessern möchten. Der Schlüssel dazu ist, wirklich einmal ehrlich zu überlegen, was Ihnen in Ihrem Leben wichtig ist. Wenn Sie gern mehr Zeit hätten, ein bisschen mehr Energie und etwas mehr Seelenfrieden, dann sollten Sie diese Strategie für sich entdecken.

25.

Halten Sie sich in guter Gesellschaft auf

Viele von uns sind sich der Tatsache bewusst, dass wir von den Menschen, in deren Gesellschaft wir uns häufig aufhalten, positiv oder negativ beeinflusst werden: die Kinder von den Eltern, der Ehemann von der Ehefrau, die Schwester vom Bruder – und umgekehrt natürlich genauso. Das trifft auch auf unsere Arbeitskollegen, Freunde und Nachbarn zu.

Es kann natürlich vorkommen, dass wir wenig oder gar keine Kontrolle darüber haben, mit wem wir unsere Zeit verbringen, im Beruf zum Beispiel. Unter solchen Umständen müssen wir häufig einfach das Beste daraus machen. Das Gleiche gilt oft auch für manche Verwandte. Sie sind nicht mit ihnen zusammen, weil Sie sie besonders mögen, sondern einfach, weil sie zur Familie gehören – es bleibt Ihnen keine akzeptable Alternative.

Dennoch gibt es auch Bereiche, wo es unserer Kontrolle unterliegt, mit wem wir zusammen sind; zum Beispiel unsere Freunde und Bekannte, die wir zu uns nach Hause einladen oder mit denen wir uns am Telefon unterhalten.

Ihre Zeit und Ihre Energie gehören mit zu Ihrem wertvollsten und wichtigsten Gut. Daher ist es besonders wichtig, eine kluge und wohldurchdachte Auswahl zu treffen, mit wem Sie Ihre Zeit verbringen wollen.

Sind Sie mit Menschen zusammen, die Ihnen – oder Ihrer Familie – wirklich gut tun oder sind es eher Zufallsbekanntschaften? Wenn Sie ehrlich sich selbst gegenüber sind, werden Ihre Antworten Sie vielleicht erstaunen. Möglicherweise sind Sie aber auch mit Leuten befreundet, ohne überhaupt zu wissen, warum; oder aus Faulheit, Bequemlichkeit oder schlichtweg Gewohnheit.

Ich will Ihnen nicht vorschlagen, mit Ihren Freunden zu brechen oder neue Freundschaften zu suchen; auch behaupte ich nicht, dass alle Beziehungen, die auf Tradition, Verpflichtung oder einer gemeinsamen Vergangenheit beruhen, schlecht oder falsch sind. Ich möchte Sie nur ermutigen, sich einmal kritisch zu überlegen, wie Sie sich fühlen, wenn Sie mit jemandem zusammen sind und auch kurz danach. Hilft Ihnen diese Person zu wachsen? Ist er oder sie ein Mensch, den sie bewundern oder respektieren? Fördern Sie einander? Haben Sie gemeinsame Werte? Haben Sie ein gutes Gefühl, wie Sie miteinander umgehen, wenn Sie sich treffen oder telefonieren? Wenn nicht, dann heißt das noch lange nicht, dass Sie nicht weiter befreundet bleiben können; aber Sie wollen dann vielleicht weniger Zeit mit diesem Menschen verbringen, wodurch Sie mehr Freiraum gewinnen, neue Leute kennen zu lernen oder auch allein für sich zu sein.

Dieser Vorschlag hat nichts damit zu tun, über andere ein Urteil zu fällen. Kommen Sie zu der Überzeugung, dass es Leute gibt, mit denen Sie lieber nicht so oft zusammen sein wollen, heißt das nicht, dass Sie sie nicht respektieren oder nicht nett finden. Es bedeutet ebenso wenig, dass Sie sich für etwas Besseres halten oder dass diese Menschen keine bewundernswerten Eigenschaften hätten. Genau genommen heißt es nur, dass Sie die Ihnen zur Verfügung stehende Zeit lieber mit jemand anderem oder allein verbringen. Bedenken Sie stets, dass jeder von uns nur begrenzt Zeit zur Verfügung hat, um sie mit anderen zu teilen, vermutlich viel weniger, als uns allen lieb wäre. Es liegt an jedem Einzelnen, die bestmögliche Wahl zu treffen.

Ich beispielsweise habe in meinem Leben Hunderte von Menschen kennen gelernt, die ich aus ganz unterschiedlichen Gründen schätze, deren Gesellschaft ich aber nicht suche; und ich vermute, dass die meisten dieser Personen das wohl umgekehrt genauso sehen. Ich verbringe gern meine Zeit allein, und wenn ich mit jemandem zusammen bin, dann soll es auch ein Mensch sein, mit dem es mir Freude bereitet.

Die Leute haben unterschiedliche Vorlieben, was den Menschentyp angeht, mit dem sie gern zusammen sind. Ich zum Beispiel verbringe nicht gern zu viel Zeit mit Leuten, die reizbar und schnell verärgert sind. Ich ziehe es auch vor, Menschen zu meiden, die viel jammern und klagen. Das hat teilweise damit zu tun, dass ich weiß, wie sehr die Gesellschaft, in der ich mich befinde, mich auch beeinflusst. Wenn ich also mit Nörglern zusammen bin, dann nörgle ich selbst auch mehr, und so weiter.

Diese Strategie hat das Potenzial, Ihre Lebensqualität wesentlich zu beeinflussen. Die Leute in Ihrer Umgebung, besonders die, mit denen Sie viel zusammen sind, üben nämlich einen enormen Einfluss auf Ihre Einstellung und Ihr Wohlbefinden aus. Wenn Sie sich also in guter Gesellschaft befinden, wird Ihr Leben einfacher und erheblich weniger stressig werden.

26.

Lassen Sie andere Meinungen einfach stehen

Wir alle sind einzigartig und betrachten das Leben aus einem jeweils anderen Blickwinkel. Jeder hat seine Vorlieben und interpretiert etwas auf seine persönliche Weise. Da wir alle dazu erzogen wurden, in bestimmten Kategorien zu denken, haben wir unsere eigene Art, Konflikte zu lösen, und unterschiedliche Theorien, warum etwas passiert. Jeder von uns misst dem, was er für relevant und wichtig hält, seine individuelle Bedeutung bei und so finden wir fast immer Fehler im Denken und Verhalten anderer. Unsere Art, die Realität zu sehen, rechtfertigen wir dann meist, indem wir uns auf Beispiele konzentrieren, die – wie wir meinen – die Richtigkeit unseres Ansatzes beweisen. Kurz gesagt: Unsere Betrachtungsweise des Lebens scheint immer gerechtfertigt, logisch und richtig – aber eben nur uns. Das Problem ist nämlich, dass alle anderen von der gleichen Annahme ausgehen.

Ihr Partner, Ihre Kinder, Eltern, Freunde, Nachbarn und so weiter sind ebenso davon überzeugt, dass ihre Sicht der Realität absolut zutreffend ist. Es ist somit vorhersehbar, dass Menschen, mit denen Sie zu tun haben, nicht verstehen können, warum Sie etwas nicht genauso sehen wie sie selbst und zudem meinen, dass alles in Ordnung käme, wäre das nur der Fall.

Wir wissen, dass dem so ist, aber warum reagieren wir dann so oft verärgert und frustriert, wenn wir nicht einer Meinung sind? Warum beunruhigt es uns so leicht, wenn jemand, den wir kennen oder gar lieben, eine andere Auffassung oder Sichtweise äußert, etwas anders interpretiert oder gar der Meinung ist, dass wir Unrecht haben? Ich denke, die Antworten auf diese Fragen sind sehr einfach: Wir übersehen, dass wir, psychologisch betrachtet, alle in unterschiedlichen Realitäten leben. Die Art, wie wir das Leben und die Ereignisse um uns herum interpretieren, wird von einer Vielzahl von Faktoren beeinflusst, die einzig und allein für *unser* Leben Gültigkeit haben. Meine Kindheit und meine Erfahrungen waren und sind anders als die Ihren, also wird auch mein Ansatz dem Leben gegenüber ein etwas anderer sein. Ein Zwischenfall, der mich verärgert, mag Ihnen völlig bedeutungslos erscheinen und umgekehrt.

Der Trick, friedlicher zu werden und nicht zu Überreaktionen zu neigen, besteht darin, sich daran zu erinnern, dass es schon in Ordnung ist, wenn wir alle ein bisschen anders sind. Anstatt auf diese Tatsache mit Überraschung zu reagieren, können Sie lernen, sich auf sie einzustellen, ja sie sich zu Eigen zu machen. Sie regen sich dann nicht mehr darüber auf, wenn jemand, den Sie lieben, Ihre Auffassung nicht teilt, sondern sagen sich einfach: »Sie muss es ja einfach anders sehen.« Anstatt sich zu verteidigen, wenn Ihre Interpretation eines Vorfalls sich von der eines anderen unterscheidet, versuchen Sie dankbar und froh zu sein, tritt der seltene Fall ein, wenn Sie mit jemandem einer Meinung sind.

Können Sie andere Auffassungen einfach stehen lassen, bedeutet das nicht, dass Ihr Standpunkt weniger wichtig oder gar falsch wäre, sondern nur, dass Sie nicht so frustriert sein müssen über die Tatsache, dass andere Ihre Meinung nicht teilen und die Sache in einem völlig anderen Licht sehen. In vielen Fällen wollen Sie ja vielleicht zu Ihrer Meinung

und Ihren Wertvorstellungen stehen und das ist auch gut so; aber das können Sie auch, wenn Sie Ihrem Gegenüber Respekt und Verständnis entgegenbringen. Tun Sie das, werden nicht nur viele Stressfaktoren ausgeschaltet, sondern auch eine Vielzahl von Pseudo-Argumenten. In den meisten Fällen wird der Mensch, mit dem Sie eine Meinungsverschiedenheit haben, dann Ihre aufrichtige Achtung empfinden und Ihnen gegenüber auch weniger krass reagieren. Wenn Sie bei Ihren Interaktionen mit anderen diese tolerantere Haltung einnehmen, werden Sie zudem feststellen, dass Sie an den Meinungen anderer größeres Interesse haben, wodurch es mehr Spaß macht, sich in Ihrer Gesellschaft aufzuhalten. Sie werden lernen, die guten Seiten anderer zu fördern, wie auch andere die Ihren fördern werden. So gewinnt jeder.
Ich habe gesehen, wie dieser einfache Perspektivenwechsel vielen Ehen, Freundschaften und Verwandtschaftsbeziehungen geholfen hat. Es geht ganz einfach und macht das Leben viel schöner. Versuchen Sie von heute an doch einmal, ob Sie Meinungsverschiedenheiten stehen lassen können. Es ist der Mühe wert.

27.

Machen Sie sich nicht selbst schlecht

Es ist traurig, aber wahr: Ein Großteil von uns hat die negative Angewohnheit, sich selbst schlecht zu machen und überkritisch zu sein. Wir sagen uns etwa: »Ich bin zu dick«, »Ich tauge zu gar nichts« oder »Ich mache nie etwas richtig.« Haben Sie diese unnötige, aber dennoch so weit verbreitete Angewohnheit?

Das eigentliche Problem, wenn Sie sich selbst so kritisch sehen, besteht darin, dass ganz egal, wie gut Sie eigentlich sind und welch positive Eigenschaften Sie auch haben, Sie *immer* eine Bestätigung für das finden werden, wonach Sie suchen. Anders ausgedrückt: Wir alle neigen dazu, unsere Annahmen für wahr zu halten, wobei es völlig gleichgültig ist, worum es sich handelt, da unser Denken uns nämlich fast immer selbst bestätigt. Wenn Sie sich beispielsweise auf die fünf Pfund zu viel konzentrieren, die Sie gern abnehmen würden, dann springen sie Ihnen sofort ins Auge, sobald Sie Ihre Taille betrachten; die Tatsache, dass Sie bei bester Gesundheit sind, wissen Sie dann gar nicht mehr zu schätzen. Oder wenn Sie sich sagen, dass Sie Familientreffen hassen, dann finden Sie natürlich bei jedem Treffen einen Beweis für Ihr Missvergnügen. Anstatt sich mit Ihren liebsten Verwandten zu amüsieren, fällt Ihnen dann die schrille Stimme von Tante Sarah auf oder die unangenehme Angewohnheit Ihres Bruders, zu prahlen und zu protzen. Oder Sie richten Ihr kritisches Augenmerk auf ein Familienmitglied, das gern zu viel trinkt, und übersehen dabei völlig die Tatsache, dass Ihre Familie alles in allem gar nicht so übel ist.

Wie Sie sehen, ist es also absolut vorhersehbar, dass Sie die passenden Beweise auch finden werden, wenn Sie sich schlecht machen; ebenso liegt es auf der Hand, dass Ihr Selbstbewusstsein weiter schwinden wird und negative Gefühle sich verstärken. Sich selbst zu kritisieren festigt Ihre Unzulänglichkeiten nur, anstatt sie zu korrigieren, indem nämlich unnötige Aufmerksamkeit und Energie auf alles gelenkt wird, was irgendwie negativ ist, anstatt auf das, was Ihnen zum Vorteil gereicht.

Eine weitere wichtige Frage, die Sie sich einmal durch den Kopf gehen lassen sollten, ist, *warum* Sie das eigentlich tun, da Sie doch wissen, dass das einzig mögliche Ergebnis eine noch negativere Einstellung, ein noch negativeres Gefühl sein kann und Sie das wundervolle Geschenk des Lebens bald gar nicht mehr zu schätzen wissen. Machen Sie sich selbst schlecht, klingt das außerdem für andere so, als würden Sie sich irgendwie als Opfer fühlen. Leute, die ständig Negatives über sich sagen, werden von anderen als Nörgler betrachtet, die ihr eigenes Leben nicht zu würdigen wissen, ganz zu schweigen von dem schlechten Beispiel, das sie ihren Kindern, ihrer Familie und Freunden geben. Ich hoffe, dass ich Sie langsam davon überzeugen kann, dass sich selbst schlecht zu machen wirklich keine gute Angewohnheit ist und sogar einige ziemlich einschneidende persönliche Konsequenzen nach sich zieht.

Natürlich hat jeder Eigenheiten, die er gern verbessern möchte. Ich zum Beispiel würde unter anderem gern geduldiger sein. Ich habe manchmal das Gefühl, schnell zu überreagieren und mir zu viele Sorgen zu machen – was in der Tat auch der Fall ist. Aber das heißt noch lange nicht, dass ich mich selbst bestrafen und schlecht machen müsste, bloß weil ich erkannt habe, dass ich alles andere als perfekt bin. Täte ich das, würde ich das Problem nur verstärken und mich dann noch schlechter fühlen, als ich es hinsichtlich dieses Punktes ja sowieso schon tue. Zu erkennen, dass ich viel Freiraum habe, um etwas zu verbessern, und den Entschluss zu fassen, weiterhin darauf hinzuarbeiten, mehr Geduld zu entwickeln, ist das Beste, was ich tun kann. Je nachsichtiger und geduldiger ich mit mir umgehe, desto einfacher ist es für mich auch, mich weiter zu entwickeln, und desto wahrscheinlicher wird es dann, dass ich anderen gegenüber ebenfalls Geduld an den Tag lege.

Egal, an welchem Punkt Sie gerade arbeiten oder was auch immer Sie an sich verändern wollen, machen Sie sich bewusst, dass es das Schlimmste ist, was Sie tun können, wenn Sie sich mit Selbstkritik bestrafen. Machen Sie weiter und versuchen Sie, etwas zu verbessern, erkennen Sie Ihre Schwächen an, tun Sie alles, was in Ihrer Macht steht, um eine Veränderung zu bewirken – aber seien Sie mit sich nachsichtig. Machen Sie sich vor anderen nicht schlecht, nicht einmal in Ihren Gedanken. Niemand will es hören, wenn Sie sich selbst negativ darstellen, und ich hoffe, Sie haben erkannt, wie destruktiv diese Eigenschaft eigentlich ist. Also überwinden Sie diese Angewohnheit! Keiner von uns wird je perfekt sein, aber sich selbst schlecht zu machen, ist sicher kein Heilmittel für diese altbekannte Tatsache.

28.

Hören Sie auf, sich gegenseitig Horrorgeschichten zu erzählen

Diese Strategie ist besonders gedacht für Menschen, die mit jemandem zusammenleben. Es ist ein weit verbreitetes Phänomen, dass zwei Personen, die außer Haus arbeiten, abends viel Zeit und Energie darauf verwenden, sich gegenseitig Horrorgeschichten zu erzählen. Genauer gesagt wird sich der Großteil der Unterhaltung um nichts anderes drehen als um die scheußlichen und schrecklichen Dinge, die den ganzen Tag über passiert sind. Dazu gehört die Beschreibung, wie schwer und ermüdend dieser Tag doch wieder war, welch hohe Anforderungen an Sie gestellt wurden, der Ärger, den Sie hatten, die Unannehmlichkeiten, die schlechten Erfahrungen, die schwierigen Momente, die fordernden Kinder, die uneinfühlsamen Chefs und so weiter. Wie es scheint, wollen wir uns dessen versichern, dass unser Ehepartner oder Lebensgefährte auch wirklich weiß, wie schwer wir es doch haben.

Aus verschiedenen Gründen bin ich davon überzeugt, dass es ein großer Fehler ist, sich so zu verhalten. Zunächst einmal haben wir alle relativ wenig Zeit, die wir mit unseren Lieben verbringen können. Mir erscheint es wenig sinnvoll, einen schweren Tag, den wir hinter uns haben, am Abend nochmals durchzuspielen. Denken Sie über die negativen Ereignisse eines Tages nach und reden Sie darüber, läuft das darauf hinaus, die

gleiche Erfahrung noch einmal zu machen. Das schafft eine enorme Menge Stress und laugt Sie emotional aus.
Außerdem festigt die Konzentration auf Unangenehmes, das untertags passiert ist, diese negativen Erlebnisse noch. Anders ausgedrückt: Es trägt dazu bei, Sie an den Druck und die Schwierigkeiten des täglichen Lebens zu erinnern, wodurch Sie zu der Überzeugung gelangen, dass es durchaus berechtigt ist, ernst, niedergedrückt und verkniffen zu sein.
Wenn Sie sich die Energie, die Sie darauf verwenden, Horrorgeschichten zu erzählen, sparen oder sie zumindest einschränken, hat das einen sofortigen Effekt auf Ihr Wohlbefinden – wie durch Zauberei.
Natürlich müssen Sie mit extrem komplizierten und ernsten Problemen zu Rande kommen – das tun wir alle –, aber mit anderen über die Widrigkeiten des Lebens zu jammern kostet Sie mehr, als es wert ist. Diese Angewohnheit fahren zu lassen schafft Raum für die schöneren Dinge des Lebens. Dann ist es einfacher, sich an die liebevollen und freundlichen Aspekte zu erinnern, an all das, was gut geklappt hat, an das, worauf Sie in Ihrem Leben stolz sein können und was Ihnen gut tut. Sie werden auch feststellen, dass Ihr Partner schnell Ihrem Beispiel folgen wird, sobald Sie sich mehr auf Positives konzentrieren. Wer mit den festgefahrenen schlechten Gewohnheiten bricht, wird bald merken, dass es viel interessanter ist und auch mehr Spaß macht, sich auf Erfreuliches zu konzentrieren. So öffnen sich neue Türen in Ihrer Beziehung, neue Interessen können sich entwickeln.
Bitte verstehen Sie mich nicht falsch: Ich will natürlich nicht behaupten, dass es nie angemessen und sinnvoll ist, unseren Lieben mitzuteilen, was gerade vor sich geht – die absolut negativen Vorfälle eingeschlossen. Manchmal ist das Ihr Wunsch, Ihr Bedürfnis. Es gibt bei dieser Strategie viele Ausnahmen. Ich lege Ihnen nur nahe, überzogene negative Ten-

denzen abzulegen, anstatt sie zur Abendgestaltung ausarten zu lassen, zu einem Ritual, das sich allabendlich vollzieht, ohne dass Sie es je hinterfragen würden. Versuchen Sie, diese Horrorgeschichten auf gelegentliche Anlässe zu beschränken. Sicher wollen Sie ehrlich sein, was Ihre wahren Gefühle angeht, aber ich bin zu dem Schluss gekommen, dass es überaus lohnend sein kann, ein Teil von all dem Negativen einfach beiseite zu schieben. Bevor Sie sich also wieder auf so eine Situation einlassen, fragen Sie sich: Was wird das bringen? Wenn wir diese Information beide haben, werden wir dann einen schöneren Tag miteinander verbringen oder zieht uns das nur runter? Bringt uns das näher und macht uns vertrauter oder erinnert es uns nur daran, wie schwierig das Leben doch sein kann?

Ich denke, wir wissen alle, wie extrem kompliziert, wie ermüdend das Leben oft ist. Und die meisten von uns nehmen es als gegeben hin, sich Tag für Tag mit etwas herumschlagen zu müssen. Die Fragen, die wir uns stellen sollten, lauten: Tut es uns gut, alle düsteren Details mitzuteilen? Hat das wirklich einen Wert? Obwohl ich mich dieser Neigung, Horrorgeschichten zu erzählen, selbst auch oft schuldig mache, bin ich dennoch zu dem Schluss gekommen, dass es absolut kontraproduktiv ist, sich gegenseitig negative Dinge zu erzählen; es läuft einem angenehm entspannten Abend völlig zuwider.

Ich möchte Sie ermutigen, es einmal mit dieser Strategie zu versuchen. Wenn Sie das nächste Mal das Bedürfnis haben, jemandem mitzuteilen, welch einen schrecklich harten Tag Sie doch hatten, dann versuchen Sie einfach, es für sich zu behalten. Ich schätze, Sie werden die Erfahrung machen, dass das ausgesprochen heilsam für Sie ist.

29.

Gehen Sie mit gutem Beispiel voran

Neulich hatte ich mit meiner sechsjährigen Tochter ein überaus rührendes Erlebnis, das mich daran erinnert hat, wie wichtig es doch ist, mit gutem Beispiel voranzugehen. Ein kleiner Beitrag, den ich für meine Wohngemeinde leiste, besteht darin, dass ich, wann immer es mir möglich ist und sinnvoll erscheint, Müll aufsammle und ihn in die Tonne werfe. Ich mache das schon seit Jahren und hin und wieder erkläre ich meinen Kindern, wie wichtig es für uns alle ist, aktiv etwas zu tun, um Straßen, Parks und die Umgebung sauber zu halten.

Kürzlich haben Kenna und ich ein Café verlassen und gingen zu unserem Auto. Mir war ein Haufen Abfall aufgefallen, der auf dem Boden herumlag, ich hatte ihn jedoch nicht aufgehoben. Als ich am Auto angelangt war, sah ich mich nach Kenna um. Und da war sie und hatte den ganzen Müll aufgesammelt und in den Abfalleimer geworfen! Was diese Episode so unbezahlbar macht, war ihr Kommentar: »Daddy, hast du da nicht was vergessen?«

Ob Sie nun Kinder haben oder nicht, diese Strategie ist so wichtig, dass Sie sie stets im Hinterkopf behalten sollten. Oft sind wir uns dessen ja nicht einmal bewusst, aber wir geben anderen immer ein Beispiel. Sie sehen unsere Verhaltensweise und registrieren sie ganz bewusst. Eine vereinzelte Handlung mag ja noch keine besondere Wirkung auf jemanden ausüben, doch besteht ein kumulativer Effekt. Und wir allein treffen auch die Entscheidung, welche Art von Vorbild wir abgeben wollen: liebevoll, positiv, hilfsbereit – oder faul, lethargisch, egoistisch.

Der Entschluss, in so vielen Lebensbereichen wie nur möglich mit gutem Beispiel voranzugehen, hilft Ihnen, Ihr Verhalten sowie auch Ihre Stressreaktionen zu steuern. Ich versuche beispielsweise, nicht zu nervös zu werden, wenn ich in einem Verkehrsstau stecke oder lange Schlange stehen muss. Ich tue das nicht nur, weil es eine weniger aufreibende Art ist, das Leben zu erfahren, sondern auch, weil ich den anderen um mich herum die Botschaft vermitteln will, dass das Leben nicht perfekt sein muss, damit man sich glücklich und ausgeglichen fühlt.

Schauen Sie sich einmal an, welcher Art die Beispiele sind, die Sie anderen geben. Enthalten sie die Botschaft, die Sie vermitteln wollen, oder würden Sie lieber etwas anders kommunizieren? Egal, wie Ihre Antwort ausfällt, es ist eine interessante Frage, die Sie sich stellen sollten. Sie kann Ihnen dabei helfen, Korrekturen an Ihrem Verhalten und in Ihrer Einstellung vorzunehmen, die Ihnen und den Menschen in Ihrer Umgebung das Leben weniger stressig und somit bedeutungsvoller erscheinen lassen.

30.

Machen Sie die Erfahrung, sich sanft den Umständen hinzugeben

Sanfte Hingabe ist ein Begriff, den ich benutze, um den Prozess zu beschreiben, wenn man zu Hause oder anderswo etwas schlichtweg »durchgehen lässt«. Einfach ausgedrückt bedeutet es, sich mit Würde und Bescheidenheit dem Chaos des Lebens hinzugeben. Es ist dies eine Form, mit den Umständen klarzukommen, wie sie nun einmal sind, sie zu akzeptieren und den Kampf einzustellen.

Oft kämpfen wir nämlich gegen Aspekte des Lebens an, die weitgehend außerhalb unserer Kontrolle liegen: Lärm, Durcheinander, unangenehme Kommentare, verlorene Dinge, Unhöflichkeit, Negativität, kaputte Rohre, verstopfte Abflüsse – was auch immer. Wir kämpfen, werden ärgerlich und wünschen uns, dass doch alles anders wäre. Dann beklagen wir uns, wüten und jammern. Zählt man all diese Frustrationen zusammen, bleibt das Endresultat immer dasselbe: An dem, worüber wir uns so aufgeregt haben, ändert sich rein gar nichts. Alles bleibt wie es ist, egal, wie sehr wir mit den Zähnen geknirscht oder die Fäuste geballt haben. Man schürt mit einem derartigen Verhalten bloß noch das Feuer, macht alles schlimmer, als es sowieso schon ist.

Sanfte Hingabe hat nichts mit Aufgeben zu tun; ebenso wenig mit Apathie, Faulheit oder Gleichgültigkeit. Es geht vielmehr um angemessene

Akzeptanz, nämlich gewillt zu sein, von der Beharrlichkeit Abstand zu nehmen, mit der wir fordern, dass alles in unserem Leben so sein soll, wie wir es haben wollen – nämlich anders, als es nun einmal ist. Dass diese Strategie klug ist, liegt auf der Hand: Obwohl Sie sich vielleicht wünschen, dass etwas anders wäre – oder es sogar fordern – , ist das nicht der Fall. Alles ist so, wie es eben ist. Das bedeutet nicht, dass Sie keine Veränderungen herbeiführen oder sich um Verbesserungen bemühen sollten – das sollten Sie unbedingt, wenn Sie das Gefühl haben, dass es für Sie wichtig und notwendig ist. Mit dieser Strategie vermeiden Sie den Frust, der entsteht, weil etwas Ihren Vorstellungen zuwiderläuft.

Erfahrungen mit sanfter Hingabe macht man am besten, wenn man mit Kleinigkeiten anfängt. Wenn Sie beispielsweise das Geschirr spülen und einen Teller fallen lassen, zeigt das, dass auch Sie nur ein Mensch sind. Anstatt sich zu ärgern und mit dem Fuß aufzustampfen, versuchen Sie, den Moment so zu nehmen, wie er eben ist – als einen Moment nämlich, der auch einen kaputten Teller mit einschließt. Keine große Sache, kein Grund zur Aufregung oder gar zur Panik; nichts als das liebevolle Akzeptieren der Wahrheit dieses Augenblicks, dass da vor Ihnen die Scherben eines Tellers auf dem Boden liegen. Die Frage ist: Was tun Sie jetzt? Der Teller ist nun schon zerbrochen. Sie können sich nun anspannen und dadurch vielleicht gleich noch einen kaputt machen oder Sie können sich entspannen und mit Humor erkennen, wie wenig perfekt wir alle sind. Ein anderes Beispiel wäre eine Interaktion mit Ihrem Mann beziehungsweise Ihrer Frau. Wenn er oder sie etwas sagt, das Sie in der Regel verärgert, versuchen Sie einmal, etwas anders zu reagieren. Anstatt sich über die Kritik Ihres Partners zu ärgern, schütteln Sie sie einfach ab und lieben Sie ihn oder sie trotzdem. Wieder ist der Kommentar ja schon abgegeben worden. Doch wie Sie darauf reagieren, liegt allein bei Ihnen. Können Sie Ihre gewohnten Reaktionsmuster verändern und etwas friedlicher gestalten, dann werden Sie schnell merken, dass alles in Ordnung kommt.

Bei uns zu Hause haben wir einen Spruch, den eines der Kinder sich hat einfallen lassen; ich habe immer gefunden, dass er das Prinzip der sanften Hingabe hervorragend beschreibt. Wenn also etwas zerbricht oder total schief geht, dann sagt eines der Kinder: »Ach ja, so was passiert eben!« Anders ausgedrückt: Wozu sich groß aufregen?

Diese Strategie ist besonders effektiv, wenn einmal alles drunter und drüber geht. Gestern war ich mit meinen zwei Kindern und zwei von ihren Freunden zu Hause. Alle hatten Hunger und ich hatte noch nicht einmal aufgeräumt. Das Telefon läutete im selben Moment wie die Türglocke. Einen Augenblick lang dachte ich, dass ich durchdrehen würde, doch dann kam ich darauf, einfach einmal tief durchzuatmen und loszulassen. In diesem Chaos war es das Beste, was ich tun konnte: mich sanft den Umständen hingeben, einfach entspannen. Was für mich bei diesem und ähnlichen Vorfällen interessant war, ist die Tatsache, dass genau in dem Augenblick, in dem ich aufhörte zu kämpfen und mich entspannte, sich alles zu beruhigen begann.

Wenn Sie es mit dieser Strategie einmal versuchen wollen, werden Sie über das Ergebnis erstaunt sein. Je ruhiger Sie werden, desto einfacher wird sich auch Ihr Leben gestalten. Anstatt unangenehme Zwischenfälle noch zu verschlimmern und die negativen Seiten bei anderen zum Vorschein zu bringen, beginnen Sie, das Chaos in einem ganz anderen Licht zu sehen. Dann wird es viel weniger Dramen in Ihrem Leben geben. Fangen Sie also gleich heute an und sehen Sie, ob Sie das Chaos mit Hilfe der sanften Hingabe verringern können.

31.

Schaffen Sie sich ein »egoistisches« Ritual

Es hat mich immer amüsiert, wenn Leute auf meinen Vorschlag, sich um ihre eigenen Bedürfnisse zu kümmern, mit der Frage: »Ja ist das denn nicht egoistisch?« reagiert haben. Ich möchte nun gern die Gelegenheit ergreifen und mit dieser Sorge aufräumen. Diese Strategie beruht auf folgender Überzeugung: Haben Sie, was Sie brauchen – und zwar in emotionaler Hinsicht –, haben Sie auch noch genug für andere und deren Bedürfnisse übrig.

Wenn es Ihr Ziel ist, entspannter zu werden und ein glückliches Zuhause zu haben, dann ist es überaus hilfreich, wenn Sie sich etwas schaffen, das ganz allein Ihnen gehört, etwas, das Sie *tun* – und zwar ausschließlich für sich. Mein persönliches Ritual beispielsweise besteht darin, frühmorgens aufzustehen, noch vor allen anderen Familienmitgliedern. Ich nutze diese Zeit, um mich erst einmal zu strecken und zu dehnen, in Ruhe eine Tasse Kaffee zu trinken und ein oder zwei Kapitel in meinem Lieblingsbuch zu lesen. Machmal meditiere ich auch oder denke über mein Leben nach. Dieses besondere Ritual schätze ich über alles in meinem Tagesablauf.

Natürlich ist jeder anders. Manche Menschen fügen ihrem Alltagstrott ein bisschen Sport hinzu, indem Sie sich ein Gesundheitsritual schaffen.

Andere stöbern in Buchläden herum oder trinken irgendwo in aller Ruhe Kaffee, bevor Sie ins Büro gehen. Wieder andere nehmen gern ein heißes Bad oder eine Dusche zu einer ganz bestimmten Zeit. Der springende Punkt dabei ist: Es ist Ihre Zeit – ein paar Stunden am Tag, die allein für Sie reserviert sind.

Ein Ritual, das ich früher gern praktiziert habe – wie viele andere auch –, bestand darin, dass ich immer auf dem Heimweg von der Arbeit ein paar Straßen vor meinem Ziel Halt gemacht habe. Ich bog in einer bewaldeten Gegend von der Straße ab. Und ein paar Minuten lang betrachtete ich dann die Schönheit, die mich umgab. Nichts Besonderes, nicht zu zeitaufwendig, aber dennoch genau richtig, um einmal durchzuschnaufen zwischen Beruf und den lebhaften Kindern zu Hause, die meine Aufmerksamkeit wollten und ja auch verdient hatten. Diese paar Minuten lang atmete ich tief durch und machte mir bewusst, welch ein Glück ich doch hatte, jetzt bald nach Hause zu meiner liebevollen Familie zu kommen. Ehrfürchtig betrachtete ich die herrlichen Bäume und Pflanzen. Nach ein paar Minuten stieg ich wieder ins Auto und fuhr nach Hause. Wie viel besser ich mich fühlte, wenn ich mir diese Zeit genommen hatte, war enorm. Anstatt müde und mürrisch durch die Tür zu hetzen, fühlte ich mich entspannt und liebevoll gestimmt. Ich konnte den Unterschied auch daran erkennen, wie meine Familie mich empfing. Offensichtlich vermochten sie meine Ruhe zu spüren.

Egal, ob Sie nun etwas früher aufstehen, ein Bad nehmen oder eine Pause einlegen, um auf dem Heimweg den Duft der Rosen zu riechen – tun Sie etwas. Sie werden überrascht sein, welchen Nutzen Sie aus diesen paar Minuten ziehen können.

32.

Machen Sie sich frei von Ihrem Tagesplan, wenn Sie Kinder haben

Es ist zugegebenermaßen recht schwierig, diese Strategie in die Tat umzusetzen. Wenn Sie es dennoch einmal versuchen, werden Sie merken, dass sich die Mühe lohnt. Für den Fall, dass es Ihnen noch nicht aufgefallen sein sollte: Wenn Sie keine festen Programmpunkte für Ihren Tag haben – oder zumindest nicht so viele –, dann funktioniert alles besser, als wenn Sie einen festen Plan haben, den Sie unbedingt durchziehen wollen. Versuchen Sie verzweifelt, an Ihrem Plan festzuhalten, dann erleben Sie letztendlich immer eine Enttäuschung, da Sie ja nicht genügend Punkte auf Ihrer Liste abgehakt haben. Und selbst wenn Sie es schaffen, dann sind Sie erschöpft und verstimmt, weil es so schwierig war, das alles hinzukriegen.

Natürlich gibt es Zeiten, zu denen Sie einen Tagesplan brauchen, ebenso gibt es Aufgaben und Ziele, die es zu einem bestimmten Zeitpunkt zu erledigen und zu erreichen gilt. Aber das eigentlich Hilfreiche an diesem Vorschlag liegt in der Geisteshaltung. Versuchen Sie einmal zu erkennen, wie Ihre eigene Sturheit, Ihr Festhalten an einem Plan Sie schließlich unter Stress setzt. Und nicht nur das. Sie werden vielleicht bemerken, dass Sie, je mehr Sie auf Ihren Programmpunkten beharren, desto weniger letzten Endes schaffen. Das kommt daher, dass Ihre starre Haltung es Ihnen erschwert, wenn nicht sogar unmöglich macht, in einen anderen Gang zu schalten und sich den Gegebenheiten anzupassen. Haben Sie Kinder, die Sie betreuen müssen, ist es fast unmöglich zu wissen, was an einem bestimmten Tag genau passieren wird. Sich auf Veränderungen und Unwägbarkeiten einstellen zu können, macht die Fähigkeit erforderlich, flexibel und offen zu sein.

Oft ist es nicht schlecht, die Menge der Programmpunkte auf Sparflamme zu halten. Anders ausgedrückt: Sie wissen, was Sie im Idealfall gern erreichen würden, aber halten an diesem Ziel nicht mit allen Mitteln fest. Dann packen Sie die Gelegenheit beim Schopf, die sich Ihnen gerade bietet, das, was Sie sich vorgenommen haben, auch zu verwirklichen. Es könnte zum Beispiel Ihr Ziel sein, drei Leute anzurufen, das Auto in die Werkstatt zu fahren und Lebensmittel einzukaufen. Anstatt dann wegen der Tatsache frustriert zu sein, dass Sie nicht einen Augenblick Zeit hatten, das alles zu erledigen, sind Sie einfach so geduldig wie möglich. Entspannen Sie sich. Suchen Sie nicht nach einer Bestätigung für die Tatsache, dass Sie zu Hause »in der Falle sitzen« oder dass Sie total überfordert sind. Lenken Sie stattdessen Ihre Aufmerksamkeit so gut Sie können auf das Hier und Jetzt. Wenn Sie ruhig und flexibel bleiben und nicht die Fassung verlieren und zu hetzen beginnen, dann haben Sie auch das Gespür, wann die richtige Gelegenheit gekommen ist, sich um Ihre Vorhaben zu kümmern. Weil Sie offen sind, ist es Ihnen dann möglich, auf jede Chance zu reagieren, die sich Ihnen bietet, um Ihren Verpflichtungen klug und umsichtig nachzukommen. Und selbst wenn sich so eine Gelegenheit, auf die Sie gehofft haben, an einem bestimmten Tag nicht bietet, werden Sie Ihre Sichtweise dennoch beibehalten können und bedenken, dass – langfristig betrachtet – sowieso alles kein Problem ist.

33.

Füllen Sie Ihr Heim mit Zeichen der Liebe

Es gibt im Leben so viel Unruhe und Anlässe, uns die Probleme in Erinnerung zu rufen, mit denen wir zu Rande kommen müssen, dass es oft schwierig ist, diesem Negativbombardement mit Zeichen der Liebe zu begegnen. Kris und ich sind allerdings zu dem Schluss gekommen, dass es uns recht leicht fällt – und uns auch nicht viel kostet – unser Heim mit Zeichen der Liebe und des Glücks zu füllen. Wer das tut, wird stets an die positiven Seiten des Lebens erinnert.

Zeichen der Liebe können in etwas Schönem bestehen, das Ihnen am Herzen liegt, in etwas Künstlerischem, Erhabenem oder einer Art Leichtigkeit, irgendetwas, das Sie an Liebe, Freundlichkeit, Sanftmut und Mitgefühl erinnert. Es kann das kleine Kunstwerk eines Kindes sein, das bei Ihnen an der Wand hängt, ein Strauß frischer Schnittblumen, ein schönes Gedicht oder ein philosophischer Gedanke, ein spirituelles, einfühlsames Buch auf Ihrem Kaffeetisch oder ein Foto von Ihren Lieben. Oder es malt zum Beispiel ein Seelenverwandter eine Kalligraphie mit positiven, liebevollen Beteuerungen und klebt sie an Ihren Kühlschrank. Andere heben Briefe, die von tiefen Empfindungen sprechen, auf und heften Sie an die Pinwand.

Der Komiker Steve Martin hat einmal einen überaus witzigen Sketch gemacht, in dem er Banjo gespielt hat und davon gesungen hat, wie schwierig es doch sei, deprimiert zu sein, während man Musik macht. Das Banjo klingt so optimistisch und fröhlich, dass einem negative und unglückliche Gefühle schon fast ein bisschen dumm vorkommen. Sein Heim mit Zeichen der Liebe zu erfüllen hat in gewisser Weise eine ähnliche Qualität. Es ist zwar sicher nicht unmöglich, allerdings bestimmt viel schwieriger, sich zu sehr in etwas hineinzusteigern, gestresst und deprimiert zu sein, wenn überall, wohin Sie auch schauen, Zeichen der Liebe sind.

Bei uns zu Hause haben wir an vielen Wänden Fotos von Freunden, von der Familie und spirituellen Menschen aufgehängt. Wir bringen sie regelmäßig auf den neuesten Stand, wechseln die Bilder aus, damit sie auch aktuell und interessant sind. In praktisch jedem Zimmer liegen auch sichtbar Bücher herum, die den Wert der Liebe betonen, dazu wunderschöne Zeichnungen und Bilder, die unsere Kinder für uns gemacht haben. Wenn ich keine Kinder hätte, würde ich ganz bestimmt Freunde oder Nachbarn fragen, ob sie nicht ein paar für uns übrig haben. Die kleinen Kunstwerke von Kindern sind so erhebend, erinnern einen so sehr daran, dass es die Liebe gibt, dass ich mir nicht vorstellen könnte, nicht eine Vielzahl davon bei mir zu Hause zu haben. Unsere Töchter gehen aber auch gern hinaus in den Garten und pflücken Blumen, die sie dann drinnen ins Wasser stellen.

Es gibt keinen direkten Weg, wie man diese Strategie in die Tat umsetzen könnte; hier geht es mehr um die innere Einstellung. Haben Sie erst einmal die innere Logik erkannt und die positiven Auswirkungen dieses Vorschlags erfahren, werden Sie bestimmt gar nicht mehr anders können. Diese Überlegung ist einfach schlüssig. Beginnen Sie heute, Ihr Zuhause mit Zeichen der Liebe zu füllen. Jedesmal, wenn Sie durch die Tür treten, werden Sie dann einen Anlass zur Freude haben.

34.

Lassen Sie sich durch Geld nicht herunterziehen

Daran gibt es wohl nichts zu rütteln: Die meisten von uns haben das Gefühl, nicht genug Geld zu haben, um all das zu tun, was sie gern möchten: reisen, das Haus herrichten, die Sachen kaufen, die sie wollen oder brauchen. Die Frage, die sich uns eigentlich stellt, scheint weniger, ob wir nun das Geld haben oder nicht, das wir zu brauchen glauben, sondern wie wir mit dieser Tatsache umgehen. Unsere Einstellung zu diesem Thema beeinflusst nämlich weitgehend unsere Lebensqualität zu Hause.

Manchmal gerät man in Versuchung – und ich will mich da gar nicht ausnehmen –, mehr Zeit mit Klagen zu verbringen, wie wenig Geld wir doch haben, und das dann als Ausrede zu benutzen, an nichts Vergnügen zu finden, anstatt auszugehen und uns mit dem Geld zu amüsieren, das uns zur Verfügung steht. Wir träumen von einem besonderen Urlaub, den wir vielleicht ja doch einmal machen könnten, oder von einer größeren Wohnung, die wir gern beziehen würden, übersehen dabei aber die kleineren Freuden, die wir uns durchaus leisten können, oder versäumen es, aus der Wohnung, die wir haben, das Beste zu machen.

Ich habe einen guten Freund, dem nur sehr wenig Geld zur Verfügung steht. Es überrascht mich immer wieder, was er schon alles unternommen hat, wenn man seine geringen finanziellen Mittel bedenkt. Er macht gern Tagesausflüge und begeistert sich fürs Zelten. Einmal hat er mir Fotos von den schönsten Fleckchen Erde gezeigt, von denen ich nicht einmal wusste, dass es sie gibt. Er hat die herrlichsten Wanderungen unternommen, die man sich nur vorstellen kann, und die tollsten Picknicks veranstaltet. Er hat Freude am Klettern, an Blumen, Vögeln und am Meer und ist einer der inspirierendsten und weltklügsten Menschen, denen ich je begegnet bin, obwohl er die Vereinigen Staaten kaum einmal verlässt. Er hat mir gezeigt, dass man in unserem Heimatstaat Kalifornien jedes Wochenende an einen anderen herrlichen Ort fahren kann, die alle an einem Tag mit dem Auto erreichbar sind, ohne je das gleiche Ziel zweimal besuchen zu müssen, wenn man dazu keine Lust hat. Oft amüsiert er sich über Bekannte, die Kredite aufgenommen haben, um zu exotischen Zielen zu reisen, aber noch keinen einzigen Nationalpark gleich in ihrer Nähe gesehen haben. Ich kenne meinen Freund jetzt schon über zehn Jahre und habe noch nicht einmal gehört, dass er wegen Geld gejammert hätte. Für mich ist er einer der »reichsten« Menschen auf Erden!

Diese Geisteshaltung lässt sich auf alle Bereiche übertragen, in denen Geldmangel für ein Hindernis gehalten wird. Sie können jammern, weil Sie es sich nicht leisten können, in eine größere Wohnung zu ziehen oder ein Eigenheim zu kaufen; oder Sie können Ihr jetziges Zuhause mit etwas Kreativität mit den Finanzmitteln herrichten, die Ihnen zur Verfügung stehen. Sie können sich schlecht fühlen, weil Sie Ihren Verwandten keine so teuren Weihnachtsgeschenke kaufen können, wie Sie es gern möchten; oder Sie können stolz sein auf das Essen oder das Gebäck, das Sie ihnen bereiten, oder auch auf die schöne Karte, die Sie liebevoll für sie ausgesucht haben. Diese Entscheidung muss jeder für sich selbst treffen. Sehnen wir uns nach mehr und verschieben unser Vergnügen aus Geldmangel oder machen wir das Beste daraus und erhalten uns unsere positive Einstellung?

Immer wenn wir öfter an das denken, was wir nicht haben oder nicht tun können, als an das, was wir bereits besitzen und auch schon unternommen haben, verbreitern wir die Kluft zwischen Realität und Wunschdenken. Und sehr oft ist diese Kluft dann die Ursache für eine ganze Menge Stress. Sie können diesen Stressfaktor ausschalten, indem Sie den Entschluss fassen, Geldmangel nicht mehr als Entschuldigung für Ihr Unglücklichsein oder für Ihre Langeweile gelten zu lassen. Das heißt nicht, dass Sie nicht mehr wollten oder nicht mehr verdient hätten, auch nicht, dass Sie nicht versuchen sollten, mehr zu bekommen. Ich will Ihnen nur nahe legen, sich in der Zwischenzeit so viel wie möglich an dem zu erfreuen, was Sie schon haben. Sie werden überrascht sein. Wenn Sie Ihre Aufmerksamkeit eher auf das lenken, was Sie tun können, und nicht auf das, was nicht geht, ist eines sicher: Sie werden viel mehr Spaß haben.

35.

Beginnen Sie den Tag mit Liebe, leben Sie den Tag mit Liebe, beenden Sie den Tag mit Liebe

Könnte jemand von uns diese Strategie mit Meisterschaft anwenden, dann würde er mit zu den größten Vorbildern der Menschheit zählen, so wie auch Mutter Teresa. Und selbst wenn die Strategie recht schwierig ist, dann ist sie doch jede Mühe wert, die Sie auf sich nehmen.

Diese Strategie ist so einfach wie klug. Die Grundidee ist, sich im Lauf eines Tages regelmäßig bewusst zu machen, wie wichtig es ist, sein Leben in Liebe als absolut höchstem Gut zu leben. In Ihrem Leben wird sich eine Art Zauber vollziehen, wenn nichts für bedeutsamer gehalten wird als die Liebe. Alles, was Ihnen Probleme bereitet und Sie verrückt macht, wird dann aus dem richtigen Blickwinkel betrachtet und das Bewusstsein öffnet sich der Schönheit und den Freuden des Lebens. Unser Alltag wandelt sich allmählich zu etwas Außergewöhnlichem und wir erfahren, was wirklich zählt im Leben.

Den Tag mit Liebe zu beginnen bedeutet, Ihr Herz zu öffnen, wenn Sie am Morgen erwachen, und sich an Ihren Vorsatz zu erinnern, mit jedem Aspekt des Lebens sorgsam umzugehen. Den Tag mit Liebe zu leben heißt, dass Ihre Entscheidungen und Handlungen auf dem Entschluss beruhen, einfühlsam, geduldig, freundlich und sanft zu sein. Es bedeutet zudem, die Dinge so zu sehen, wie sie sind, nichts persönlich zu nehmen oder unnötig aufzubauschen. Somit räumen Sie anderen wie auch sich selbst Unzulänglichkeiten ein und bemühen sich, Ihre Kritikpunkte und Urteile nicht an die Oberfläche dringen zu lassen. Den Tag mit Liebe zu leben beinhaltet, dass Sie, wann immer möglich, einen Versuch unternehmen, großzügig und freigiebig zu sein wie auch bescheiden und aufrichtig. Den Tag mit Liebe zu beenden legt Ihnen nahe, vor dem Schlafengehen alles noch einmal Revue passieren zu lassen und dankbar zu sein. Vielleicht sprechen Sie ja ein Gebet oder meditieren in Stille. Sie blicken auf Ihren Tag zurück und überlegen sich, inwieweit Ihre Handlungen und Entscheidungen mit Ihrem Ziel, Ihr Leben mit Liebe zu leben, in Einklang stehen. Das tun Sie nicht, um Pluspunkte zu zählen oder um mit sich ins Gericht zu gehen, sondern einfach, um die Ruhe zu erfahren, die mit dieser einfühlsamen Einstellung einhergeht, und um zu erkennen, bei welchen Anlässen Sie am nächsten Tag noch einfühlsamer handeln sollten.

36.

Betrachten Sie Ihren Partner – oder generell jemanden, der Ihnen etwas bedeutet – niemals als Selbstverständlichkeit

Über dieses Thema könnte ich ein ganzes Buch schreiben. Da mir aber nur einige Absätze zur Erklärung zur Verfügung stehen, will ich lieber gleich zur Sache kommen.

Wenn Sie Ihren Partner als Selbstverständlichkeit betrachten, können Sie mit hundertprozentiger Sicherheit davon ausgehen, dass Ihre Beziehung negativ beeinflusst wird. Ich habe in meinem ganzen Leben noch keinen einzigen Menschen kennen gelernt, dem es gefallen hätte, dass man ihn für selbstverständlich nimmt – und nur sehr wenige, die sich langfristig gesehen damit abgefunden hätten.

Mit das Respektloseste und Destruktivste, was wir unserem Partner – oder jemand anderem – antun können, ist mit Sicherheit, ihn oder sie als Selbstverständlichkeit zu betrachten. Das ist, als würde man sagen: »Es ist deine Aufgabe, mir mein Leben einfacher zu machen, und meine, genau das von dir zu erwarten.« Ach je!

Es gibt viele Gelegenheiten, die uns vor Augen führen, dass wir unseren Partner für selbstverständlich nehmen. Dazu nur einige Beispiele: Wir halten die Rolle, die wir spielen, für wichtiger. Wir glauben, dass die Beiträge, die wir zu der Beziehung leisten, bedeutungsvoll sind und dass unser jeweiliger Partner »ganz schön viel Glück« hat. Viele von uns verges-

sen es, bitte und danke zu sagen – manche tun es nie. Wir versäumen es, uns bewusst zu machen, welches Glück wir doch haben oder wie traurig und zudem auch schwierig es wäre, wenn wir ohne unseren Partner leben müssten. Manchmal nehmen wir unserem Mann beziehungsweise unserer Frau gegenüber auch eine sehr fordernde Haltung ein und behandeln ihn oder sie schlechter als einen Freund. Es kann vorkommen, dass wir für unseren Partner sprechen, das heißt, das Wort an uns reißen, oder schlecht vor anderen über ihn reden. Manche von uns meinen auch zu wissen, was ihr jeweiliger Partner denkt, und treffen deshalb für ihn oder sie Entscheidungen. Außerdem begehen auch viele den weit verbreiteten Fehler, etwas Bestimmtes zu erwarten – ein aufgeräumtes Zuhause oder ein warmes Essen. Oder Geld, um die Rechnungen zu bezahlen, oder einen säuberlich gemähten Rasen. Schließlich ist er doch Ihr Mann, da soll er das gefälligst auch tun – oder natürlich andersherum gesehen auch Ihre Frau. Sehr wenige von uns hören ihrem Partner wirklich zu oder teilen seine oder ihre Freuden, außer natürlich, sie kommen unseren eigenen Interessen entgegen. Ich könnte noch Unmengen Beispiele anführen, aber Sie haben sicher verstanden, was ich meine.
Ist es da ein Wunder, dass so viele Ehen mit einer Scheidung enden und die anderen oft eine Qual, langweilig und wenig befriedigend sind? Wohl kaum! Es ist so offensichtlich, aber aus irgendeinem Grund machen wir immer wieder den gleichen Fehler – und betrachten unseren Partner als Selbstverständlichkeit.
Der umgekehrte Fall trifft allerdings auch zu: Nichts gibt den Menschen ein besseres Gefühl, als wenn sie spüren, dass sie geschätzt und anerkannt werden. Erinnern Sie sich einmal daran, welche Empfindung Sie hatten, als Sie Ihrem Partner oder jemand anderem, der Ihnen etwas bedeutet, zum ersten Mal begegnet sind. Es war einfach wundervoll. Und einer der

Hauptgründe für dieses Gefühl gegenseitiger Liebe war, dass Sie einander wirklich anerkannt haben. Sie sagten so Dinge wie: »Es ist so schön, von dir zu hören« und: »Danke für deinen Anruf.« Sie zeigten, wie sehr Sie alles zu schätzen wissen – von einem schlichten Kompliment bis hin zum kleinsten Geschenk oder einer freundlichen Geste. Immer wenn sich Ihnen die Gelegenheit bot, haben Sie Ihrer Dankbarkeit Ausdruck verliehen und Sie haben Ihre neue Liebe nie als etwas Selbstverständliches betrachtet.

Viele Menschen meinen, dass Paare ganz unvermeidlich die gegenseitige Wertschätzung verlieren. Dem ist aber nicht so! Die Wertschätzung eines anderen unterliegt nämlich zu hundert Prozent Ihrer Kontrolle. Wenn Sie sich dafür entscheiden, dankbar zu sein und Ihre Wertschätzung zum Ausdruck zu bringen, dann können Sie das auch. Und je mehr Sie das tun, desto mehr verfallen Sie auch in die gute Gewohnheit, Dinge zu bemerken, für die Sie dankbar sein können – Sie führen sie indirekt herbei.

Meine Frau Kris ist einer der aufmerksamsten Menschen, die ich je kennen gelernt habe. Sie sagt mir ständig, wie sehr sie mich liebt und welch ein Glück es für sie ist, mit mir verheiratet zu sein. Ich versuche mich ihr gegenüber genauso zu verhalten, weil ich das Gleiche auch für sie empfinde. Und wissen Sie was? Jedes Mal, wenn sie mir sagt, wie sehr sie mich schätzt, liebe ich sie noch mehr! Und sie versichert mir dann, dass es ihr nicht anders geht. Wir tun das jedoch nicht, um noch mehr Liebe zu bekommen, sondern weil wir uns beide bewusst machen, welch ein Glück es uns beiden bedeutet, einander als Freund und Partner zu haben.

Wenn ich zum Beispiel unterwegs bin, weil ich einen Vortrag halten muss, dann hinterlässt Kris mir eine Nachricht und sagt mir, wie dankbar sie ist, dass ich bereit bin, so hart für unsere Familie zu arbeiten. Etwa zur gleichen Zeit lasse ich ihr dann die Mitteilung zukommen, dass auch ich ihr danke, weil sie willens ist, zu Hause bei den Kindern zu bleiben und ihnen all die Liebe zu geben, die sie brauchen, während ich weg bin. Wir spüren beide aufrichtig, dass der andere ein ebenbürtiges Opfer bringt und wir bedingungslos am gleichen Strang ziehen. Wenn Kris dann einmal unterwegs ist und ich zu Hause, bin ich ebenso dankbar, dass sie noch einen weiteren Beitrag für unsere Familie leistet.

Kris und ich sind jetzt schon seit über fünfzehn Jahren zusammen und wir lieben uns heute mehr denn je. Ich bin mir absolut sicher, dass unser Entschluss, uns *nicht* als Selbstverständlichkeit zu betrachten, einer der Hauptgründe ist, weshalb das so ist.

Ich schätze, Sie werden perplex sein, welchen Einfluss diese Strategie haben kann, wenn Sie es einmal versuchen. Konzentrieren Sie sich momentan einfach nur darauf, was Sie zu geben haben, und vergessen Sie, was Sie bekommen. Ich glaube, sobald Sie den Entschluss fassen, Ihren Partner nicht als Selbstverständlichkeit zu betrachten, wird Ihr Partner auch dasselbe tun. Es ist ein so schönes Gefühl, dankbar zu sein. Versuchen Sie es und Sie werden begeistert sein!

37.

Halten Sie Ihre Wünsche in Grenzen

Das ist eine der wichtigsten geistigen wie praktischen Lektionen, die zu lernen ich je das Glück hatte. Und ein Glück ist es wirklich, weil ohne dieses bisschen Klugheit, das Sie durchs Leben führt, Zufriedenheit eine flüchtige Erfahrung sein kann, die »irgendwann« einmal eintreten wird, und nicht etwas, das Sie auf Ihrem Lebensweg begleitet.

Seine Wünsche in Grenzen zu halten bedeutet, der nie enden wollenden, stets noch länger werdenden Liste von Wünschen, Bedürfnissen und Vorlieben, die Ihr Leben beherrschen, ein Ende zu setzen, dieser Falle, die da heißt: »Ich werde glücklich sein, wenn ich das eine noch bekomme.« Ohne Beschränkung bleiben Ihre Wünsche stets unerfüllbar. Sobald nämlich ein Wunsch in Erfüllung geht, rückt wie durch Hexerei schon der nächste an seine Stelle.

Ein recht typisches Beispiel im häuslichen Bereich ist Folgendes: »Ich werde glücklich sein, wenn ich eine größere Wohnung habe.« Hat sich dieser Wunsch realisiert, wird er ersetzt durch: »Ich werde glücklich sein, wenn wir es uns leisten können, ein Eigenheim zu erwerben.« Wenn Sie nicht aufpassen, läuft dieser Prozess immer weiter: »Ich werde glücklich sein, wenn wir schönere Möbel haben – oder den Garten gestaltet haben werden«, und Ihre Liste geht bis ins Unendliche. Das Prinzip gilt für alle materiellen Dinge: Autos, Kleidung, Elektrogeräte und so weiter und so fort.

Der Wunsch, immer mehr haben zu wollen, betrifft jedoch nicht nur Materielles. Sie greift auch auf unsere Erwartungshaltung über: Beispielsweise schießt Ihre Tochter beim Fußballspielen ein Tor und sofort hoffen Sie, dass sie eines Tages vielleicht zwei schießen wird. Oder sie hat im Zeugnis viele Zweien und schon sind Sie enttäuscht, dass sie nicht nur Einsen hat. Oder Sie haben das Glück, einen Partner zu haben, der immer sehr pünktlich ist. Das eine Mal, wenn er oder sie dann zu spät kommt, fühlen Sie sich sogleich im Stich gelassen und machen ihm oder ihr das Leben schwer, anstatt einfach zu sagen: »Mach dir deshalb keine Gedanken, du bist ja sonst fast immer pünktlich.« Oder Sie bereiten ein köstliches Essen zu und fragen sich dann, warum es nicht noch besser ist. Sie verstehen schon, worauf ich hinauswill. Das Prinzip lässt sich so ziemlich auf alles anwenden.

Wenn Sie Ihre Wünsche in Grenzen halten, dann machen Sie sich bewusst, dass Sie glücklich sein können – und zwar jetzt, *bevor* Sie alles bekommen, was Sie zu wollen oder zu benötigen glauben. Sie werden auch der Falle der nie enden wollenden Wünsche gewahr, was Sie ermutigt, sich mehr auf das zu konzentrieren, was Sie haben, und weniger auf das, was Sie wollen – und das stellt die Basis für Dankbarkeit dar, die dann Glück und Zufriedenheit nach sich zieht. Eine Beschränkung ist eine selbst auferlegte, zufällige, flexible, nicht-juristische, bindende Vereinbarung, die Sie mit sich selbst treffen, dass Sie Ihr Leben nicht damit verbringen wollen, sich ständig zu wünschen, dass Ihr Dasein doch besser sein möge.

Wenn ich in der Öffentlichkeit über dieses Thema spreche, wird das, was ich meine, gelegentlich missverstanden, und dann kommt eine Bemerkung wie: »Was soll denn das, glauben Sie denn nicht an den Kapitalismus?« Oder: »Ja finden Sie denn nicht, dass wir es uns alle verdient haben, unseren Lebensstandard zu verbessern?« Die Antwort lautet in beiden Fällen ganz klar: ja! Ich glaube von ganzem Herzen an den Kapitalismus und ich finde auch, dass Sie und ich etwas Schönes und eine gute Lebensqualität verdient haben. Es ist nichts Schlechtes daran, wenn Sie Ihren Lebensstandard verbessern, sich etwas Neues zum Anziehen kaufen, in eine größere Wohnung ziehen oder was auch immer. Oder es mag jemand fragen: »Meinen Sie nicht, dass wir nach Herausragendem streben sollten und auch unsere Familie dazu anhalten sollten?« Wieder lautet die Antwort: ja. Ich finde es bewundernswert, das Beste zu geben und stets zu versuchen, es sogar noch besser zu machen. Ich bemühe mich, auch meine Kinder dazu zu ermutigen. Es besteht allerdings ein enormer Unterschied zwischen dem Ansatz, sein Bestes geben zu wollen, und der konstanten Forderung, dass das Leben besser sein solle, als es eben ist, oder es sich gar zur Vorbedingung zu machen, dass alles anders sein muss, bevor man zufrieden sein kann – mit dem eigenen Leben und mit anderen Menschen.

Was ich meine ist der ständige, unnachgiebige, heimtückische Wunsch, immer mehr und noch mehr haben zu wollen – mehr an Materiellem, an Perfektion, was auch immer – und sich selbst davon zu überzeugen, dass Sie dann glücklicher sein würden. Natürlich können nur Sie festlegen, was für Sie richtig ist, aber ich kann Ihnen versichern, dass absolut *jede* Entscheidung, die Sie für sich oder andere hinsichtlich einer materiellen Verbesserung, eines höheren Lebensstandards oder mehr Perfektion treffen, allzu leicht zu rechtfertigen ist. Es hat immer den Anschein, als würde nur eine weitere Sache oder ein weiterer erfüllter Wunsch ausreichen und schon wären Sie glücklich. Es gehört eine gehörige Portion Klugheit

dazu, sich zu sagen: »Mehr ist nicht immer besser«, »Mehr macht mich auch nicht glücklicher« oder: »Mir reicht das, was ich habe«.
Ich bin zuversichtlich, dass Sie, wenn Sie mit dieser Strategie experimentieren, einen Weg zur Zufriedenheit finden werden, den Sie vielleicht noch nie in Betracht gezogen haben. Sie können durchaus ein schönes Leben führen und all die Dinge haben, die Sie brauchen – und das meiste von dem, was Sie sich wünschen. Ihr Leben wird dann viel einfacher und leichter sein. Sie werden viel weniger Stress und Druck empfinden, als wenn das vermeintlich »bessere Leben« vor der Tür auf Sie zu warten scheint. Und Sie werden weniger Zeit damit zubringen, sich zu überlegen, was Sie alles haben wollen. Sie sind dann nicht mehr so auf Konsum ausgerichtet und viel schneller zufrieden zu stellen. Zudem werden Sie weniger dazu neigen, in allem ein Problem zu sehen und sich verrückt zu machen, da Sie dann nicht mehr so oft das Gefühl haben, dass alles nicht gut genug für Sie sei. Eine ganze Latte von Vorteilen also! Ich hoffe, dass Sie diese Strategie einmal ausprobieren werden. Sie wird Ihren Blickwinkel vielleicht grundlegend verändern.

38.

Lassen Sie zur Abwechslung auch einmal den anderen bei einer Auseinandersetzung gewinnen

Der »andere« kann jeder sein – Ihre Kinder, Ihr Partner, die Eltern, Freunde oder WG-Mitbewohner. Anliegen dieser Strategie ist, Ihnen zu zeigen, dass gar nichts dabei ist, wenn man seinem Gesprächspartner einmal Recht gibt oder ihn bei einer Auseinandersetzung gewinnen lässt; es reduziert sogar den Stress. Wenn jemand anderer »gewinnt«, heißt das nicht, dass Sie »verlieren«. Jemandem das Gefühl zu vermitteln, man habe ihm oder ihr respektvoll zugehört, kann in vielen Fällen erheblich befriedigender sein, als zu versuchen, dem Gegenüber die eigene Meinung aufzuzwingen; oder geistige Energie darauf zu verwenden, jemanden von der Richtigkeit des eigenen Standpunkts zu überzeugen und davon, dass er oder sie Unrecht hat.

Unter dem Aspekt der Lebensqualität betrachtet kann nämlich keiner eine Auseinandersetzung gewinnen. Gibt es zwischen Menschen Reibungen, ist die Interaktion alles andere als ideal. Ein Streit ist eigentlich nichts anderes als der Versuch zweier Personen, die Richtigkeit des eigenen Standpunkts zu beweisen. In der Regel fühlen sich alle Beteiligten danach schlecht. Bei einer Auseinandersetzung hört kaum einmal einer zu oder lernt etwas. Aus der Konfrontation entstehen Gefühle wie Groll, Ärger, Frust und Stress. Gestatten Sie hingegen Ihrem Gegenüber, in einer Auseinandersetzung zu gewinnen, hat das oft zur Folge, dass Sie *beide* als Sieger daraus hervorgehen. Ihr Verhältnis verbessert sich, Ihre Beziehung kann wachsen.

Weigern Sie sich, sich in eine Auseinandersetzung verwickeln zu lassen – und zwar nicht aus Engstirnigkeit oder Selbstgerechtigkeit, sondern aus Liebe und Freundlichkeit –, dann werden Sie sehen, wie schnell die Streitfrage sich auf ganz natürliche Weise regelt. Sobald jemand eine Auseinandersetzung oder hitzige Diskussion anzettelt, werden Sie auch mit der interessanten – und oft schwierigen – Entscheidung konfrontiert, die Sie sehr schnell treffen müssen: Lassen Sie sich darauf ein oder nicht? Wollen Sie sich und Ihre Meinung unter Beweis stellen oder können Sie es dem anderen zugestehen, zu gewinnen und den Punkt zu machen?

Manchmal sagt eines meiner Kinder etwas, das mir auf den ersten Blick falsch oder ungerecht erscheint. Da kommt zum Beispiel so eine Bemerkung wie: »Du hast nie Zeit für mich.« Mein erster Impuls ist es dann vielleicht, deswegen einen Streit vom Zaun zu brechen und zu antworten: »Stimmt doch gar nicht. Ich verbringe Stunden mit dir. Weißt du denn nicht mehr, dass wir erst gestern in den Park gegangen sind und dann später noch zum Essen?« Ich habe herausgefunden, dass meine willentliche Teilnahme an einer derartigen Auseinandersetzung zu nichts weiter führt, als sie in Gang zu halten und durch meine Aufmerksamkeit noch zu schüren. Manchmal kann es besser sein zu antworten: »Du hast Recht. Hoffentlich haben wir bald wieder mehr Zeit füreinander. Ich liebe dich doch so sehr.« Eine derartige Antwort bereitet einem Streit ein Ende, bevor er noch eskalieren kann, und ist zudem eine Aussage, die von Herzen kommt – eine Gelegenheit, meinen Kindern zu versichern, wie sehr ich sie schätze.

Ich möchte natürlich nicht vorschlagen, dass Sie Ihren Standpunkt nicht verteidigen sollen, wenn er Ihnen wirklich wichtig ist, oder jemandem gestatten sollten, ihn einfach zu übergehen oder Sie auszunutzen. Aber Sie werden mir bestimmt zustimmen, dass es sogar ein Zeichen von Stärke ist, bei einer Auseinandersetzung auch einmal zuzulassen, dass der andere gewinnt, zumindest hin und wieder. Das zeigt, dass Sie ein Mensch sind, der Haltung und ein Gefühl für das richtige Maß bewahren kann. Nicht immer, aber häufig wird Ihr Gegenüber es Ihnen dann gleichtun.

39.

Halten Sie ein gesundes Tempo ein

Heutzutage leben mehr Menschen denn je in einem Tempo, das man nur als verrückt bezeichnen kann. Zu den unglaublichen Anforderungen, die es schon an einen stellt, einfach klarzukommen, seinen Lebensunterhalt zu verdienen und den täglichen Verpflichtungen gerecht zu werden, versuchen viele noch, auch am Gesellschaftsleben teilzunehmen und an Fitness-Kursen, sie übernehmen freiwillig soziale Aufgaben und planen bis ins Detail ihre Entspannungsphasen. Wir bemühen uns verzweifelt, fit zu bleiben und gute Eltern, Bürger und Freunde zu sein. Falls überhaupt noch möglich möchten die meisten natürlich auch noch etwas Spaß im Leben haben. Das Problem ist, dass für jeden der Tag nur vierundzwanzig Stunden hat; und es gibt so viel zu tun.

Zahlreiche Faktoren tragen zu diesem erhöhten Tempo im Leben bei, Technik und gestiegene Erwartungen mit eingeschlossen. Computer, Elektronik und andere Formen der Technologie lassen die Welt kleiner erscheinen und machen uns vergessen, dass unsere Zeit doch nur begrenzt ist. Wir können ja alles viel schneller erledigen als je zuvor. Leider hat das zu einer ungeduldigen Grundeinstellung geführt, man möchte, dass immer alles jetzt und sofort passiert. Ich habe schon beobachtet, dass Leute ärgerlich wurden, nur weil sie ein paar Minuten in einem Schnellimbiss warten mussten, oder sich sofort Gedanken machten, weil der Computer ein paar Sekunden länger brauchte, um ein Programm zu laden. Wir geraten schon beim geringsten Verkehr in Stress und verlieren dabei ganz aus den Augen, dass wir in Auto oder Bus doch eigentlich recht schnell und komfortabel unterwegs sind. Unsere Erwartungen scheinen wirklich in einem solchen Ausmaß gestiegen zu sein, dass viele von uns alles wollen. Nichts ist ausreichend – wir müssen immer mehr machen.

Wenn wir jedoch zu viel tun, rennen wir schließlich nur noch wie verrückt von einer Sache zur nächsten. Und wenn wir uns hetzen, dann machen wir uns auch schneller Sorgen und neigen dazu, in allem ein Problem zu sehen und uns verrückt zu machen. Zudem empfinden wir in der ganzen Hetze kaum einmal ein Gefühl von Befriedigung bei dem, was wir tun, weil wir schon so sehr mit dem beschäftigt sind, was wir als Nächstes vorhaben. Anstatt im Hier und Jetzt zu sein, sind wir schon zu Neuem unterwegs.

Ein gesundes Tempo einzuhalten trägt nicht nur zu unserem Wohlbefinden bei. Es verleiht unseren Erfahrungen eine Tiefe, die unmöglich erlebt werden kann, wenn wir zu schnell machen. Es ist eine Art Zauber, ein Gefühl der Ruhe, wenn man zwischen den einzelnen Aktivitäten genug Zeit hat. Ich bin zu dem Schluss gekommen, dass im Einhalten eines gesunden Tempos selbst schon der Lohn liegt, dass es per se eine befriedigende Erfahrung ist.

Müsste ich eine Entscheidung treffen, ob ich fünf Dinge schnell und in Hetze erledigen soll oder nur vier in Ruhe und Frieden, dann würde ich Letzteres wählen. Natürlich gibt es Zeiten, in denen man Stress als gegeben hinnehmen muss, weil er sich eben nicht vermeiden lässt. Manchmal scheint man an zwei oder drei Orten gleichzeitig sein zu müssen. In der Regel jedoch ist ein Großteil der Hetze hausgemacht. Indem Sie sich einfach Ihre Neigung bewusst machen, dass Sie zu einem erhöhten Tempo neigen, und indem Sie es sich zum Ziel setzen, ein gesundes Tempo zu halten, werden Sie viele Möglichkeiten finden, Ihre Geschwindigkeit zu drosseln und etwas ruhiger zu werden und weniger gestresst zu sein. Sie werden feststellen, dass, selbst wenn Sie nur ein wenig langsamer machen, Ihr Leben in vieler Hinsicht angenehmer werden wird.

40.

Machen Sie sich nicht zum Märtyrer

Es erübrigt sich eigentlich zu sagen, dass wir in unseren Beziehungen und im Familienleben viele Opfer bringen und Kompromisse machen. Die meisten dieser Opfer sind es jedoch wert. Aber wie bei fast allem – selbst wenn es sich um etwas Gutes handelt – ist zu viel eben doch zu viel.

Natürlich ist die Toleranz gegenüber Stress, Verantwortung, Schlafmangel, Opfer, Entbehrungen und was sonst noch allem von Mensch zu Mensch verschieden. Anders ausgedrückt: Was Ihnen total simpel vorkommt, kann mir Schwierigkeiten bereiten – und umgekehrt. Wenn wir uns jedoch auf unsere Gefühle verlassen und ehrlich sind, dann weiß jeder, wann das Ausmaß an Stress überhand nimmt. Ist es soweit gekommen, fühlen wir uns unglaublich frustriert, aufgewühlt und vor allem auch verärgert. Dann sind wir vielleicht auch ein bisschen selbstgerecht und davon überzeugt, dass wir härter arbeiten als alle anderen und es dennoch schlechter haben als jeder sonst.

Viele von uns – ich nehme mich da selbst nicht aus – erliegen dann der Versuchung, sich zum Märtyrer zu machen. Das passiert ganz leicht, denn oft besteht nur ein schmaler Grat, ob jemand aus wirklicher Notwendigkeit hart arbeitet oder es aufgrund einer eingebildeten Notwendigkeit übertreibt.

Die traurige Wahrheit ist, dass eigentlich niemand von einem Märtyrer etwas hat und man ihn auch nicht schätzt. Für einen selbst ist der Märtyrer der größte Feind – er diktiert dem Kopf pausenlos Listen mit Arbeiten, die es zu erledigen gilt, und erinnert ihn, wie schwer das Leben doch ist. Dieser geistige Fallstrick raubt einem dann die Freude am Leben. Und für die Leute um einen herum ist ein Märtyrer ein Mensch, der alles zu ernst nimmt und ständig jammert, der zudem zu sehr mit sich selbst beschäftigt ist, um die Schönheit des Lebens noch wahrnehmen zu können. Anstatt Mitleid mit ihm zu haben oder ihn als Opfer zu betrachten – was dem Märtyrer gut zupass käme – sind seine Probleme für Außenstehende rein hausgemacht.

Wenn Sie meinen, dass Sie die Neigung zum Märtyrertum haben, bitte ich Sie dringend, davon abzusehen! Anstatt hundert Prozent Ihrer Energie darauf zu verwenden, etwas für andere zu tun, lassen Sie ihnen ruhig auch etwas übrig. Suchen Sie sich ein Hobby. Verbringen Sie ein paar Minuten am Tag damit, ausschließlich etwas für sich selbst zu tun, etwas, das Ihnen aufrichtig Spaß macht. Sie werden über zwei Dinge erstaunt sein: Zunächst einmal werden Sie wirklich anfangen, Ihr Leben zu genießen und auch mehr Energien haben, als wenn Sie unter Stress stehen. Nichts raubt einem mehr Kraft, als verärgert zu sein und sich als Opfer zu fühlen. Außerdem werden die anderen Menschen Ihrer Umgebung beginnen, Sie mehr zu schätzen als je zuvor, sobald Sie Ihren Ärger und das Gefühl, dass Sie alles, was Sie machen, nur aus Verpflichtung tun, fahren lassen. Anstatt den Eindruck zu haben, dass Sie ihretwegen verärgert sind, spüren sie, dass Sie sie mögen und schätzen – was dann ja auch der Fall sein wird. Kurz gesagt: Alle gewinnen und haben einen Nutzen, wenn Sie Ihre Opferhaltung und Ihre Neigung, sich zum Märtyrer zu machen, aufgeben.

41.

Stellen Sie keine zu hohen Ansprüche

Wenn es je einen Vorschlag gegeben hat, der leichter gesagt als getan ist, dann ist es wohl dieser. Ansprüche und Erwartungen gehören zum Leben und scheinen in Ihrem Denken verankert zu sein. Wenn Sie jedoch Ihre Erwartungshaltung herunterschrauben – zumindest ein wenig – und stattdessen Ihr Herz dem öffnen, wie es ist, dann sind Sie schon auf dem besten Weg zu einem ruhigeren und viel glücklicheren Leben.

Unsere Erwartungen sind für einen Großteil unseres Kummers und Stresses verantwortlich. Wir wollen, dass etwas auf eine bestimmte Weise passiert oder dass ein Mensch sich auf eine bestimmte Weise verhält. Tritt das dann nicht ein, regen wir uns auf, machen uns Sorgen, sind enttäuscht und unglücklich. Da das Leben aber selten so ist, wie wir es gern hätten und es unseren Erwartungen entspräche, fühlen wir uns schließlich die meiste Zeit im Stich gelassen und sind frustriert; wir wünschen uns ständig, dass das Leben anders wäre, als es nun einmal ist. Und anstatt unseren eigenen Anteil an der Sache zu erkennen, geben wir weiter dem Leben und den Umständen die Schuld an unserem Stress und unserem Frust.

Erst gestern hat Kris mich in dieser psychischen Falle ertappt. Ich bin ein recht enthusiastischer Mensch und zu meinen Schwächen gehört, an andere – besonders an meine Familie – dieselben Ansprüche an ihre Begeisterungsfähigkeit zu stellen. Gestern beispielsweise war ein wirklich heißer Tag und ich freute mich darauf, ins Schwimmbad zu gehen. Als ich aber die Kinder fragte, ob sie mitkommen wollten, fiel ihre Antwort sehr enttäuschend aus. Anstatt etwas zu sagen wie »Tolle Idee, Daddy, wir können es kaum erwarten«, klang ihre Antwort eher nach: »Na ja, wenn du meinst.« Ihre Reaktion ließ mich die Fassung verlieren, so dass ich mit der Frage herausplatzte: »Was ist denn bloß los mit euch?« Es wäre wahrscheinlich noch schlimmer geworden, hätte Kris nicht lächelnd eingegriffen und gemeint: »Wie sagst du gleich wieder: Man soll sein Herz dem öffnen, was ist, und nicht auf bestimmten Vorstellungen beharren?« Genug davon!

Ich will Ihnen keineswegs nahe legen, dass Sie Ihre Vorlieben und all Ihre Erwartungen aufgeben sollen. Es gibt bestimmt Zeiten, in denen Sie auf etwas bestehen wollen oder ein gewisses Maß an Verhalten einfordern, und das ist auch gut so. Doch die Erwartungen zu reduzieren ist nicht dasselbe, wie den Standard zu senken. Es ist durchaus möglich, einen sehr hohen Standard zu setzen und dennoch Ihre eigenen Erwartungen zu relativieren. Bedenken Sie, dass es Ihr Ziel ist, Ihre Lebensqualität zu verbessern und sich nicht von Nichtigkeiten das Dasein verderben zu lassen. Es liegt in Ihrem höchsten Interesse, einzusehen, wie wichtig es ist, einige Ihrer Erwartungen aufzugeben. Auf diese Weise können Sie Ihr Leben mehr genießen, so wie es ist, und müssen weniger damit kämpfen, wie Sie es gern hätten.

42.

Schätzen Sie Ihre Schwiegereltern

Das ist zugegebenermaßen ein einfacher Vorsatz für mich, denn meine Schwiegereltern Pat und Ted sind außergewöhnliche Menschen. Und ich darf hinzufügen, dass meine Frau ebenfalls Glück hat, weil nämlich auch meine Eltern etwas ganz Besonderes sind. Für viele jedoch stellen die angeheirateten Verwandten oft eine beträchtliche persönliche Herausforderung dar, um es noch milde auszudrücken. Und selbst wenn Sie Ihre Schwiegereltern mögen, müssen Sie doch auch Opfer bringen; das liegt einfach in der Natur der Sache. Sie müssen zum Beispiel Kompromisse machen, wo Sie Ihre Ferien verbringen. Sie werden außerdem mit fast unumgänglichen Problemen konfrontiert, die in unterschiedlicher Herkunft und Erziehung begründet liegen: eine andere religiöse Überzeugung, andere Erziehungsprinzipien und Vorstellungen von Disziplin, eine andere Einstellung zum Geld – wie man es ausgibt oder spart –, den Stellenwert, den die gemeinsame Zeit mit der Familie haben soll, und so weiter. Obwohl zwischen Ihnen und Ihren Schwiegereltern vermutlich Unterschiede bestehen, glaube ich dennoch, dass in den meisten Beziehungen das Potenzial für einen liebevollen und von gegenseitigem Respekt geprägten Umgang steckt.

Der Trick bei der Gestaltung der Beziehung mit den angeheirateten Verwandten besteht darin, sich das Gefühl der Dankbarkeit zu bewahren. Selbst wenn es mit ziemlicher Sicherheit zu Differenzen kommt, ermöglicht die Dankbarkeit es Ihnen, sie anzuerkennen und nicht dagegen anzukämpfen.

Wie leicht vergessen Sie doch, selbst wenn Sie Ihren Mann beziehungsweise Ihre Frau lieben, dass Sie Ihren Schwiegereltern großen Dank schulden! Hätten diese Ihren Partner nicht zur Welt gebracht, wären Sie jetzt mit jemand anderem zusammen oder allein. In den meisten Fällen hat es Ihre Schwiegereltern – oder zumindest einen der beiden – Mühe gekostet, Ihren Partner großzuziehen. Egal also, was Sie von ihnen halten, haben sie doch eine besondere Rolle bei der Erziehung Ihres Partners gespielt.

Bevor Sie sarkastisch so etwas denken wie: »Das erklärt, warum mein Mann beziehungsweise meine Frau bestimmte Probleme hat«, machen Sie sich klar, dass das andersherum betrachtet ebenfalls stimmt. Geben Sie Ihren Schwiegereltern die Schuld an den Schwierigkeiten, mit denen Ihr Partner zu kämpfen hat, ist es nur recht und billig, ihnen auch die Stärken als Verdienst anzurechnen. Wenn Sie Kinder haben, stammen deren Gene – das äußere Erscheinungsbild – zum Teil von den Schwiegereltern. Ohne deren Beitrag wären Ihre Kinder nicht die Menschen, die sie heute sind. Wenn Sie also finden, dass Sie süße Kinder haben – und wer tut das nicht –, kommt ein bisschen davon von den Schwiegereltern, ob Ihnen das nun passt oder nicht.

Glauben Sie mir, ich bin nicht der Typ Mensch, der den Kopf in den Sand steckt und alles für perfekt hält. Mir ist bewusst, dass alle angeheirateten Verwandten gewisse Eigenschaften haben, mit denen einfach schwierig umzugehen ist; auch ich werde bestimmt eines Tages einmal meinem zukünftigen Schwiegersohn (nicht in allzu naher Zukunft!)

Probleme bereiten. Aber welche Wahl bleibt uns schon? Sie können sich weiterhin über Ihre Schwiegereltern beschweren, bösartige Witze reißen, wie schwierig es doch ist, mit ihnen auszukommen, und sich wünschen, dass sie anders wären. Oder Sie sehen langsam davon ab, sich auf ihre irritierenden Schrullen und Eigenheiten zu konzentrieren und achten stattdessen auf das, wofür Sie Ihnen dankbar sein können. Ich denke, das ist eine recht einfache Entscheidung. Richten Sie Ihr Augenmerk auf die Dankbarkeit, werden Sie Ihre bestehende Beziehung ganz erheblich verbessern.

43.

Lernen Sie, Ihre Launen als etwas Vorübergehendes zu betrachten

Launen gehören zu den unvermeidlichen, rätselhaften und oft auch ärgerlichen Aspekten des Lebens, mit denen jeder konfrontiert wird. Wenn Sie Ihre Stimmungen jedoch verstehen, kann Ihnen das helfen, einen großen Prozentsatz möglicher Frustrationsquellen zu vermeiden, wodurch Sie mit Ihrem Leben leichter zurechtkommen und es sich angenehmer gestaltet.

Launen sind wie eine »Binnenwetterlage«, nämlich ständigem Wechsel unterworfen. Und mit diesen sich ändernden Stimmungen geht eine unterschiedliche Wahrnehmung des Lebens einher. Einfach ausgedrückt: Sind Sie gut gelaunt und in positiver Grundstimmung, dann kommt Ihnen auch das Leben verdammt gut vor. Trotz aller Unzulänglichkeiten empfinden Sie Dankbarkeit für Ihre Familie und Ihr Zuhause. Sie akzeptieren Ihr Leben größtenteils so wie es ist und bemühen sich, das Beste daraus zu machen. Probleme kommen Ihnen nicht gleich wie der Weltuntergang vor und Lösungen finden sich relativ leicht. Sie schätzen sich glücklich, eine Familie zu haben und ein Zuhause. Besitzen Sie einen Garten, empfinden Sie Ehrfurcht ob seiner Schönheit. Bei gehobener Stimmung vergöttern Sie Ihre Kinder und Ihren Partner. Sie sind stolz auf die Art, wie Sie miteinander arbeiten, und wie viel Liebe in Ihrem

Heim zum Ausdruck kommt. Sie werden mit Ihren Verpflichtungen spielend fertig und übergehen die tagtäglichen Unannehmlichkeiten, mit denen Sie irgendwie zurechtkommen müssen. Geht etwas kaputt, richten Sie es oder kümmern sich einfach nicht weiter darum. Wenn jemand Sie kritisiert, lachen Sie über sich selbst, wohl wissend, dass Ihr Gegenüber vermutlich durchaus Recht hat. Kurz gesagt: Sie behalten Ihre positive Sichtweise bei, bewahren sich Ihren Humor und machen das Beste aus dem unglaublichen Geschenk des Lebens.

Bei schlechter Laune erscheinen einem *exakt* die gleichen Lebensumstände und identischen Vorkommnisse absolut anders. Alles kommt einem ernst und bedrängend vor. Unzulänglichkeiten begegnen Sie ohne Geduld und Toleranz. Anstatt für Ihr Leben Dankbarkeit zu empfinden, neigen Sie dazu, sich zu beklagen und über die vielen Mängel nachzudenken. Obwohl Sie Ihre Kinder über alles lieben, werden Sie leicht ärgerlich und fühlen sich gestört von der Aufmerksamkeit, die sie einfordern, und dem Aufwand, den es kostet, all ihren Bedürfnissen gerecht zu werden. Ihr Zuhause kommt Ihnen eher wie eine Belastung vor denn wie ein Geschenk. Ihnen fallen die Unzulänglichkeiten Ihres Partners auf, Sie grübeln darüber nach und machen ihm oder ihr dann die häuslichen Probleme zum Vorwurf. Wird etwas verschüttet oder geht zu Bruch, bauschen Sie die Sache zur reinsten Katastrophe auf. Sie steigern sich in alles hinein, alles wird zur Last. Kurz gesagt: Sie sehen in allem ein Problem und machen sich völlig verrückt!

Entspannen Sie sich. Irgendwie sind wir ja alle so, ein bisschen wie Dr. Jekyll und Mr. Hyde. In gewisser Weise ist unsere Stimmung die Ursache unseres Erlebens, nicht die Folge. Unsere Laune bestimmt die Art, wie wir das Leben sehen und erfahren. Steigt unsere Stimmung, stellt sich uns das Leben besser dar. Sinkt sie, erscheint uns das Leben schlimmer und erheblich komplizierter. Um wirklich zu erfassen, wie wichtig Ihre Stimmungen sind, müssen Sie sich bewusst machen, wie verändert Ihr Leben Ihnen vorkommt – sogar von einer Stunde zur nächsten – je nach der Stimmung, in der Sie sich gerade befinden.

So einfach es auch klingt: Zu erkennen lernen, in welcher Laune Sie gerade sind, und sich Stimmungswechsel auch zuzugestehen, kann eine enorme Veränderung Ihrer Lebensqualität bewirken und auch Ihre Neigung zu Überreaktionen erheblich reduzieren. Es ist einfach wichtig zu akzeptieren, dass Stimmungswechsel eben zum Leben gehören, und die absolute Unvermeidbarkeit vorherzusehen, wie Sie bei schlechterer Laune reagieren werden. Bedenken Sie: In der letzten Stunde hat sich nicht Ihr Leben negativ verändert, sondern Ihre Stimmung!

Diese Erkenntnis vermag Ihren Blickwinkel zu verändern. Sie können lernen, sich schon darauf einzustellen, dass Sie alles negativ sehen werden, wenn Sie deprimiert sind. Diese Erwartungshaltung ermöglicht es Ihnen dann, alles weniger ernst zu nehmen, egal, was Sie gerade stört. Sie können lernen, Ihrer Stimmung die Schuld an Ihren Ärgernissen zu geben und nicht Ihrem Leben oder Ihrer Familie. Machen Sie sich eines klar: Wenn wirklich etwas für Ihre negativen Gefühle verantwortlich wäre, dann würden Sie sich die ganze Zeit dadurch belästigt fühlen. In diese Kategorie fällt jedoch eigentlich nie etwas. Mit vielem von dem, was Sie in schlechter Stimmung stört, können Sie bei besserer Laune spielend umgehen.

44.

Trennen Sie Ihre Arbeit von Ihrem übrigen Leben

Wie Millionen anderer auch arbeite ich viel zu Hause, obwohl ich mein eigentliches Büro außerhalb habe. Diese Sätze schreibe ich gerade vor Sonnenaufgang hier oben in meinem Arbeitszimmer.

Es gibt wenig, was sich besser vorhersagen ließe als der Stress, den Sie sich einhandeln, wenn es Ihnen nicht gelingt, Ihre Arbeit von Ihrem übrigen Leben zu trennen. Ich meine damit nicht, dass Sie generell nicht zu Hause arbeiten sollten, sondern nur, dass Sie Schritte unternehmen sollten, damit Ihre Berufstätigkeit sich nicht zu sehr mit Ihrem Privatleben vermengt.

Arbeiten Sie zu Hause, sollten Sie wenn möglich eine extra Telefonnummer und ein Zimmer einrichten, das einzig für Ihren Beruf bestimmt ist. Ich habe schon viele Leute sagen hören: »Es lohnt die Zusatzkosten nicht, eine zweite Telefonleitung anzuschaffen.« Sie übersehen dabei jedoch die Tatsache, dass viele Geschäftsleute verärgert reagieren, wenn jemand anderer als die Person, mit der man beruflich zu tun hat, an den Apparat geht. Obwohl ich ein recht unkomplizierter Mensch bin, muss ich beispielsweise zugeben, dass es mich etwas irritiert, wenn ich jemanden erreichen will – für den ich auch noch Geld auszugeben bereit bin – und ein Kind ans Telefon geht oder der Partner, der keine oder nur wenig Ahnung davon hat, was eigentlich Sache ist. Ich frage mich dann oft, ob die Person, mit der ich sprechen wollte, meine Nachricht überhaupt erhalten wird. Manchmal ist es dann schlichtweg einfacher, sich an jemand anderen zu wenden, der mir meine Wünsche als Kunde leichter erfüllt. Es ist sehr gut möglich, dass Sie tatsächlich Klienten oder künftige Geschäftspartner verlieren, wenn Sie Ihre Privatleitung nicht von Ihrem Geschäftsanschluss trennen. In den meisten Fällen kostet ein verlorener Kunde dann mehr als die monatlichen Gebühren für eine zweite Leitung.

Aber von Ihrem Telefon einmal abgesehen gibt es auch noch den Faktor Organisation. Je besser Sie in der Lage sind, Ihre Arbeit von Ihrem Privatleben zu trennen, desto weniger werden Sie etwas verlegen oder verlieren. Sie wissen dann, wo Sie Ihren Terminkalender, Ihre Projektunterlagen, Telefonnummern und andere wichtige Informationen finden. Auf diese Weise gerät nicht alles so leicht durcheinander. Sie betrachten Ihren Arbeitsplatz dann als das, was er auch ist: Ihren Arbeitsplatz. Und Ihr Heim gehört dann ganz Ihnen, um sich daran zu erfreuen. Sie sind so besser organisiert und dadurch weniger gestresst.

Wenn Sie Ihre Arbeit mit Ihren Privaträumen kombinieren, wenn Sie nur ein Telefon haben, Papiere im ganzen Haus verstreut sind, Sie in verschiedenen Zimmern arbeiten, dann werden Sie auch viel eher dazu verführt, Privatgespräche zu führen und Dinge zu tun, die mit Ihrem Beruf nichts zu tun haben, als wenn diese Bereiche getrennt sind. Der Grund dafür liegt auf der Hand: Sie sind es gewohnt, Ihre Freunde vom Wohnzimmer aus anzurufen, oder aufzuräumen, wenn Sie sich in der Küche aufhalten. Indem Sie diese Bereiche voneinander abgrenzen, werden Sie also viel produktiver und verschwenden weniger Zeit.

Ich habe gelernt, meine Arbeit von allem übrigen zu trennen. Meine

Kinder dürfen weder meinen Laptop benutzen, noch ist es ihnen gestattet, mit meinen Akten oder meinem Faxgerät zu spielen. Das Ergebnis meines bewussten Bemühens, die einzelnen Bereiche voneinander zu trennen, besteht nicht nur in gesteigerter Produktivität, ich fühle mich zudem weniger gestresst als früher, als ich es noch zugelassen habe, dass mein Privat- und mein Berufsleben sich vermischten.

Wenn Sie es mit dieser Strategie einmal versuchen, werden Sie wohl sehr viel weniger dazu neigen, zu Hause in allem ein Problem zu sehen und sich verrückt zu machen, weil Sie sich dann nämlich keine Gedanken mehr machen müssen über die möglichen Konsequenzen, die es haben könnte, wenn Sie Ihre Arbeit und Ihr Privatleben vermengen.

Ich denke, ich werde jetzt, da ich dieses Kapitel beendet habe, einmal hinuntergehen und nachsehen, was die Kinder gerade treiben ...

45.

Arbeiten Sie daran, die Menschen, die Sie am meisten lieben, bedingungslos zu akzeptieren

Es ist traurig, aber in vielen Fällen sind die Personen, die wir bedingungslos lieben, eben genau *nicht* die Menschen, die wir auch am *meisten* lieben. Anders ausgedrückt: Während wir das Negative oder die Eigenarten völlig Fremder leicht übergehen, wenn nicht gar ignorieren können, fällt es uns schwer, das Gleiche bei unseren Kindern oder unserem Partner zu tun.

Eine liebe Freundin machte mir dieses Prinzip einmal klar. Ihr waren meine enorm hohen Ansprüche an meine beiden Töchter aufgefallen. Eines Tages sagte sie zu mir: »Mir scheint, dass du als Vater in vielen Bereichen recht tolerant bist, aber ist dir eigentlich bewusst, dass du erwartest, dass deine Kinder stets voller Enthusiasmus und glücklich und zufrieden sein sollen?« Dann fragte sie mich noch: »Kannst du dir überhaupt vorstellen, wie schwierig es ist, derartige Erwartungen zu erfüllen?« Ich war wie vor den Kopf gestoßen! Das war zwar eine für mich schmerzhafte Erkenntnis, aber zutreffend war sie durchaus. Sie verhalf mir zu einer wichtigen Einsicht, die mir seitdem schon oft sehr dienlich gewesen ist.

Meine Freundin hatte absolut Recht. In den meisten Fällen komme ich mit der Tatsache gut klar, dass viele von uns nicht immer glücklich sind. Ich glaube, ich kann Menschen sogar sehr gut so akzeptieren, wie sie eben sind. Ich hatte mir allerdings angewöhnt, sehr enttäuscht zu reagieren, sobald meine Kinder irgendein anderes Gefühl als Zufriedenheit zum Ausdruck brachten. Mir wurde klar, dass ich, wie viele andere auch, meine Erwartungen gegenüber den Menschen, die ich am meisten liebe, heraufschraube.

Denken Sie einmal über folgende Beispiele nach: Kippt Ihr Nachbar ein Glas Milch über den Boden, dann sagen Sie vermutlich nur: »Ach, ist nicht so schlimm, ich putze das schon weg«; wenn aber Ihrem Kind genau das Gleiche passiert, verhalten Sie sich da genauso? Oder reagieren Sie mit Enttäuschung, Ärger und Frust? Und doch lieben Sie Ihr Kind von ganzem Herzen – und nicht Ihren Nachbarn. Oder Sie können vielleicht die unschuldigen kleinen Schrullen eines entfernten Verwandten tolerieren, haben aber das Gefühl, gleich durchzudrehen wegen irgendwelcher Eigenheiten, die Ihr Partner an den Tag legt, obwohl die sich eigentlich kaum unterscheiden.

Ich möchte jetzt nicht in eine große Analyse einsteigen, worin die Gründe für ein derart verdrehtes Wertesystem liegen könnten. Ich glaube einfach, dass es überaus wichtig ist, unsere Neigung zu erkennen, dass wir an unsere Lieben enorm hohe Ansprüche stellen, dass wir unsere Liebe jedoch bedingungslos geben sollten. In meinem Fall war es sehr hilfreich für mich, mir bewusst zu machen, dass Menschen sich eben auf völlig unterschiedliche Weise ausdrücken – meine eigenen Kinder mit eingeschlossen. Ich musste meine Kinder und deren Eigenarten respektieren lernen, wie ich stets versucht habe, alle anderen zu respektieren. Und wissen Sie was: Es klappt! Ich glaube, dass meine Kinder meinen ehrlichen Wunsch gespürt haben, weniger wertend zu sein und sie bedingungsloser zu lieben. Und ich fühle, dass diese Art Liebe mir nun auch von ihnen entgegengebracht wird.

Wenn Sie es sich zu Ihrem höchsten Ziel machen, diejenigen, welche Sie am meisten lieben, auch am meisten zu akzeptieren, werden Sie reich entlohnt werden durch die Liebe, die dann Ihr Familienleben prägen wird.

46.

Lassen Sie sich wegen kleiner Schrullen nicht verrückt machen

In gewisser Weise ist es ja kein Wunder, dass die Menschen, mit denen Sie zusammenleben, Sie mit ihren kleinen Schrullen verrückt machen können. Sie kennen die Art, wie jemand isst, bestimmte Gegenstände benutzt, atmet, das Haar zurückwirft, mit den Beinen wippt, Münzen aufeinander stapelt, mit dem Fuß aufstampft – was auch immer. Schließlich verbringen Sie ja mehr Zeit mit diesen Personen als mit jedem anderen sonst. Somit haben Sie natürlich auch viel öfter Gelegenheit, mit den kleinen Schrullen und Eigenheiten Ihrer Familienmitglieder vertraut zu werden, als das bei anderen Leuten der Fall ist. Mit der Zeit rechnen Sie sogar schon mit diesen Schrullen, ja Sie warten regelrecht darauf, und wenn es dann so weit ist, ärgern Sie sich darüber.

Sehen wir den Tatsachen ins Gesicht. Es gibt keinen Menschen, der nicht eine ganze Portion an irritierenden Eigenheiten besäße. Ich persönlich habe so viele, dass es mir schon peinlich wäre, sie Ihnen alle mitzuteilen. Und wenn Sie wirklich ehrlich sind, möchte ich wetten, dass es bei Ihnen nicht anders ist. Aber trotz dieser unschuldigen Schrullen sind Sie bestimmt ein sehr netter Mensch mit vielen guten Eigenschaften; ich hoffe, dass ich auch zu dieser Kategorie zähle.

Der springende Punkt ist, dass wir ja alle nur Menschen sind. Wir sitzen alle in einem Boot, egal, ob Sie alleine leben und nur mit Ihren eigenen kleinen Schrullen klarkommen müssen – oder denen Ihres Haustiers, das Sie ja vielleicht besitzen – oder ob Sie einen Partner und einen Haufen Kinder haben und sich somit regelmäßig gleich mit Dutzenden von Eigenheiten auseinandersetzen müssen. Als Menschen haben wir eben unsere Schrullen, was soll's.

Viele Leute ärgern sich schnell über ihre eigenen Unzulänglichkeiten wie auch über die ihrer Familienmitglieder. Sie konzentrieren sich auf sie und wünschen sich, dass sie damit aufhörten. Ihr Unbehagen teilen sie dann ihren engsten Freunden mit. Aber wissen Sie was? Die Aussichten, dass diese nervtötenden Schrullen verschwinden, sind in etwa ebenso groß wie die Chancen, das Tennisturnier in Wimbledon zu gewinnen – nämlich gleich null. Nun gut, vielleicht mag ja jemand einmal eine ärgerliche Eigenart ablegen oder sein Verhaltensmuster ändern. Aber das ist extrem selten und in den meisten Fällen wirklich höchst unwahrscheinlich. Überlegen Sie doch einmal. Hat nicht der Freund, dem Sie die irritierenden Eigenarten Ihres Partners anvertraut haben, selbst auch ein paar Schrullen? Könnte es außerdem sein, dass Ihr Freund vielleicht gelegentlich mit seinen Freunden über *Ihre* kleinen Unzulänglichkeiten spricht?

Es stehen Ihnen zwei Möglichkeiten zur Wahl, wie Sie mit den Eigenarten anderer umgehen können: Sie können entweder weiterhin kritisch bleiben und sich von diesen kleinen Schrullen irritieren lassen, die bei Ihnen zu Hause auftreten. Oder Sie können sich entscheiden, die Harmlosigkeit und die humorvolle Seite daran zu erkennen, die eigentlich allen Eigenheiten innewohnen. Schließlich sucht sich niemand ärgerliche Eigenheiten als Wesenszug aus, wir legen uns sicher nicht ins Zeug, um uns dergleichen anzuschaffen! Sie entwickeln sich ohne unser Zutun und

werden dann zu einer Angewohnheit. Darüber hinaus ist es wichtig, sich bewusst zu machen, dass vielleicht auch ein anderer Mensch, mit dem Sie zusammenleben könnten, schnell eine ganze Reihe von Schrullen an den Tag legen würde. Und wer weiß, vielleicht wären diese dann noch ärgerlicher als die, mit denen Sie momentan zurechtkommen müssen.
Warum fassen Sie also nicht den Entschluss, diesen kleinen Schrullen weniger Bedeutung beizumessen? Das macht alles so viel einfacher. Sie müssen dann nicht länger geistige Energie darauf verwenden, sich ständig damit auseinanderzusetzen, wie ärgerlich Sie sind, und dann die Auswirkungen Ihrer Verärgerung spüren. Und Sie werden merken, dass Sie sich selbst gegenüber großzügiger werden, sobald Sie andere mehr akzeptieren und ihr Verhalten entschuldigen.
Versuchen Sie also von heute an, all die Kleinigkeiten, die Sie zu Hause verrückt machen, einfach zu übergehen. Das Ergebnis wird sein, dass Sie sich viel glücklicher fühlen werden.

47.

Betonen Sie nicht, wie viel Sie zu tun haben, wenn jemand Sie fragt, wie es Ihnen geht

Es ist heute an der Tagesordnung, ja fast schon eine Spontanreaktion, zu betonen, wie sehr man beschäftigt ist. Ich denke, dass eine der gängigsten Antworten auf die Frage »Wie geht es Ihnen?« lautet: »Ich habe ja so viel zu tun.« Auch wenn ich diese Strategie jetzt niederschreibe, muss ich doch zugeben, dass ich nicht frei von dieser Neigung bin. Je bewusster sie mir jedoch wird, desto weniger versuche ich, meine vielen Verpflichtungen herauszustellen – und das Ergebnis ist, dass ich mich viel besser fühle. Es hat fast den Anschein, als würden wir uns wohler fühlen, nachdem wir anderen erklärt haben, dass auch wir sehr viel zu tun haben. Gestern Abend war ich auf dem Heimweg von der Arbeit noch in einem Lebensmittelgeschäft, als ich beobachtete, wie zwei Freunde einander begrüßten. Der erste sagte: »Tag, Chuck. Wie geht's denn so?« Chuck seufzte laut und antwortete: »Viel zu tun, und wie geht's dir?« Sein Freund erwiderte: »Ja, ich auch. Ich arbeite wie ein Stier.«

Als ob die Kunden in diesem Laden geahnt hätten, dass ich ein Buch schreibe, haben mir dann auch noch zwei Frauen ein Beispiel geliefert. Nur ein paar Sekunden später hörte ich am Rande, wie die eine zur anderen sagte: »Wie schön, dich zu sehen, Grace. Geht's gut?« Grace reagierte mit einem betonten Achselzucken und meinte: »Ganz gut, ja, aber ich bin total beschäftigt.« Darauf folgte ein höfliches und anscheinend aufrichtiges »Und dir?« Die Antwort lautete: »Du weißt ja, wie immer viel zu tun.«

Natürlich stellt es stets eine Versuchung dar, mit diesen Worten ein Gespräch zu beginnen, weil wir wahrhaftig alle überaus beschäftigt sind. Manche Menschen haben auch das Gefühl, dass Sie viel zu tun haben *müssen*, weil Ihnen sonst kein Stellenwert in der Gesellschaft zukommt. Einige treten sogar direkt in eine Art Wettbewerb, wer denn nun am beschäftigtsten ist. Das Problem dabei ist Folgendes: Wenn wir derart betonen, wie viel wir zu tun haben, prägt das auch den Charakter des übrigen Gesprächs. Das Hauptgewicht liegt dann auf unserer Überbelastung, was die Beteiligten daran erinnert, wie anstrengend und schwierig das Leben geworden ist. Anstatt also die Gelegenheit zu nutzen, dem stressigen Dasein einen Augenblick zu entfliehen, indem wir einen Freund oder Bekannten begrüßen, verbringen wir diese Zeit damit, hervorzuheben und uns bewusst zu machen, wie beschäftigt wir doch sind.

Selbst wenn eine derartige Reaktion durchaus ehrlich ist, richtet sie sich letztendlich gegen uns selbst – und unseren Freund –, weil wir dieses Gefühl von Beanspruchung verstärken. Sicher stimmt es, dass Sie viel zu tun haben, aber das allein macht schließlich nicht Ihre Person aus! Sie sind doch auch ein interessanter Mensch mit zahlreichen anderen Wesenszügen. Die Tatsache, dass die meisten von uns anderen gegenüber betonen, wie viel sie zu tun haben, ist keine Notwendigkeit, sondern schlichtweg etwas, das wir uns angewöhnt haben. Wir können diese Gewohnheit ändern, indem wir einfach erkennen, dass sie besteht – und andere Möglichkeiten ausprobieren.

Ich schätze, Sie werden überrascht sein, wie viel entspannter Sie sich fühlen werden, wenn Sie nur die einleitenden Worte verändern, mit denen Sie Leute begrüßen, die Ihnen begegnen oder die Sie anrufen. Machen Sie ein Experiment und versuchen Sie einmal, eine ganze Woche lang jegliche Diskussion darüber zu vermeiden, wie beschäftigt Sie sind. Es mag Ihnen schwer fallen, aber der Mühe wert ist es allemal. Sie werden bemerken, dass Sie sich etwas weniger beansprucht *fühlen* werden, obwohl Sie genauso viel zu tun haben wie sonst auch. Sie werden zudem die Erfahrung machen, dass Ihr Gesprächspartner es als eine Art Genehmigung Ihrerseits auffassen wird, selbst ebenfalls weniger zu betonen, wie beschäftigt er ist, sobald Sie weniger Gewicht darauf legen; auf diese Weise helfen Sie ihm, sich weniger gestresst zu fühlen, und geben dem ganzen Gespräch eine ergiebigere und entspannendere Wendung. Wenn Sie also das nächste Mal jemand fragt, wie es Ihnen geht, dürfen Sie alles sagen, nur nicht: »Ich habe viel zu tun.« Sie werden froh darüber sein!

48.

Lassen Sie Ihre Nachbarn in Frieden

Es passiert leicht, dass einem die Nachbarn auf die Nerven fallen. Schließlich leben viele von uns in unmittelbarer Nähe anderer Menschen. Wir hören unsere Nachbarn durch die Wand oder über den Gartenzaun hinweg, sehen sie oft und haben Gelegenheit, deren überaus ärgerliche Angewohnheiten zu beobachten. Wir müssen uns mit ihren unerzogenen Haustieren herumschlagen, ihrer Unordnung, ihren überquellenden Mülltonnen, ihren Stimmen. Manchmal sind wir gezwungen, ihren unaufgeräumten Hof oder ungemähten Rasen zu betrachten. Wir müssen ihre unvollendeten Arbeiten am Haus ansehen, ihr Unkraut, den halb gestrichenen Zaun, und so weiter und so fort. Bisweilen hören wir sie streiten und auch anderes, was eigentlich nicht für unsere Ohren bestimmt ist. Ist es da ein Wunder, dass so viele Nachbarn nicht miteinander auskommen? Wenn Sie Probleme mit Ihren Nachbarn haben, dann sind Sie manchmal fast am Durchdrehen, weil es stets so viel gibt, was Sie verrückt macht.

Die beste Lösung, wie man seine gesunde Fassung bewahren kann, ist etwas, das Sie vielleicht gar nicht gern hören oder zugeben werden. Es ist jedoch wichtig, sich bewusst zu machen, dass es Ihren Nachbarn genauso geht: Sie müssen *uns* ertragen! Ich kann Ihnen versichern, dass wir, aus ihrer Perspektive betrachtet, mindestens ebenso schwierig im Umgang sind, wenn nicht noch schlimmer.

Wenn Sie auf der Richtigkeit Ihrer Meinung bestehen und glauben, schwierige Nachbarn zu haben, während Sie sich für den perfekten Nachbarn halten, wird es schwer werden, Sie vom Gegenteil zu überzeugen. Können Sie sich jedoch vorstellen, einmal mit Ihren Nachbarn die Rollen zu tauschen, selbst wenn es nur für ein paar Minuten ist, und zu versuchen, die Dinge von deren Warte aus zu betrachten, dann könnte Ihnen das helfen, ein wenig zu entspannen.

Mietet jemand eine Wohnung oder kauft ein Eigenheim, hat er oft das Gefühl, lange große Entbehrungen auf sich genommen zu haben – was ja auch stimmen mag – und es sich jetzt verdient zu haben, so zu leben, wie er möchte. Wenn Sie ehrlich sind, ist das bei Ihnen auch nicht anders. Das Letzte, was wir uns wünschen, ist, dass ein Nachbar uns dann vorschreibt, wie unser Hof auszusehen hat, dass der Hund ruhig sein soll oder dass wir nach zehn Uhr abends nur noch mit gedämpfter Stimme sprechen dürfen.

Es ist wichtig, dass Sie sich einmal in die Lage des Nachbarn versetzen. Versuchen Sie, sich in seine Situation einzufühlen. Das bedeutet nicht, dass Sie klein beigeben und es zulassen sollten, in irgendeiner Hinsicht ausgenutzt zu werden; oder dass einige Ihrer Forderungen nicht vernünftig wären und dass Sie nicht versuchen sollten, alles in Ihrer Macht Stehende zu tun, etwas Wichtiges zu verändern. Ich lege Ihnen nur nahe, sich sorgfältig zu überlegen, wann Sie den Kampf aufnehmen wollen. Sie können lernen, über gewisse Punkte keine Einigkeit mit Ihrem Nachbarn erzielen zu können, ohne dabei groß Federn zu lassen. Sie können ebenfalls lernen, mit Ihren Nachbarn nicht aggressiv umzugehen, ohne sich Sorgen zu machen oder sich aufzuregen. Tun Sie das, werden Sie feststellen, dass die große Mehrheit der Nachbarn so ist wie Sie selbst. Die meisten Menschen wollen in Frieden und gegenseitigem Respekt leben. Das Problem ist, dass viele Leute negative Erfahrungen mit ihren Nachbarn gemacht haben und nun diese Beziehung und alle damit verbundenen Konflikte ziemlich offensiv angehen; was bedeutet, dass sie nach Gründen suchen, jemandem zu misstrauen oder eine Meinungsverschiedenheit auszutragen. Sie sind auf der Hut; sie sind in Verteidigungsstellung, bereit zum Kampf. Geben Sie ihnen irgendeinen Anlass, ihre Annahmen bestätigt zu sehen, werden sie schwierig und fordernd.

Wenn das auf Sie und Ihre Nachbarn zutrifft, ist das Beste, was Sie tun können, zu versuchen, an die guten Seiten Ihrer Nachbarn zu appellieren. Öffnen Sie Ihr Herz und probieren Sie einen Neuanfang. Versuchen Sie etwas zu finden, das Ihre Beziehung verbessern könnte. Gehen Sie mit gutem Beispiel voran und schließen Sie Frieden. Laden Sie Ihren Nachbarn zum Kaffee ein. Stellen Sie sich Fragen wie: Was kann ich tun, um diese Beziehung etwas zu verbessern? Welchen Anteil habe ich an dem Problem? Ihren Nachbarn können Sie nicht verändern, Ihre eigenen Reaktionen sehr wohl!

Eine andere Möglichkeit, den Nachbarn gegenüber weniger kritisch zu sein, ist zu versuchen, sich nicht auf dessen ärgerliche Angewohnheiten zu konzentrieren, sondern auf das, was er richtig macht. Es ist beispielsweise leicht, sich an den Partys festzubeißen, die der heranwachsende Sohn Ihrer Nachbarn hin und wieder spät in der Nacht gibt, und dabei völlig zu vergessen, dass diese Leute in fünfundneunzig Prozent aller Fälle ganz leise sind. Das ist ein guter Zeitpunkt, davon abzukommen, in allem ein Problem zu sehen und sich verrückt zu machen. Man kann ja notfalls in einem anderen Zimmer nächtigen oder zu Ohrstöpseln greifen, wenn man Schwierigkeiten hat, bei dem Lärm zu schlafen. Aller Wahrscheinlichkeit nach findet so eine Party höchstens dreimal im Jahr statt. Und wenn Sie ehrlich sind, dann brauchen Sie vielleicht auch gerade mal zehn Minuten, um die Unordnung im Hof aufzuräumen. Wenn Sie Ihre Nachbarn nicht ständig kritisieren, werden sie eine viel freundlichere Einstellung Ihnen gegenüber gewinnen. Sie werden Ihren ärgerlichen Angewohnheiten gegenüber nachsichtiger und toleranter sein. Lassen Sie Ihre Nachbarn in Frieden, werden Sie feststellen, dass es viel einfacher ist, in Harmonie miteinander zu leben, als Sie es sich je hätten vorstellen können.

49.

Erkennen Sie die einzigartigen Entbehrungen an, die Ihre Familienmitglieder auf sich nehmen

Wir alle wissen, dass wir uns manchmal durch das Leben überfordert fühlen. Es fällt uns jedoch meist viel leichter, die Quellen für unser eigenes ungutes Gefühl zu sondieren, als die Probleme der anderen in der Familie zu erkennen. Wenn Sie beispielsweise außer Haus arbeiten und Ihr Mann beziehungsweise Ihre Frau daheim bleibt, geraten Sie in Versuchung, sich auf die Schwierigkeiten, die Sie untertags hatten, zu konzentrieren und sie auch zu besprechen, während Sie die Ihres Partners außer Acht lassen oder ihnen gar gleichgültig gegenüberstehen. Auch der umgekehrte Fall kann eintreten: Sie sind vielleicht so sehr damit beschäftigt, welche Probleme Sie daheim mit den Kindern haben, dass Sie die Tatsache aus den Augen verlieren, dass es auch stressig und schwierig ist, den ganzen Tag außer Haus zu arbeiten. Noch leichter vergisst man, dass Kinder und Jugendliche in ihrer eigenen Realität leben, mit der sie zu kämpfen haben. Die Tatsache, dass wir nur schwer verstehen können, warum das Leben für unsere jüngeren Familienmitglieder eine solche Herausforderung darstellt, bedeutet nicht, dass deren Probleme nicht wirklich vorhanden wären – sie sind es mit Sicherheit.

Wie oft haben Sie schon den Spruch gehört: »Er beziehungsweise sie versteht mich nicht.« Diese Aussage ist überaus gängig, wenn Männer und

Frauen mit Freunden über ihre Partner sprechen. Reden Kinder von ihren Eltern, hört man dergleichen noch öfter. Es ist traurig, wie viele Familienmitglieder sich völlig allein gelassen fühlen, so als würde niemand in der Familie sie wirklich verstehen.

Dieses Problem lässt sich jedoch relativ einfach beheben. Die Lösung besteht darin, einfühlsamer zu werden und zu versuchen, sich in das jeweilige Mitglied Ihrer Familie hineinzudenken. Versuchen Sie sich vorzustellen, wie es wäre, wenn Sie Ihr Partner oder irgendein anderes Familienmitglied wären. Bringen Sie Verständnis auf für die einzigartigen Herausforderungen, denen sie sich stellen müssen. Überlegen Sie sich, wie schwer Sie es hätten, wenn Sie an deren Stelle wären. Dann werden Sie bemerken, dass das Leben der anderen auch gar nicht so einfach ist.

Ich möchte Ihnen nicht vorschlagen, mit Ihren Familienmitgliedern zu jammern oder die Probleme innerhalb der Familie überzubetonen. Ich will Ihnen eher nahe legen, Ihren Lieben besser zuzuhören und einfühlsamer zu werden. Wenn Sie das tun, wird sich auch Ihr eigener Stress verringern, da Ihnen nämlich bewusst werden wird, dass Sie mit Ihren Schwierigkeiten nicht alleine dastehen. Zudem wird auch der Stress der anderen nachlassen. Ehrlich und liebevoll anerkannt zu werden stellt für das Gegenüber eine Quelle der Heilung und des Trostes dar, besonders wenn es von jemandem kommt, den man liebt.

Ein sicheres Mittel, wie zwei Familienmitglieder einander näher kommen können, ist das Gefühl, dass der andere einem zuhört und einen versteht. Anstatt sich also auf Ihre eigenen Herausforderungen und Belastungen zu konzentrieren, sollten Sie versuchen, einfühlsamer auf die Belange anderer zu reagieren. Sie werden erstaunt sein, wie schnell sich das Gefühl von Nähe wieder einstellen wird und wie viel seltener Sie in allem ein Problem sehen werden und sich verrückt machen.

50.

Gehen Sie nicht verärgert zu Bett

Diese kleine Weisheit habe ich von meinen Eltern gelernt und mein ganzes Leben zu schätzen gewusst. Als ich heranwuchs, hat diese Familienphilosophie viele Streitereien, unerfreuliche Abende und negative Gefühle, die sich zweifellos bis zum nächsten Tag, wenn nicht länger, hingezogen hätten, verkürzt oder gar im Keim erstickt. Die Grundidee ist folgende: Auch wenn alle Familienmitglieder ihre Portion Probleme haben und Schwierigkeiten, mit denen sie fertig werden müssen, gibt es nichts, was so schlimm wäre, dass es sich lohnen würde, deshalb verärgert zu Bett zu gehen. Diese Strategie will sicherstellen, dass egal, was passiert, wer die Schuld trägt und wie verärgert Sie oder jemand in Ihrer Familie auch sein mag, Ihr Ärger auf eine bestimmte Zeit begrenzt bleibt und dann alle Familienmitglieder übereinkommen, die Sache auf sich beruhen zu lassen, zu verzeihen, sich zu entschuldigen und einen Neuanfang vorzunehmen; ausnahmslos. Und dieser Zeitpunkt ist das Zubettgehen. Wenn Sie es zu Ihrem wichtigsten Ziel erklären, dass niemand abends verärgert einschlafen soll, dann hilft Ihnen das, sich daran zu erinnern, wie naheliegend Liebe und Verzeihen doch sind. Es ermutigt Sie, ein bisschen nachzugeben und ein Gespräch in Gang zu bringen, den anderen herzlich zu umarmen und Ihr Herz zu öffnen. Fassen Sie einen derarti-

gen Entschluss, vermögen Sie auch die Unschuld in Ihrem eigenen Verhalten zu erkennen sowie in dem Ihrer Familienmitglieder. Die Kommunikationskanäle bleiben auf diese Weise offen. Sie werden sich bewusst, dass Sie eine Familie sind und dass Sie trotz aller Probleme und Unstimmigkeiten einander brauchen, schätzen und lieben. Die Entscheidung, nie verärgert zu Bett zu gehen, ist also eine Art Reset-Taste, die Ihre Familie vor Stress, Feindseligkeit und Groll schützt.
Vielleicht fällt es Ihnen ja leichter, die Wichtigkeit dieser Strategie zu erkennen, wenn Sie sehen, was passiert, wenn sie nicht zur Anwendung kommt. Ohne einen derartigen Vorsatz nehmen Streit und Ärger nämlich oft kein Ende. Niemand setzt ein Limit oder stellt Regeln auf, die Ihre Familie vor größerem und unnötigem Ärger schützt. Ohne derartige Maßnahmen kann sich ein Familienmitglied jedoch in seinen Groll verbeißen und sein Verhalten auch noch rechtfertigen.
Kris und ich haben uns sehr bemüht, diese Strategie in unserer Familie zu etablieren. Natürlich klappt es nicht immer perfekt, gelegentlich ist der eine oder andere beim Zubettgehen durchaus noch ein bisschen frustriert, aber insgesamt gesehen hilft uns dieser Ansatz enorm. Er stellt sicher, dass wir in neunundneunzig von hundert Fällen am nächsten Morgen mit Liebe im Herzen erwachen und mit einer Einstellung, die da lautet: »Jetzt beginnt ein neuer Tag.«
Ich hoffe, dass Sie es ehrlich mit dieser Strategie versuchen wollen. Es ist natürlich nicht immer leicht und vermutlich werden Sie die hundert Prozent nicht erreichen, aber der Mühe ist es dennoch wert. Bedenken Sie, wie kurz das Leben ist. Nichts ist so wichtig, dass man sich deswegen den Tag verderben lassen sollte, und es ist auch nichts so bedeutsam, dass man verärgert zu Bett gehen sollte. Schlafen Sie gut.

51.

Stellen Sie sich die Frage, warum es Ihnen eigentlich anders als dem Rest der Welt gehen sollte

Vor einigen Jahren beklagte ich mich bei einem Freund über meine vielen Verpflichtungen und wie schwierig mir das Leben erschien. Seine Reaktion spielte eine wichtige Rolle bei meiner Veränderung von einem Menschen, der sich als Opfer der Umstände fühlte, zu einer Person, die das Leben – zumindest meistens – so akzeptiert, wie es ist. Anstatt mit mir zu jammern und seine eigenen Schwierigkeiten vor mir auszubreiten, stellte er mir folgende Frage: »Gibt es eigentlich einen Grund zu der Annahme, dass es dir anders als dem Rest der Welt ergehen sollte?«
Er meinte damit die offensichtliche, aber dennoch oft übersehene Tatsache, dass das Leben voller Herausforderungen, Hindernisse, Hürden, Rückschläge, Schwierigkeiten, Auseinandersetzungen und Probleme steckt – die jeder Einzelne von uns hat. Es gibt keine Ausnahme. Egal, aus welcher Schicht Sie stammen, welche Rasse, Religion oder welches Geschlecht Sie haben, egal, wer Ihre Eltern waren, welchen Platz Sie in der Geburtenfolge einnehmen, wie viel Geld oder welchen Bekanntheitsgrad Sie besitzen und was sonst noch Ihr Leben prägt – Probleme werden Sie immer haben. Punktum.
Es ist stets einfacher, die eigenen Schwierigkeiten zu sehen als die der anderen; und sicher kommen einem manche Probleme gravierender vor.

Aber letztendlich ist das Leben für niemanden ein Kinderspiel, zumindest nicht immer. Folgende alte Weisheit hat noch immer ihre Gültigkeit: Die Umstände prägen einen Menschen nicht, sie zeigen, wie er wirklich ist.

Es ist sehr hilfreich, sich das einmal bewusst zu machen; auf diese Weise kommt nämlich allem ein angemessener Stellenwert zu. Ist uns klar, dass das Leben nie reibungslos und perfekt sein kann, sind wir in der Lage, Herausforderungen mit einer angemessenen Haltung zu begegnen. Anstatt uns von jeder Kleinigkeit überrumpelt zu fühlen, können wir uns dann sagen: »Ach ja, damit werde ich schon irgendwie klarkommen.«

Ich habe meine Zweifel, dass jemand von uns je an den Punkt gelangen wird, den zum Leben gehörenden Reibereien mit Freuden entgegenzutreten, aber ich bin mir sicher, dass wir mehr Akzeptanz lernen können. Wie Sie sich ja sicher vorstellen können, steht Ihnen umso mehr Energie zur Verfügung, Ihre Probleme zu lösen, je weniger Sie mit Ihren Schwierigkeiten zu kämpfen haben. Anstatt alles zu verschlimmern, sehen Sie die Sache dann in einem größeren Zusammenhang, einschließlich der bestmöglichen Lösung, die sich Ihnen bietet.

Wenn Sie sich also bewusst machen, dass einige Probleme sich schlichtweg nicht vermeiden lassen, wird Ihr Leben zwar noch nicht perfekt sein, doch werden Sie alles aus einem gesünderen Blickwinkel sehen, wodurch Sie sich weniger überfordert fühlen werden.

Fangen Sie gleich damit an und versuchen Sie, Ihre gegenwärtigen Schwierigkeiten in einem anderen Licht zu betrachten. Sie werden vielleicht feststellen, dass Sie zumindest mit Ihren kleineren Problemen viel lockerer umgehen können.

52.

Lassen Sie einfach mal locker

Meine liebe Frau Kris hat mich einmal mit diesem tröstlichen Ratschlag gerettet. Ich hatte sehr hart gearbeitet, war viel geschäftlich unterwegs gewesen und lag mit mehreren meiner Projekte schrecklich im Rückstand. Mein Terminplan war mir außer Kontrolle geraten und ich hatte wochenlang keine Minute Zeit für mich selbst gehabt. Ich hatte verschiedene gesellschaftliche Verpflichtungen verpasst, zudem zwei wichtige Veranstaltungen, an denen meine Töchter teilnahmen. Ich fühlte mich überfordert und außerdem waren auch noch alle sauer auf mich. Damals herrschte in meinem Büro ein ziemliches Durcheinander, und da ich keine Zeit hatte, Sport zu treiben, bekam ich langsam das Gefühl, auch noch außer Form zu geraten.

Und genau zu diesem Zeitpunkt hat Kris – Dank sei ihr – mich umarmt und gesagt: »Richard, lass doch einfach mal locker.« Sie erinnerte mich daran, dass ich nicht perfekt sein musste und dass es nicht möglich ist, stets allen alles zu sein. Ich hatte eindeutig das Maß verloren und es war an der Zeit, mich wieder neu zu orientieren. Was Kris gesagt hat, ist für viele von uns wichtig. Oft versuchen wir, alles auf einmal zu machen. Wir arbeiten hart, organisieren uns, tun unser Bestes, gute Eltern, Ehepartner, Freunde und engagierte Bürger zu sein. Gleichzeitig bemühen

wir uns, noch etwas körperliche Betätigung dazu zu packen und rechtzeitig unsere Steuern zu zahlen. Wir backen, putzen unser Haus, führen den Hund spazieren und kümmern uns um den Garten. Zudem bieten sich manche noch als freiwillige Helfer an und wollen gar noch etwas lesen. Manchmal ist das einfach zu viel. Bedenken Sie, dass Sie nicht perfekt sein müssen und auch kein Heiliger sind. Wenn Sie wirklich beschäftigt sind und keine Zeit haben, das Haus zu putzen, dann vertagen Sie das eben. Rufen drei Freunde bei Ihnen an, die um Ihren Rückruf bitten, und Sie fühlen sich zu müde oder überfordert, dann warten Sie eben einen Tag oder zwei ab – oder Sie telefonieren wirklich mit ihnen, sagen ihnen dann aber zumindest ehrlich, wie es Ihnen gerade geht, und versuchen, das Gespräch zu verschieben. Haben Sie einen Termin verpasst oder vergessen, sollten Sie versuchen, den Irrtum als ein Zeichen zu sehen, dass Sie sich vermutlich schon viel zu viel aufgehalst haben, anstatt mit sich selbst ob Ihrer Dummheit ins Gericht zu gehen.
In Zeiten, wo so viele perfekt sein wollen oder sich benehmen, als seien sie Übermenschen, ist es enorm hilfreich, einfach einmal locker zu lassen. So simpel es auch klingen mag, ist es doch eine hervorragende Möglichkeit, sich selbst etwas an Druck zu nehmen, indem man sich bewusst macht, dass man nicht perfekt sein muss.
Sobald ich in der Lage war, mir in der oben beschriebenen Situation eine Pause zu gönnen, schien sich mein Leben sehr schnell wieder zu ordnen. Als ich mich allmählich entspannte, brachten mir meine Kinder und Freunde mehr Mitgefühl entgegen und mein beruflicher Stress begann sich etwas zu legen. In relativ kurzer Zeit lief mein Leben wieder in normalen Bahnen. Hin und wieder muss ich mir das jetzt wieder bewusst machen und immer, wenn es mir gelingt, entdecke ich auch die schlichte Schönheit dieser Botschaft aufs Neue.

53.

Bedenken Sie: Taten sagen mehr als Worte

Dieser Tatsache sollte man sich stets bewusst sein, doch ist sie nirgends wichtiger als zu Hause. Auch wenn die meisten diese Redensart schon oft genug gehört haben – wie viele von uns leben wirklich so, als wüssten sie, wie wahr das ist?

Eines meiner liebsten Zitate stammt von Ralph Waldo Emerson. Er sagte einmal: »Was du tust, ist so laut und beredt, dass ich nicht hören kann, was du sagst.« Dieses Zitat hat Kris und mich sehr angesprochen, da wir ja zwei Kinder erziehen. Es erinnert uns daran, dass das, was wir sagen, sicher von Bedeutung ist, aber nicht annähernd so wichtig wie das, was wir tun.

Eine der offensichtlichsten Gelegenheiten, wann dieser kluge Gedanke zum Tragen kommt, ist die Entscheidung, wie wir unsere Zeit verbringen wollen. Es ist einfach, den Kindern oder dem Partner zu sagen: »Du bist mir das Wichtigste im Leben.« Für ein Kind – und vermutlich auch für den Ehepartner – sind Taten jedoch beredter als Worte. Wenn Sie zwölf Stunden am Tag im Büro verbringen und nur fünf Minuten mit den Menschen, die Ihnen angeblich so wichtig sind in Ihrem Leben, dann besteht zwischen Ihren Worten und Ihren Taten ein eklatantes Missverhältnis. Natürlich gibt es auch weniger krasse Fälle: Wenn zum Beispiel Telefonate Vorrang haben und man sich deshalb keine Zeit für die Kinder nimmt. Als Botschaft teilt sich dann mit: An erster Stelle steht das Telefon, erst dann komme ich. Oder wenn es immer irgendetwas zu erledigen gibt – kochen, abspülen, aufräumen, jemanden zurückrufen –, bevor man sich Zeit für die Familie nimmt, dann ist die Botschaft ebenfalls klar.

Ich weiß so gut wie Sie, dass das Leben nicht perfekt ist. Wir alle müssen Kompromisse schließen und bisweilen ist es schwierig, für ein ausgewogenes Verhältnis zu sorgen. Wir müssen ja alle unseren Lebensunterhalt verdienen und häufig verlangt uns die Arbeit den größten Teil unserer Zeit ab. Da lässt sich oft rein gar nichts machen.

Trotz all dieser Widrigkeiten können wir einiges jedoch sehr wohl tun. Es gibt unzählige kleine Gesten, mit denen wir unserer Familie und unseren Lieben zeigen können, dass sie für uns wirklich an erster Stelle stehen. Wir können Angebote ablehnen – seien sie geschäftlicher oder privater Natur – und stattdessen unsere Zeit mit denen verbringen, die wir wirklich lieben. Das Wichtigste dabei ist nicht, dass wir diese Wahl treffen, sondern die Einsicht, die mit dieser Entscheidung einhergeht. Wir müssen nämlich klarstellen, dass wir diese Wahl mit Freuden treffen. Anstatt uns als Opfer zu fühlen, weil uns so wenig Zeit für uns selbst bleibt, lassen wir keinen Zweifel daran, wie glücklich wir uns schätzen, dass wir mit unseren Lieben zusammen sein können. Ich habe neulich eine einmalige Chance verstreichen lassen, einen Vortrag zu halten, weil ich meiner Tochter beim Fußballspielen zusehen wollte. Ich habe jedoch versucht ihr zu vermitteln, dass das kein Opfer für mich war; es war ein großes Glück für mich. Und ich wurde reichlich belohnt. Sie schoss ihr allererstes Tor!

Es gibt sicher auch weniger offensichtliche Möglichkeiten, zum gleichen Ziel zu gelangen. Natürlich bestätigen Ausnahmen die Regel, aber Sie

müssen zugeben, dass wir manchmal aus freien Stücken sehr lang im Büro bleiben und nicht, weil es unbedingt notwendig ist. Machen Sie etwas, weil es wichtig ist, oder tun Sie etwas eher freiwillig, das durchaus noch Zeit hätte? Ist die Sache so bedeutsam, wie bei Ihrer Familie zu sein?
Wenn Sie gerade mit Ihrem Partner oder Ihrem Kind reden und das Telefon läutet, dann müssen Sie nicht unbedingt sofort aufspringen, um dranzugehen. Sie können stattdessen weiterhin Interesse an Ihrem Gespräch zeigen und bleiben, wo Sie sind. Sie könnten sogar zu einem Mitglied Ihrer Familie sagen: »Es gibt niemanden, mit dem ich mich jetzt lieber unterhalten würde als mit dir.« Wenn Sie das ehrlich meinen, werden Sie nicht glauben, wie viel so ein einfacher Satz jemandem bedeuten kann. Zudem können Sie lernen, geduldiger zu sein und besser zuzuhören, sich wirklich auf das zu konzentrieren, was jemand in Ihrer Familie sagt, und nicht nur darauf zu warten, ihn oder sie zu unterbrechen und schon zum Nächsten zu hetzen, das Sie erledigen müssen. Eines kommt zum Anderen: Jede positive Wahl, die Sie treffen, verstärkt die Liebe innerhalb Ihrer Familie und mindert Ärger, Enttäuschung und Traurigkeit, die mit der Zeit entstanden sein mögen.
Streben Sie zu Hause eine auf Gegenseitigkeit beruhende respektvolle Beziehung an, müssen Sie keinen gewaltigen Entschluss fassen, sondern nur deutlich machen, dass die Familie Ihnen wirklich das Wichtigste im Leben ist. Es gibt hunderterlei Dinge, die Sie tun können, viele kleine Entscheidungen, die Sie Tag für Tag treffen; was genau, liegt allein an Ihnen. Meine Absicht hier ist nur, Ihnen bewusst zu machen, dass Sie derjenige beziehungsweise diejenige sind, der oder die diesen Versuch unternehmen muss. Es wird Ihnen bestimmt heute noch eine liebevolle Geste einfallen, die für die Qualität Ihres Familienlebens einen enormen Aufschwung bedeutet.

54.

Lernen Sie, in Ihrer Mitte zu bleiben

Egal, was Sie gerade belastet oder mit welchen Themen Sie konfrontiert werden, es wird Ihnen sehr helfen, wenn Sie lernen, in Ihrer Mitte zu bleiben. In der eigenen Mitte zu sein bringt Harmonie, Gleichmut und Ausgewogenheit in Ihr Leben. Ein Mensch, der in sich ruht, ist in der Lage, selbst mitten in einer Krise gelassen zu bleiben und kluge, angemessene und weitreichende Entscheidungen zu treffen. Dann lassen Sie sich auch durch Kleinigkeiten weniger aus der Ruhe bringen. Wie der Ausdruck schon sagt, bedeutet in der eigenen Mitte zu sein, dass man sich durch Ereignisse und Lebensumstände nicht aus dem Gleichgewicht bringen lässt. Sind Sie mehr in Ihrer Mitte, hilft Ihnen das, mit Ihrer Familie, den Finanzen, Ihrem Zuhause und allen wichtigen Entscheidungen besser zurechtzukommen.

Der einfachste Weg, das zu lernen, ist, die Aufmerksamkeit so gut wie möglich auf das Hier und Jetzt zu richten. Indem Sie Ihre Gedanken überprüfen, bemerken Sie, wann Sie sich zu sehr auf Vergangenes konzentrieren oder in die Zukunft abschweifen. Einfach ausgedrückt: Empfinden Sie Stress, dann ist Ihr Denken an zwei möglichen Orten – in der Vergangenheit oder in der Zukunft. Doch sobald Ihnen bewusst wird, wie Sie sich fühlen, wenn Ihre Gedanken nicht im Hier und Jetzt sind, wird

Ihnen auch auffallen, wie gestresst Sie sind und wie leicht Sie etwas aus der Ruhe zu bringen vermag. Wenn Sie sich beispielsweise überlegen, wie viel Sie heute sowieso schon zu tun haben und wie viel es auch sonst noch zu erledigen gilt, und jemand stellt Ihnen eine einfache Frage, dann kann es für Sie eine Anstrengung bedeuten, mit Überlegung zu antworten. Da Sie auf Ihre eigenen Angelegenheiten konzentriert sind, ist Ihre Aufmerksamkeit anderswo. So vergrößert sich Ihre Arbeitsbelastung noch und alles kommt Ihnen schwierig und wie eine Überforderung vor.
Ist Ihre Aufmerksamkeit hingegen mehr auf die Gegenwart gerichtet, dann ermuntert Sie das, immer nur eine Sache auf einmal zu tun, nämlich dann, wenn es soweit ist. Anstatt sich auf zehn Dinge zu verzetteln, die Sie mit geteilter Aufmerksamkeit erledigen, lernen Sie, sich auf genau das zu konzentrieren, was Sie gerade tun – und dann auf das Nächste –, wobei Sie, egal, was Sie auch tun, immer voll konzentriert bei der Sache sind. Aufgrund dieser erhöhten Konzentration werden Sie effektiver und somit erscheint Ihnen dann auch Ihr Leben weniger stressig. Leben Sie Ihr Leben von einem Augenblick zum nächsten und schenken dabei jedem Moment Ihre volle Aufmerksamkeit, werden Sie sich kaum einmal überfordert fühlen. Dann werden Sie nämlich von Angelegenheiten, die in Ihrer Vergangenheit passiert sind, weniger belastet und abgelenkt und auch nicht von Ereignissen, die irgendwann in Zukunft einmal eintreten könnten.
Sind Sie in Ihrer Mitte und jemand stellt Ihnen an einem hektischen Tag eine Frage, können Sie leichter in einen anderen Gang schalten und ohne Stress eine Antwort anbieten. Anstatt die meiste Zeit fast durchzudrehen, sind Sie dann erheblich entspannter.
Befindet man sich in der eigenen Mitte, geht das mit einem Gefühl von Ruhe und Gleichmut einher. Gelingt es Ihnen, dieses Wohlbefinden

selbst mitten im größten Chaos aufrechtzuerhalten, werden Sie feststellen, dass das Leben viel einfacher wird und Sie viel besser zurechtkommen, als wenn Ihre Aufmerksamkeit sich verzettelt und außer Kontrolle gerät. Anstatt sich dann bewusst zu machen, wie schwer der gestrige Tag doch war, oder sich vorzustellen, wie er morgen wohl werden wird, werden Sie dann in der Lage sein, aus dem heutigen das Beste zu machen.

55.

Werden Sie nicht so schnell ärgerlich

Ich habe in einer Buchhandlung einmal einen Vortrag gehalten, als mir jemand aus dem Publikum eine interessante Frage stellte: »Wie würden Sie mit ein oder zwei Worten den Durchschnittsmenschen beschreiben?« Nachdem ich einen Augenblick nachgedacht hatte, antwortete ich: »Schnell verärgert.« Der ganze Raum brach in Gelächter aus, weil alle erkannten, dass ich damit den Nagel auf den Kopf getroffen hatte; die meisten von uns ärgern sich nämlich wirklich wegen so ziemlich allem.

Werden Sie nicht so schnell ärgerlich, macht sich das unglaublich bezahlt. Ihr Stress nimmt ab, Sie sind den Menschen und Ereignissen in Ihrem Leben gegenüber toleranter; Sie haben mehr Spaß und interessieren sich mehr für andere, sind für Ihre Familie und Ihre Freunde ein besseres Vorbild. Sie neigen zu weniger Überreaktionen; Sie sehen das Leben weniger als Last denn als Abenteuer; Sie sind weniger müde und gereizt; Sie machen Ihr ganz normales Leben zu einer außergewöhnlichen Erfahrung. Es macht nämlich tatsächlich wenig Spaß, ärgerlich zu sein. Die Lebensqualität wird dadurch enorm beeinträchtigt, man sieht dann in allem ein Problem und macht sich verrückt. Zudem stößt man andere vor den Kopf.

Eine Möglichkeit, wie man weniger schnell ärgerlich wird, ist, sich diesen Vorsatz zum wichtigsten Ziel zu setzen. Achten Sie einmal darauf, wie angespannt Sie sind und wie sehr Sie auf Vorkommnisse und Personen überreagieren. Haben Sie das getan, verpflichten Sie sich, weniger schnell mit Ärger zu reagieren, besonders wenn es sich nur um Kleinigkeiten handelt.

Nehmen Sie sich untertags Zeit für den Versuch, sich selbst auf die Schliche zu kommen, unter welchen Umständen Sie verärgert oder besorgt reagieren. Machen Sie ein Spiel daraus. Ertappen Sie sich dabei, dass Sie sich in irgendeine Kleinigkeit hineinsteigern, sagen Sie sich etwa: »Ach je, schon wieder!« Gehen Sie spielerisch an die Sache heran. Sie werden feststellen, dass die meisten Ihrer (Über-)Reaktionen unbewusst sind, was bedeutet, dass Sie vermutlich nicht einmal merken, wie angespannt Sie bereits sind. Indem Sie Ihre Aufmerksamkeit auf Ihre Gedanken und Reaktionen konzentrieren, bringen Sie sie an die Oberfläche und machen so eine Veränderung möglich. Die meisten Ihrer Reaktionen auf das Leben sind nur Gewohnheiten, angelerntes Verhalten. Wenn wir uns darin üben, stur und angespannt zu sein, dann werden wir es schließlich auch sein. Der umgekehrte Fall trifft allerdings auch zu: Können Sie etwas Bescheidenheit mit der Fähigkeit kombinieren, sich und Ihren Reaktionen auf die Schliche zu kommen, und haben Sie zudem den Willen zur Veränderung, dann werden Sie das auch schaffen. Ich kenne eine Vielzahl von Menschen – ich selbst gehöre auch dazu –, die nervös und schnell verärgert waren und die jetzt relativ entspannt und auch erheblich effizienter sind. Versuchen Sie es einmal! Wenn Sie nicht mehr so zu Überreaktionen neigen und sich nicht ständig in etwas hineinsteigern, dann werden Sie ein glücklicherer Mensch sein und zudem auch viel mehr Spaß haben. Eines noch: Alle, die Ihnen in Ihrem Leben etwas bedeuten, werden diese positive Veränderung bemerken und sie enorm zu schätzen wissen.

56.

Reservieren Sie Zeit zum Freundlichsein

Als ich mir vor ein paar Jahren diese Strategie durch den Kopf gehen ließ, hielt ich sie zugegebenermaßen für ein wenig seicht. Schließlich bin ich ja ein netter Mensch, warum sollte ich da noch groß Zeit zum Freundlichsein einplanen? Ich wollte es jedoch einmal versuchen und zu meiner großen Überraschung erwies sich dieser Ansatz als überaus hilfreich, aus mir einen noch netteren und umgänglicheren Menschen zu machen. Die Überlegung entsprang eigentlich meiner Beobachtung, dass ich oft so sehr in meiner eigenen kleinen Welt gefangen bin, dass ich es manchmal vergesse, etwas langsamer zu machen, um auch freundlich sein zu können – worauf ich in meinem Leben aber besonderen Wert lege.

Sicher haben es sich viele zum Ziel gesetzt, immer – oder zumindest meistens – freundlich zu sein. Diese Strategie läuft diesem Ziel nicht zuwider – sie unterstützt es sogar noch! Ich habe festgestellt, dass es sich ganz natürlich und mühelos auch auf mein restliches Leben auswirkt, wenn ich in meinem Terminkalender wirklich Zeit zum Freundlichsein reserviere. Anders ausgedrückt: Plane ich wirklich Zeit zum Freundlichsein ein, kann diese Freundlichkeit leichter mein übriges Leben durchdringen.

Diese Strategie funktioniert wirklich ganz simpel. Sie schauen einfach in Ihren Terminkalender und planen regelmäßig Zeit ein – zehn Minuten, eine halbe Stunde, eine volle Stunde, so viel Sie wollen – und daran halten Sie sich dann, wie an jeden anderen Termin auch. Während dieser

Zeit kümmern Sie sich um nichts anderes, als der Freundlichkeit Ihre ungeteilte Aufmerksamkeit zu widmen.
Sie reservieren diesen Termin also, um einem anderen irgendwie etwas Nettes zu tun. Manchmal nutze ich diese Zeit, um jemandem, den ich liebe oder schätze, einen herzlichen Brief zu schreiben, einen Scheck für eine wohltätigen Zweck auszustellen oder um jemanden anzurufen, nur um zu sagen: »Ich liebe dich.« Bisweilen überlege ich mir auch neue Möglichkeiten, wie ich der Gesellschaft besser zu Diensten sein könnte oder wie ich etwas Gutes tun könnte. Oder ich plane eine Veranstaltung oder nehme an einer teil, etwa Essen verteilen, Müll aufsammeln, ein Aids-Marsch oder etwas in der Richtung. Oder ich schließe einfach die Augen und schicke anderen Menschen gute Gedanken. Was genau Sie tun, ist allein Ihre Entscheidung. Es gibt keinen richtigen oder falschen Weg, diese Strategie in die Tat umzusetzen. Das einzig Wichtige sind Ihre liebevollen Absichten.
Diese Strategie hat sich in meinem Leben als sehr einflussreich und effektiv erwiesen. Sie hilft mir, in meiner Mitte zu bleiben und den mir selbst gesetzten Zielen gerecht zu werden. Ich hoffe sehr, dass freundlich zu sein nicht nur ganz oben auf meiner Prioritätenliste steht und sich in Vorsätzen und Worten äußert, sondern auch durch meine Taten zum Ausdruck kommt. Reserviere ich Zeit zum Freundlichsein, erinnere ich mich stets an meine Zielsetzung. Dann kann ich mir auch überlegen, ob ich in diesem Lebensbereich die richtige Richtung eingeschlagen habe, und ist das einmal nicht der Fall, habe ich die Möglichkeit, ein paar einfache Korrekturen vorzunehmen.
Ich denke, Sie werden angenehm überrascht sein, wenn Sie es einmal mit diesem simplen Ansatz versuchen. So werden Freundlichkeit und Liebe in allen Aspekten Ihres Lebens gefördert.

57.

Reden Sie nicht über jemanden hinter seinem Rücken

Ich bin keineswegs stolz darauf, aber ich bin ein Mensch, der bisweilen schon über Familienmitglieder hinter deren Rücken redet. Worauf ich dann allerdings doch stolz sein kann, ist, dass es immer seltener passiert. Ich habe beobachtet, dass ich umso entspannter und ruhiger werde, je weniger ich in diese leider allzu verbreitete Gewohnheit verfalle. Im Gegenzug fühlen sich die Leute in meiner Umgebung dann auch etwas ausgeglichener. Ich habe ein besseres Gefühl, was meine eigene Person angeht, weil ich nicht mehr klatsche, jemandem in den Rücken falle oder ihn kritisiere. Da ich diese Angewohnheit nun nicht mehr so häufig an den Tag lege, neigen auch die anderen weniger dazu. Das Ergebnis ist, dass in meinem engeren wie auch weiteren Familienkreis jeder dem anderen gegenüber ein etwas besseres Gefühl hat. Es bewahrheitet sich oft, dass, sobald ein Familienmitglied eine schlechte Angewohnheit aufgibt, die übrigen seinem guten Beispiel folgen. Sie sollten es einfach einmal ausprobieren!

Wenn Sie hinter dem Rücken über jemanden reden, sagt das viel weniger über die Person aus, über die Sie sprechen, als über Ihren eigenen Charakter, nämlich über Ihr Bedürfnis, Kritik zu üben und über jemanden herzuziehen. Es ist, als würden Sie jemanden schlagen, der sowieso

schon am Boden liegt – der Mensch, über den Sie reden, ist nämlich nicht in der Lage, sich zu verteidigen. Das ist nicht fair.
Außerdem wird Ihnen auffallen, dass Sie sich selbst nicht wohl fühlen, wenn Sie hinter dem Rücken über jemanden reden, weil dann nämlich Ihr Gewissen Ihnen etwas zu sagen versucht. Tief im Inneren wissen Sie ja genau, dass es nicht richtig ist, über jemanden schlecht zu sprechen.
Reden Sie hinter dem Rücken über jemanden, kann das auch der Person, mit der Sie gerade klatschen, ein Gefühl der Unsicherheit geben. Wenn Sie sich so über einen Dritten äußern, woher soll Ihr Gegenüber dann wissen, dass Sie nicht dasselbe auch bei ihm tun werden, wenn er nicht anwesend ist? Dieser Mangel an Zuverlässigkeit trägt dann viel zu einem gesteigertem Zynismus bei Ihnen und Ihrer Familie bei, weil nämlich niemand das Gefühl hat, dass der andere wirklich vertrauenswürdig ist.
Die gute Nachricht ist folgende: Mit dieser Gewohnheit zu brechen ist einfacher, als Sie glauben. Sobald Sie einmal eingesehen haben, wie absolut unschön diese Neigung wirklich ist, kommt der Rest ganz von allein. Zuerst fällt Ihnen ja vielleicht gar nicht auf, wie kritisch Sie sind, bis Sie dann mit der Tatsache konfrontiert werden. Es wird Ihnen erst bewusst, wenn es eigentlich schon zu spät ist. Gehen Sie aber nicht zu hart mit sich ins Gericht. Seien Sie lieber froh, dass Ihnen diese alte Gewohnheit überhaupt aufgefallen ist und dass Sie es sich zum Ziel gesetzt haben, damit aufzuhören. Das nächste Mal, wenn Sie sich in einem Gespräch dabei ertappen, dass Sie über jemanden herziehen, können Sie sich beispielsweise sagen: »Ach je, jetzt kritisiere ich ja schon wieder jemanden, der nicht einmal anwesend ist.« Dann wechseln Sie langsam das Thema. Ab einem gewissen Punkt wird Ihnen das keine Schwierigkeit mehr bereiten. Sie sehen es dann schon kommen, kontrollieren Ihre Gedanken

sowie Ihr Verhalten und ersticken es im Keim. Nach einer Weile werden Sie dann kaum noch andere in deren Abwesenheit kritisieren.
Selbst wenn andere in Ihrer Umgebung über jemanden schlecht sprechen, müssen Sie sich keineswegs daran beteiligen. Sie können stattdessen dem Gespräch eine andere Richtung geben, etwas Nettes sagen oder auch die Person verteidigen, über die gerade schlecht gesprochen wird – oder Sie wechseln das Thema ganz. Die positiven Auswirkungen, wenn man nicht hinter dessen Rücken über jemanden redet, können drastisch und unmittelbar sein. Versuchen Sie es einmal und Sie werden sich auf der Stelle besser fühlen.

58.

Halten Sie Familienzusammenkünfte ab

Der Zweck von Familienzusammkünften besteht darin, ein entspanntes Umfeld zu schaffen, in dem zwei oder mehrere Menschen, die sich lieben, frei miteinander umgehen und sich herzlich unterhalten können. Die Grundidee ist, einen »sicheren Ort« zu schaffen, wo alle Anwesenden sich äußern können und auch gehört werden. Voraussetzung ist natürlich, dass alle übereinkommen, auch sorgfältig auf das zu achten, was gesagt wird. Niemand darf den anderen unterbrechen, ihm das Wort abschneiden, ihn kritisieren oder angreifen, bevor er oder sie an der Reihe ist. Keiner ist besser oder wichtiger als der andere; jedem wird Respekt entgegengebracht.

Während einer solchen Zusammenkunft dürfen Sie mitteilen, was Ihnen passt und was nicht. Es ist Ihnen außerdem erlaubt, sich ehrlich zu äußern, ohne dass Sie deswegen angegriffen werden. Sie können den anderen von Dingen erzählen, die Sie stören, und Sie können mögliche Lösungen anbieten. Sie dürfen natürlich auch sagen, was Sie in Ihrem Familienleben am meisten schätzen und wo Sie noch Verbesserungsmöglichkeiten sehen.

Familienzusammenkünfte können sehr heilsam sein. In unserer hektischen Welt ist es oft schwierig, sich die Zeit zu nehmen, als Familie zusammenzukommen und einander anzuhören. Und dennoch ist genau das eine wichtige Komponente für eine liebevolle, funktionierende Familie. So ein Treffen ist ein idealer Zeitpunkt, sich zu sehen, zu erfahren, was die anderen machen, auf dem Laufenden zu bleiben und – in einigen Fällen – Neues zu erfahren. Man hat die Gelegenheit, zu verstehen, was in den anderen Familienmitgliedern vor sich geht, was sie glücklich oder traurig macht. Es kommt häufig vor, dass Leute etwas über ihre Eltern, Kinder, ihren Partner oder Geschwister herausfinden, was sie noch nicht gewusst haben. Meine jüngste Tochter hat mir einmal während einer solchen Familienzusammenkunft gesagt, dass es sie nervös mache, wenn ich sie auf eine bestimmte Weise anschaue. Da der Sinn und Zweck des Treffens ja war, in einer entspannten Umgebung etwas vom anderen zu erfahren, war ich in der Lage, genau zu erfassen, was sie meinte. Der Blick, von dem sie gesprochen hatte, war missbilligend. Ich hatte keine Ahnung von meiner Verhaltensweise gehabt. Hätte Sie mir das mitten an einem hektischen Tag vorgehalten, bezweifle ich, dass ich für ihre Worte so empfänglich gewesen wäre. Aber da es ja, wie gesagt, das Anliegen der Zusammenkunft war, das Familienleben zu verbessern, war ich offen und aufnahmebereit – und lernfähig. Seitdem bin ich sehr vorsichtig mit meinen »Blicken«. Bei unserem nächsten Treffen fragte ich sie dann nach ihrem Eindruck und sie sagte: »Es ist schon viel besser geworden.« Sie fühlte sich angenommen und respektiert.

Mir sind noch ein paar Familienzusammenkünfte in Erinnerung, die wir abhielten, als ich noch ein Kind war. Ich erinnere mich, damals von einigen Frustrationen meiner Eltern erfahren zu haben. Das hat mir geholfen, sie als Menschen zu sehen – nicht nur als meine Eltern. Ich konnte so Mitgefühl und eine neue Sichtweise entwickeln.

Familienzusammenkünfte sind überaus hilfreich, wenn Sie Ihrem Ärger

Luft machen wollen, aber auch, um sich Ihrer gegenseitigen Liebe zu versichern. Dann sehen Sie nicht mehr in allem ein Problem und machen sich verrückt, weil sich Kleinigkeiten dann nämlich nicht mehr zu großen Frustrationen auswachsen. Sie gehen dann mit allem einfach so um, wie es gerade kommt. Sie finden Lösungen, die für die gesamte Familie Gültigkeit haben.
Familienzusammenkünfte machen Ihr Leben – oder Ihre Familie – sicher nicht perfekt; doch werden Sie einen viel engeren Zusammenhalt spüren. Egal, ob zu Ihrer Familie zwei Leute zählen oder zehn – versuchen Sie es einmal mit einem solchen Treffen. Es wird sich lohnen.

59.

Zeigen Sie Ihre Wertschätzung

Zweifelsohne ist eine der Hauptquellen des Ärgers in vielen Ehen – eigentlich sogar bei allen Beziehungen innerhalb der Familie – das Gefühl, als Selbstverständlichkeit betrachtet zu werden, sich nicht geschätzt zu wissen. Es ist traurig, aber viele sind an die anderen Familienmitglieder bereits so gewöhnt, dass sie vergessen, ihnen zu zeigen, wie sehr sie sie eigentlich mögen. Wir betrachten einander als Selbstverständlichkeit. Kinder sehen ihre Eltern so und umgekehrt. Ehepaare sind dafür berüchtigt, wie oft sie vergessen, ihre Wertschätzung zum Ausdruck zu bringen.

Ich habe Freunde und Bekannte, die liebevolle Eltern haben, die wiederum viel Zeit und Energie darauf verwenden, sich abends um ihre Enkelkinder zu kümmern, manchmal sogar das ganze Wochenende; und doch habe ich nie gesehen, dass meine Freunde ihnen die geringste Anerkennung für diesen enormen Aufwand entgegenbringen. Ihre Einstellung scheint zu sein: »Die sollten das gern tun; schließlich sind sie ja die Großeltern.« Man vergisst schnell, dass jeder Anerkennung braucht und verdient – selbst die Großmutter und der Großvater. Es ist so wichtig und so einfach.

Sich nicht geschätzt zu fühlen ist eine der Hauptursachen für das Scheitern von Beziehungen. Ich habe beobachtet, wie mangelnde Anerkennung Ehen, Kind-Eltern-Beziehungen und das Verhältnis unter Geschwistern zerstört hat – generell wohl jede Art von Beziehung innerhalb einer Familie.

Mein Vorschlag ist sehr simpel: Wann immer sich eine Gelegenheit bietet und Sie den geringsten Anlass zur Annahme haben, dass es auch angemessen ist, legen Sie sich ins Zeug und sagen Sie oft und von Herzen danke. Schicken Sie anderen Dankeskarten und tun Sie all denen etwas Gutes, die sich Ihnen gegenüber genauso verhalten.

Am vergangenen Wochenende hatte ich die Ehre, eine Grabrede zu halten. Der Großonkel meiner Frau, Miles, den wir alle sehr geliebt hatten, war vor ein paar Tagen verstorben. Er hat der ganzen Familie viel bedeutet, so dass er uns allen schrecklich fehlen wird. Gerade heute haben Kris und ich ein wunderschönes Schreiben von Miles' Sohn und Schwiegertochter erhalten. Darin steht unter anderem: »Richard, Miles mochte Dich auf den ersten Blick. Er hat Dich stets als einen feinen Menschen charakterisiert und als den einzigen der jüngeren Generation, der sich die Zeit genommen hat, ihm einen Dankesbrief zu schreiben, nachdem Du in seinem Blockhaus am See zu Besuch gewesen warst.« Darin zeigt sich, welche Macht die Wertschätzung hat; Miles hatte sich sein ganzes Leben an mein schlichtes Dankeschön erinnert. Es fiel auf, weil Dankbarkeit in unserer Kultur recht selten ist.

Fühlt sich jemand anerkannt, ist er oder sie viel glücklicher und umgänglicher. Wenn Sie Kinder haben, zeigen Sie ihnen, dass Sie sie schätzen. Kris und ich bedanken uns manchmal bei unseren Kindern, dass sie zur Familie gehören. Es ist uns wirklich ernst damit! Achten Sie darauf, auch allen andern Familienmitgliedern zu danken – Ihren Eltern, Geschwistern, entfernteren Verwandten, allen eben. Teilen Sie ihnen mit, wie

viel Sie von ihnen halten. Das Ergebnis wird Sie überraschen. Jeder weiß sich gern geschätzt – ausnahmslos.
Ich habe die Erfahrung gemacht, dass eine direkte Verbindung besteht zwischen Familien, die ihrer Wertschätzung Ausdruck verleihen, und Familien, die zusammenhalten, und zwar in Taten wie auch durch Gefühle. Teenager, die sich anerkannt und geschätzt wissen, sind umgänglicher und lernen sich selbst zu würdigen. Ehefrauen, die sich geschätzt fühlen, lieben und bewundern ihren Mann, und Ehemänner dann wiederum ihre Frauen. Das gleiche gilt für Geschwister, und zwar sowohl wenn sie als Kinder noch miteinander im Elternhaus leben, als auch wenn sie erwachsen sind und ihrer eigenen Wege gehen. Ich habe zwei wunderbare Schwestern, die eine ist älter als ich, die andere jünger. Beide zeigen mir immer wieder ihre enorme Liebe und Wertschätzung für mich und ich versuche sie ihnen ebenso zu erweisen. Zweifelsohne ist dies einer der Gründe, warum wir in Kontakt bleiben und Zeit füreinander finden.

60.

Weisen Sie allem einen angemessenen Stellenwert zu

Eines der Hauptthemen dieses Buches ist zu zeigen, dass Kleinigkeiten uns sehr leicht das Leben verderben können, wir aber dennoch etwas tun können, um unseren Alltag zu Hause weniger stressig zu gestalten. Ich glaube, dass es dazu mit das Wichtigste ist, den Dingen den ihnen angemessenen Stellenwert zuzuweisen.

Es mag sich vielleicht etwas unklar anhören, dass man auf einen angemessenen Stellenwert achten soll. Was soll das nun eigentlich bedeuten? Ich habe über diesen Punkt viel nachgedacht: Für mich heißt das schlichtweg, dass das meiste im Leben, was uns aufregt, keine Sache auf Leben und Tod ist. Ich finde es sogar faszinierend zu beobachten, dass, sobald jemand mit etwas wirklich Wichtigem konfrontiert wird – Naturkatastrophen, Scheidung, Geldprobleme, Krankheit, Tod eines lieben Menschen, kranke Kinder, alternde Eltern und so weiter –, die meisten erstaunlich mutig und einfallsreich sind. Aus irgendeinem Grund reagieren wir auf echte Krisen, indem wir über uns selbst hinaus wachsen, unsere inneren Kräfte mobilisieren und alles meistern, womit wir im Leben konfrontiert werden. Wir beten, bitten um Hilfe, werden überaus kreativ und legen eine enorme Belastungsfähigkeit an den Tag.

Die gleichen Personen – eigentlich wir alle –, die Suchtprobleme, eine berufliche Katastrophe oder sonst eine Krise irgendwie durchstehen, fühlen sich jedoch oft überfordert, verlieren die Fassung, sind schnell verärgert, gestresst, frustriert und lassen sich von dem tagtäglichen Kleinkram, der einfach zum Leben gehört, verrückt machen. Aus irgendwelchen Gründen sind es die Kleinigkeiten, nicht das wirklich Bedeutsame, womit wir am meisten zu kämpfen haben.

Es hat sich für mich als sehr hilfreich erwiesen, mir stets bewusst zu machen, wie trivial doch eigentlich fast alles ist. Egal, ob es um Rechnungen geht, mürrische oder fordernde Kinder, eine unaufgeräumte Wohnung, nervtötende Nachbarn, einen bellenden Hund, einen stressigen Terminkalender, die Teenager-Fete nebenan, einen Streit mit meiner Frau, einen Verkehrsstau, einen telefonischen Rückruf, den ich nicht bekommen habe, Unkraut im Hof, was auch immer – das sind doch eigentlich alles Bagatellen. Ich schaue mir die Nachrichten an und mache mir bewusst, dass das, womit ich mich gerade herumschlage, sicher keine Schlagzeile wert wäre. Die allermeiste Zeit geht es nicht um Leben oder Tod. Und sobald ich erkenne, dass alles, womit ich konfrontiert bin, nur eine Nebensächlichkeit ist und nicht der große Notfall, fällt es mir auch schon viel leichter, die Sache in den Griff zu kriegen. Mit dem angemessenen Einschätzungsvermögen ist das Leben leichter und Sie kommen besser zurecht.

Wir können uns alle so glücklich schätzen, zu leben und Gottes Gäste auf diesem herrlichen Planeten zu sein. Ob wir nun dreißig Minuten brauchen oder fünfzig, um von der Arbeit nach Hause zu kommen, muss nichts an unserer Dankbarkeit ändern. Wenn sich unsere Kinder zanken, können wir uns darüber aufregen und uns den Tag verderben lassen; oder wir akzeptieren, dass es eben einfach dazugehört, wenn man Kinder hat. Ist unser Heim nicht perfekt aufgeräumt, können wir uns niedergeschla-

gen und minderwertig fühlen oder wir machen uns bewusst, welch ein Glück wir eigentlich haben, dass wir ein Dach über dem Kopf haben. Wenn wir uns den Urlaub, den wir eigentlich gern gemacht hätten, nicht leisten können, können wir uns ungerecht behandelt fühlen und uns selbst bemitleiden oder wir planen eben ein kleines Abenteuer, das unseren Finanzmitteln entspricht. Ich könnte in dem Stil wohl seitenweise weitermachen, aber der springende Punkt bei all dem ist, dass allein wir für unsere Reaktion verantwortlich sind. Wir können uns beklagen, dass das Leben nicht perfekt ist, und warten, bis es uns mit weniger Herausforderungen konfrontiert, oder wir können den Widrigkeiten einen angemessenen Stellenwert zuweisen und ein bisschen lockerer werden. Wenn Sie sind wie die meisten anderen auch, haben Sie vermutlich bereits einmal eine kämpferische Haltung ausprobiert.
Mein Vorschlag lautet, dass wir alle das Leben ein bisschen mehr so akzeptieren, wie es ist, und die Dinge nehmen, wie sie gerade kommen – eben allem den angemessenen Stellenwert zuweisen. Je besser wir dazu in der Lage sind, desto glücklicher und weniger stressig wird sich unser Leben gestalten.

61.

Bewerten Sie Ihren Urlaub nicht über

Es ist klar, dass man den größten Teil seines Lebens *nicht* mit Urlaub verbringt. Dennoch betonen viele von uns die Bedeutung der Ferien so sehr, dass sie vergessen, ihr übriges Leben und die tagtäglichen kleinen Freuden zu genießen. Wir planen und freuen uns auf unseren Urlaub, wobei es bisweilen den Anschein hat, als wäre das die einzig lebenswerte Zeit unseres Lebens. Wir bauen hohe Erwartungen auf, erklären diese paar Wochen zum Höhepunkt des ganzen Jahres und hoffen, so mit dem Stress und den Enttäuschungen des Alltags versöhnt zu werden. Oft denken wir uns dann: »Mann, wird das toll, wenn wir erst mal dort sind.«

Mit einer derartigen Überbewertung der Ferien gehen jedoch verschiedene Probleme einher. Zunächst einmal nimmt der Urlaub ja, wie gesagt, nur einen kleinen Prozentsatz unseres Lebens ein. Die meisten Menschen, die ich kenne, machen vielleicht ein oder zwei Wochen Urlaub; die restliche Zeit ist schnöder Alltag. Fünfzig Wochen im Jahr darauf zu verwenden, diese zwei Wochen zu planen und sich darauf zu freuen, ist jedoch ein klassisches Beispiel für eine Verkehrung der Prioritäten und führt damit garantiert zum Frust.

Ein Teil des Problems besteht wohl darin, dass Ihr Denken sich nicht auf die Gegenwart konzentriert, wenn das Hauptgewicht auf etwas in der Zukunft liegt. Anstatt sich völlig auf das Hier und Jetzt einzulassen und Freude im täglichen Leben zu finden, ist Ihr Augenmerk auf etwas viel Besseres und Freudvolleres gerichtet, das Sie irgendwann *später* erleben werden – anstatt jetzt. Zu hohe Erwartungen bergen auch das Risiko, dass sie unrealistisch sind, was wiederum zu erheblichen Enttäuschungen führen kann.

Kürzlich sind Kris und ich einem derartigen Trugschluss erlegen. Ich war beruflich sehr eingespannt gewesen, so dass wir keine Gelegenheit gehabt hatten, im Sommer wegzufahren. Nun planten wir wenigstens einen Kurztrip zum Strand und freuten uns wirklich darauf. In meiner Vorstellung war diese Unternehmung so phantastisch, dass sie uns für die Reise, die wir im Sommer nicht hatten unternehmen können, entschädigen sollte. Ich stellte mir unsere lachenden Kinder vor, dass wir aufeinander eingingen und Unmengen Spaß miteinander haben würden. Was ich mir in meiner Phantasie wie das Paradies ausmalte, erwies sich jedoch als ziemlicher Stress. Es war schon eine Weile her gewesen, dass wir zuletzt alle in einem kleinen Hotelzimmer zusammen gewesen waren. Außerdem war es voll und heiß, und die Kinder stritten sich mehr als sonst. Sie konnten sich nicht einigen, wie wir unsere Zeit verbringen sollten, und Kris und ich hatten das Gefühl, buchstäblich in der Falle zu sitzen. Strand und Pool waren überfüllt und prompt ließ natürlich auch das Wetter zu wünschen übrig. Kurz gesagt: Uns allen wurde klar, dass wir zumindest diesmal mehr Platz, Spaß und Freude zu Hause gehabt hätten.

Missverstehen Sie mich bitte nicht. Ich möchte nicht sagen, dass es ein Fehler ist, Urlaub zu machen und sich darauf zu freuen. Ich weiß sehr wohl, dass viele Ferien – die meisten meiner eigenen auch – einfach herrlich sind. Ich will Sie nur auf das gängige Problem aufmerksam machen, das entsteht, wenn Sie den Urlaub unnötig überbewerten, wenn Sie betonen, wie toll es anderswo ist, anstatt sich vor Augen zu halten, dass Ihr Leben dort, wo Sie gerade sind, auch etwas Besonderes und Schönes ist. Sie werden garantiert die Erfahrung machen, dass Sie – egal, wo Sie sich gerade befinden – viel zufriedener und ausgeglichener sein werden, wenn Sie sich nicht darauf verlassen, dass erst Ihr Urlaub Sie glücklich machen soll. Und wenn Sie dann wirklich in Urlaub gehen, werden Sie reiche Erfahrungen sammeln – meistens.

Natürlich gilt auch der umgekehrte Fall: Sind Sie fast ständig unglücklich und gestresst, ist es unrealistisch anzunehmen, dass Sie sich ruhig und entspannt fühlen werden, sobald Sie in Urlaub sind.

Mein Ratschlag lautet einfach: Planen Sie weiterhin Ihre Ferien und genießen Sie sie, wenn Sie an Ort und Stelle sind. Aber vergessen Sie nie, dass auch der ganz normale Alltag etwas Besonderes sein kann, wenn Sie daran denken, dankbar für das zu sein, was Sie schon haben.

62.

Sprechen Sie nett und freundlich mit anderen

Man verfällt leicht in die Gewohnheit, über andere hinter ihrem Rücken zu reden, jemanden schroff oder sarkastisch anzusprechen, sich gehässig oder negativ über das Leben oder andere Menschen zu äußern, etwas Respektloses von sich zu geben, zu klatschen und so weiter. Leider hat diese Form der negativen Kommunikation, so unschuldig und harmlos sie im ersten Moment vielleicht scheinen mag, weitreichende Konsequenzen.

Lassen wir einmal einen Augenblick die offenkundige Tatsache beiseite, dass es wenig freundlich ist, einen schroffen Ton anzuschlagen, und betrachten wir uns einige der weiteren, vielleicht weniger offensichtlichen Folgen. Zunächst einmal kann das Gegenüber sich missachtet oder verletzt fühlen, wenn wir uns negativ oder schroff äußern. Niemand – und unsere Familienmitglieder schon gar nicht – schätzt es, wenn er angegriffen wird; das Ergebnis ist, dass sich alle schlecht fühlen. Sind wir einer verbalen Attacke ausgesetzt, ermutigt uns das zu Gegenangriffen, ja zur Vergeltung. Es steht außer Frage, dass die liebevolle Atmosphäre bei Ihnen zu Hause dadurch beeinträchtigt wird.

Erfolgt der Angriff nicht unmittelbar, sondern hinter dem Rücken eines anderen, ist das ebenfalls ein Zeichen der Missachtung. So hat die Person, die kritisiert wird, nämlich nicht einmal die Chance, sich zu verteidigen.

Aber von all dem einmal abgesehen sollten Sie überprüfen, wie Sie sich selbst fühlen, wenn Sie etwas Schroffes oder Negatives sagen. Sind Sie aufmerksam, werden Sie mir vermutlich zustimmen, dass Sie ein schlechtes Gefühl haben. Mit den harten Worten gehen nämlich Stress und Unbeugsamkeit einher, eine Art Unwohlsein in Ihrem Herzen. Äußern Sie sich negativ, konzentrieren Sie sich darauf, was alles an der Welt und anderen Menschen nicht in Ordnung ist. Sie vergessen so, wofür Sie eigentlich dankbar sein müssten, und richten Ihr Augenmerk auf Unzulänglichkeiten. Kurz gesagt: So kann keiner gewinnen, besonders Sie nicht!

Ich habe diese Lektion schon sehr früh gelernt. Ich war noch ein Teenager, als ich einmal etwas wirklich Gemeines zu jemandem sagte; was genau, weiß ich nicht mehr. Aber anstatt mit Ärger oder Aggression zu reagieren, erwiderte die Frau damals nur mit sanfter, weicher Stimme: »Geht es dir jetzt besser, nachdem du so gemein und respektlos gewesen bist?« Ich war perplex und kam mir richtig blöd vor. Selbst in diesem schmerzlichen und erniedrigenden Moment habe ich etwas Wichtiges gelernt, das ich nie vergessen sollte – dass sie nämlich vollkommen Recht hatte. Ich fühlte mich nicht mehr überlegen und mächtig, sondern wie ein Idiot. In diesem Augenblick kam ich zu dem Schluss, dass ich nie ein Mensch sein wollte, der über einen anderen schlecht redet. Und auch wenn ich sicher oft von meinem hochfliegenden Ideal weit entfernt war, glaube ich doch, dass ich mittlerweile ziemlich nah an mein Ziel herangekommen bin. Die Erkenntnis, wie schlecht ich mich fühle, wenn ich etwas Unschönes zu jemandem sage, hat mich davon abgehalten, diesen Fehler zu oft zu begehen.

Es gibt natürlich erhebliche Unterschiede, wie sich Schroffheit und Negativität in unseren Worten ausdrücken können. Die Bandbreite reicht von wirklich verletzenden bis hin zu scheinbar harmlosen Kommentaren. Ich habe allerdings festgestellt, dass die Auswirkung so ziemlich dieselbe bleibt, egal, ob Sie nun wirklich brutal oder ungewollt negativ und sarkastisch sind. Ertappen Sie sich dabei, dass Sie etwas Unschönes sagen, prüfen Sie doch einmal, ob Sie dann noch einen schönen friedlichen Tag haben. Ich schätze, das wird nicht oft der Fall sein.

Einen – auch nur etwas – schroffen Ton an den Tag zu legen stört die Harmonie. Sie fühlen sich dann irgendwie mies, negativ, kritisch und argwöhnisch. Aber der umgekehrte Fall gilt auch: Entspringen die meisten unserer Worte der Freundlichkeit und Liebe, empfinden wir Ruhe und Erfüllung, weil wir nämlich wissen, dass wir dazu beitragen, eine schönere Welt zu schaffen.

Niemand ist perfekt und wir alle leisten uns hin und wieder einen Ausrutscher. Die meisten von uns – und ich nehme mich da nicht aus – haben jedoch viel Spielraum, um etwas zu verbessern. Ich will Ihnen einen Handel vorschlagen: Ich werde mein Bestes geben und so oft wie möglich einen netten und freundlichen Ton anschlagen, wenn Sie das auch tun. Nehmen sich genügend Menschen diese Botschaft zu Herzen, werden wir bald alle in einer liebevolleren und geduldigeren Welt leben.

63.

Sitzen Sie einfach nur ruhig da

Nehmen Sie sich je ein paar Minuten Zeit, um einfach zu entspannen, absolut nichts zu tun und nur ruhig dazusitzen? Wenn nicht, entgeht Ihnen eine der simpelsten Methoden, sich effektiv zu entspannen. Sie verpassen eine hervorragende Möglichkeit, wie Sie es vermeiden können, sich von einem Sammelsurium an Kleinigkeiten beunruhigen zu lassen. Oft hetzen wir herum und sind so sehr mit unserem aufreibenden Leben beschäftigt, dass wir vergessen, wie schön es ist, einfach einmal ruhig dazusitzen. Wenn Sie sich je gefragt haben, woran Sie ein schlichtes Vergnügen finden könnten, dann ist es das!

Ganz egal, wie beschäftigt Sie sind und wie viele Verpflichtungen Sie haben, zumindest ein paar Minuten am Tag bleiben Ihnen vermutlich immer Zeit, Ihre Tätigkeit zu unterbrechen und ruhig dazusitzen. Tun Sie das, werden Ihnen auf der Stelle einige Vorteile auffallen, die einen enormen Unterschied in Ihrer Lebensqualität ausmachen. Still dazusitzen sorgt für eine Pause in Ihrem hektischen Zeitplan, gibt Ihnen die Gelegenheit, sich zu entspannen und Ihren Geist und Körper mit neuer Energie zu laden. Sitzen Sie ruhig da, können Sie Ihre Gedanken ordnen und nachdenken, vielleicht stellen sich Inspirationen ein. Bisweilen ist es ein Nebeneffekt unseres hektischen Lebens, dass wir unsere Neigung zu

Überreaktionen noch schüren und uns auf diese Weise von allem Möglichen beunruhigen lassen. Wenn wir hingegen ruhig dasitzen, besteht die Chance, negative Impulse, die sich im Lauf des Tages aufgebaut haben, aufzulösen, wir können uns orientieren und einen Neuanfang machen. Sobald Sie still dasitzen und Ihre Gedanken sich beruhigen, fällt Ihnen oft wie aus dem Nichts die Lösung für ein Problem ein. Aus irgendeinem Grund hat diese Methode eine beruhigende Wirkung auf das Nervensystem, wodurch sich dann kluge Einsichten ergeben können.

Sie würden es sich einfach machen, diesen Vorschlag als zu simpel abzutun; ich finde jedenfalls, dass er es wirklich nicht ist. Außerdem sind viele gute Strategien, die unsere Lebensqualität verbessern sollen, sehr einfach. Das eigentliche Problem ist, dass wir uns nicht die Zeit nehmen, wirklich danach zu handeln. Ein paar andere, angeblich so simple Vorschläge könnten zum Beispiel folgende sein: Treiben Sie Sport und schlafen Sie viel; essen Sie leicht und gesund; denken Sie positiv; vermeiden Sie Alkohol und Drogen – und so weiter. So einfach, wohlbekannt und klug diese Ratschläge sich auch anhören, macht doch nur ein geringer Prozentsatz von uns sich diese Weisheiten zunutze. Ruhig dazusitzen fällt in diese Kategorie – einfach und klug, aber dennoch wertvoll.

Ich bin kein Arzt und somit kann ich das nicht mit Sicherheit sagen, aber ich denke, dass ruhig dazusitzen sich auch auf die Gesundheit überaus günstig auswirkt. Mir ist zum Beispiel aufgefallen, dass, wenn ich nur dasitze und absolut nichts tue, sowohl meine Gedanken als auch mein Körper sich ruhiger und entspannter fühlen. Meine Atmung scheint sich zu verlangsamen und tiefer zu werden. Mein Nacken und meine Schultern werden lockerer. Oft fühle ich mich innerhalb von nur ein oder zwei Minuten schon erfrischt und gelassen.

Sind Sie angespannt und in Hektik, neigen Sie viel mehr dazu, in allem ein Problem zu sehen, sich verrückt zu machen und ärgerlich zu werden, als wenn Sie ruhig sind. Still dazusitzen ist kein Zaubermittel, wohl aber ein vernünftiger Ansatz. Ich bin zu dem Schluss gekommen, dass es kaum möglich ist, in Anspannung zu bleiben, wenn man sich die Zeit nimmt, sich ruhig hinzusetzen.

Dies hier ist zweifelsohne einer der einfachsten Vorschläge, die ich Ihnen je unterbreiten werde. Man braucht dazu höchstens ein paar Minuten. Er kostet nichts und lässt sich überall durchführen. Sie müssen nichts weiter tun als sich hinsetzen und entspannen. Ich bin überzeugt, dass Sie angenehm überrascht sein werden, wie spielend Sie im Leben zurechtkommen und mithalten können, wenn Sie diese Strategie mehrmals am Tag ausprobieren. Was Ihnen normalerweise als großes Problem erscheint, wird dann plötzlich kaum noch Bedeutung haben.

64.

Nehmen Sie alles, wie es kommt

Eine der wichtigsten Lektionen, die ich je gelernt habe, ist, dass das Leben kaum einmal genau so ist, wie wir es gern hätten. Das Leben ist einfach so, wie es eben ist; nicht mehr und nicht weniger. Und je besser wir mit den Gegebenheiten des Lebens Frieden schließen können, desto glücklicher und weniger gestresst sind wir dann auch.

Unglücklichsein könnte man definieren als eine Differenz, die besteht zwischen dem, wo Sie gerade sind, und dem, wo Sie hinwollen; oder als den Unterschied zwischen dem, was ist, und dem, was Sie erwarten oder fordern. Anders ausgedrückt: Sobald etwas passiert, werden Sie mit einer wichtigen Entscheidung konfrontiert – egal, ob es sich dabei um einen Streit unter Geschwistern, ein kaputtes Fernsehgerät, eine peinliche Situation oder um ein undichtes Dach handelt. Wollen Sie gegen das, was da passiert, ankämpfen oder akzeptieren Sie es einfach und arrangieren sich irgendwie?

Akzeptanz hat rein gar nichts mit Apathie zu tun, dass einem etwa alles gleichgültig wäre. Akzeptieren Sie die Gegebenheiten, wie sie sind, heißt das nicht, dass Sie sagen: »Nun gut, mir ist das egal, da mache ich lieber gar nichts.« Es bedeutet nur, dass Sie erkennen, wie nutzlos es sein kann, sich mit einer Sache herumzuschlagen, wobei Sie jedoch sehr wohl wissen, was Ihnen lieber wäre, und Sie ihren Wunsch auch nicht leugnen. In gewisser Weise ist die Akzeptanz von Gegebenheiten etwas Kluges und auch die beste Möglichkeit, Stress zu reduzieren, die dem Menschen zur Verfügung steht.

Für Kris und mich als Eltern zählt es mit zum Schwierigsten, wenn unsere beiden Töchter zanken und streiten. Da fühlt man sich leicht niedergeschlagen, entmutigt – wie wenn man seine Aufgabe nicht gut genug erfüllen würde. Schnell verliert man dann die Fassung oder schreit frustriert herum, um all dem ein Ende zu bereiten. Das Einzige, was in diesem Moment jedoch wirklich passiert, ist, dass die Mädchen sich streiten. Dabei ist es völlig egal, welche inneren Kämpfe ich dabei mit mir selbst austrage; auch keine Seelenqualen von Kris vermögen daran etwas zu ändern.

Manchmal schauen Kris und ich einander in solchen Augenblicken an und machen uns so bewusst, dass sich da eben nichts tun lässt. Ist das der Fall, werden wir beide lockerer und sehen die Dinge wieder im richtigen Verhältnis. Dann lächeln wir wieder. Es wird uns klar, dass alle Geschwister Streitereien und Machtkämpfe austragen und dass das eben zum Leben gehört, auch wenn es uns nicht passt.

Ich möchte noch einmal betonen, dass eine derartige friedliche Akzeptanz nichts damit zu tun hat, dass man aufgibt oder nicht in der Lage wäre, wichtige Veränderungen herbeizuführen. Das Leben macht viele Korrekturen notwendig und wir alle müssen Maßnahmen ergreifen, um unser Dasein zu verbessern und unsere Ziele zu verfolgen. Passiert etwas, das Ihnen nicht passt, und Sie können etwas dagegen tun: prima! Glauben Sie mir, dass Kris und ich alles Erdenkliche unternehmen, um die Reibereien zwischen den Mädchen zu reduzieren. Aber aus Überzeugung angemessene und konstruktive Schritte zu unternehmen ist etwas ganz

anderes, als sich von der simplen Tatsache lähmen zu lassen, dass das Leben uns eben nicht so entgegenkommt, wie wir es uns wünschen.
Das Leben ist eine Reise. Es wird stets Probleme geben, mit denen man zurechtkommen muss und die es zu lösen gilt. Es passiert so viel, das sich der eigenen Kontrolle entzieht und das Sie nicht billigen. So ist es nun mal. Warum treten Sie also nicht einfach einen Schritt zurück und erkennen, wie klug es ist, alles einfach etwas spielerischer zu nehmen? Tun Sie das, wird sich Ihr Leben viel einfacher gestalten.

65.

Bleiben Sie gesund

Ich erwähnte einer Freundin gegenüber, dass zu den Strategien dieses Buches der Vorschlag gehört, gesund zu bleiben. Sie fand diesen Rat zwar vernünftig, fragte mich jedoch: »Aber was hat gesund bleiben damit zu tun, dass man zu Hause mit der Familie weniger Probleme hat?« Nachdem ich ihr diese Frage zu ihrer Zufriedenheit beantwortet hatte, kam mir in den Sinn, dass sich andere Leute diese Gedanken ebenfalls machen könnten, weil, vordergründig betrachtet, ja kein Zusammenhang zu bestehen scheint. Stimmt aber nicht!

Denken Sie einmal darüber nach, was passiert, wenn Sie oder jemand in Ihrer Familie krank wird. Ob es sich nun um eine Erkältung oder die Grippe handelt, eines tritt mit Sicherheit ein, wenn Sie sich über einen längeren Zeitraum schlecht fühlen: Ihr Zuhause leidet, und Ihre Gesundheit auch.

Zunächst einmal ist es natürlich erheblich schwieriger, das Heim sauber zu halten und etwas zu organisieren, wenn Sie sich nicht wohl fühlen. Zudem können Sie Ihren Verpflichtungen nicht so gut nachkommen, und allem, was Ihnen sonst Freude bereitet, natürlich genauso wenig. Ganz automatisch gelangen Sie mit allem in Rückstand – jemanden zurückzurufen, Zeit mit Ihren Lieben zu verbringen, die Schränke aufzuräumen. Und Sie wer-

den mir wahrscheinlich Recht geben, dass Sie sich umso gestresster fühlen, je größer dieser Rückstand ist. Ihnen brennen leichter die Sicherungen durch, Sie neigen zu Anspannung und Überreaktionen. All die Dinge, mit denen Sie sonst spielerisch fertig werden, machen Sie dann verrückt.
Damit will ich Ihnen sagen, dass es mit von Ihrer Gesundheit abhängt, ob Sie zu Hause in allem ein Problem sehen oder nicht. Ein Gesundheitsapostel müssen Sie deshalb natürlich nicht werden und Sie sollten Ihren schlechten Gesundheitszustand auch nicht als Vorwand benutzen, wenn Sie sich wegen etwas verrückt machen. Ich möchte Ihnen jedoch nahe legen, einmal über die Wichtigkeit einer guten Gesundheit nachzudenken; Dinge wie angemessene Hygiene, Diäten, Ernährung, Schlafgewohnheiten, adäquate sportliche Betätigung, Medikamente zur Nährstoffergänzung und anderes.
Ich habe einmal berechnet, dass ich jahrelang mit meinem Auto herumrasen müsste, um einen ganzen Tag Verkehrserziehung aufgrund einer Verwarnung wegen zu schnellen Fahrens wieder hereinzuholen. So gesehen macht ein hohes Tempo also wenig Sinn. Ihre Gesundheit können Sie auf ähnliche Weise betrachten. Eine weitere Erkältung oder ein Grippeanfall, der sich bei besserer Gesundheit hätte vermeiden lassen, kostet Sie viel mehr Zeit und Mühe, als ein paar einfache Schritte, die Sie unternehmen können, um etwas gesundheitsbewusster zu werden.
Natürlich unterliegt nicht alles unserer Kontrolle, was mit unserem Körper passiert. Aber die meisten haben doch noch genügend Spielraum, um zugunsten ihrer Gesundheit etwas zu verändern. Ich möchte Ihnen dringend nahe legen, diese Strategie als wichtige Hilfe für eine insgesamt höhere Lebensqualität zu betrachten. Wenn es Ihnen gelingt, Ihren Gesundheitszustand etwas zu verbessern, dann werden Sie zu Hause auch nicht so schnell in allem ein Problem sehen und sich verrückt machen.

66.

Setzen Sie Gefühle an die erste Stelle

Ich kam mit diesen klugen Überlegungen zum ersten Mal in Berührung in Victoria Morans wunderschönem Buch »Shelter for the Spirits«. Sie erinnert uns daran, dass vieles, was uns wichtig erscheint – Abspülen, Putzen, kleinere Verpflichtungen, Gartenarbeit, kurzfristige Zielsetzungen, Fernsehsendungen, Kochen, Besorgungen machen und anderer Alltagstrott – sicher von Bedeutung und auch unvermeidlich ist, dennoch aber fast immer aufgeschoben werden kann, falls es notwendig wird. Zudem macht sie deutlich, dass das bei Gefühlen nicht so ist; sie sind im Augenblick einfach da. Und sind sie vorhanden, bleiben Ihnen nur zwei Wahlmöglichkeiten: Sie können sich sogleich um sie kümmern oder Sie verpassen die Gelegenheit und verletzen dadurch jemanden. Kümmern Sie sich um die Gefühle auf eine einfühlsame und respektvolle Weise, tragen Sie zu Liebe und Harmonie in Ihrer Beziehung bei; wenn nicht, entfernen Sie sich etwas von dem Menschen, den Sie lieben. Sicher wird es kaum schreckliche Auswirkungen auf Ihre Lieben haben, wenn Sie sich ihnen einmal nicht zuwenden können. Der jeweilige Gesamteindruck verstärkt sich jedoch durch die Häufigkeit Ihrer Reaktionen, je nachdem, wofür Sie sich entschieden haben – Gefühle oder Materielles. Als ich ein kleiner Junge war, hat mein Vater bei kleineren Katastrophen

– etwa wenn etwas zu Bruch ging, im Auto eine Delle war oder Kratzer auf den Möbeln – immer gesagt: »Nur keine Aufregung. All diese *Sachen* können ersetzt werden, *du* aber nicht.« Selbst als Erwachsener erinnere ich mich noch, wie beruhigend diese Aussage für mich damals war; und bis heute weiß ich seine liebevollen Worte zu schätzen, weil er nämlich damit eigentlich gesagt hat, dass ich – und meine Gefühle – wichtiger waren als unser ganzes Hab und Gut. Ich versuche, immer daran zu denken und diese Philosophie auch in die Tat umzusetzen, wenn es bei mir zu Hause drunter und drüber geht. Auch wenn es wieder einmal viel zu tun gibt, versuche ich nach Möglichkeit – und sofern ich es nicht vergesse – die emotionalen Bedürfnisse meiner Familie, ihre Gefühle, an die erste Stelle zu setzen.

In gewisser Hinsicht gehen die Worte meines Vaters und die Überlegung, dass man Gefühlen den Vorrang geben sollte, Hand in Hand. In beiden Fällen werden wir gemahnt, wie wichtig es ist, die Dinge in einem angemessenen Verhältnis zu sehen – uns nicht so sehr von unserer Liste der noch zu erledigenden Aufgaben beanspruchen zu lassen, dass wir schließlich vergessen, was wirklich wichtig ist. Anders ausgedrückt: Wenn Ihr Partner, Ihr Kind oder ein Freund Ihre ungeteilte Aufmerksamkeit braucht, ist es generell ratsam, das, was man gerade tut, stehen und liegen zu lassen – in einem gewissen Rahmen natürlich – und Zuwendung anzubieten. Der Wunsch Ihres Kindes, Ihnen eine Geschichte zu erzählen, oder Ihrer Frau, Ihnen zu sagen, was den Tag über passiert ist, sind wertvolle Augenblicke – Gelegenheiten, sich mitzuteilen und in Verbindung zu treten, gemeinsame Erinnerungen zu schaffen. Sicher müsste vielleicht der Rasen gemäht werden, aber das kann warten. Ich kann nur für sehr wenig die Garantie übernehmen, aber dafür gewiss: Die Gefühle Ihres Rasens werden nicht verletzt, wenn Sie noch eine Stunde abwarten – oder gar einen Tag –, bis Sie ihn zu mähen! Leider kann ich die gleiche Garantie nicht übernehmen, wenn es um die Gefühle Ihres Partners oder Ihrer Kinder geht.

Ich bin zu dem Schluss gekommen, dass es überaus hilfreich ist, sich stets vor Augen zu halten, dass Gefühle den Vorrang vor praktisch allem anderen haben. Ist das der Fall, werden Sie schnell merken, dass Sie sich mit viel weniger verletzten Gefühlen auseinandersetzen müssen. Und der Rasen wird dann ja trotzdem noch gemäht. Diese einfache Veränderung der Sichtweise kann einen unglaublichen Unterschied ausmachen, wie bei Ihnen zu Hause Liebe vermittelt und erfahren wird. Bevor Sie also nach draußen rennen, um den Rasen zu mähen, kümmern Sie sich zuerst um Ihre Familie und schauen Sie, ob nicht etwas anderes jetzt viel wichtiger ist. Sie werden froh darüber sein.

67.

Bewerten Sie nicht ständig Ihre Leistung

Immer wieder beobachte ich Menschen, die in diese selbstzerstörerische Falle geraten, die nur Frust und Unzufriedenheit birgt. Die eigene Leistung zu bewerten bedeutet, ständig eine Punktliste zu führen. Es heißt auch, dass Sie Zeit und Energie darauf verwenden, sich Gedanken zu machen, wie gut Sie etwas können oder wie viele Fehler Sie gemacht haben. Sie sagen oder denken dann etwa: »Verdammt, ich habe bei den Kindern heute schon viermal überreagiert!« oder: »Es ist jetzt schon drei Wochen her, seit das Haus zuletzt aufgeräumt wurde.«

Das Problem, wenn man so eine Punktliste führt, ist, dass Sie kaum je das Gefühl haben werden, dass Ihnen etwas auch nur halbwegs gut gelungen ist. Indem Sie sich auf Ihre Leistung konzentrieren, liegt Ihr Hauptaugenmerk nämlich auf dem, was Sie noch besser machen könnten – was weiteren Druck in Ihrem ohnehin schon stressigen Leben bedeutet. Es ist, als ob ein stiller Kritiker Ihnen den ganzen Tag im Haus auf den Fersen wäre, um Sie daran zu erinnern, dass Sie nicht gut genug sind. Selbst wenn an Ihren eigenen Ansprüchen gemessen etwas gar nicht so schlecht war, wirkt sich eine Punktliste zu Ihrem Nachteil aus. Sie erinnert Sie, dass Sie es nur dann verdient haben, glücklich und zufrieden zu sein, wenn wirklich alles in perfekter Ordnung ist.

Eine günstigere Lösung, wie man das, was man tut, besser im Auge behalten kann, ist, die Aufmerksamkeit voll auf den gegenwärtigen Moment zu konzentrieren und einfach den Entschluss zu fassen, stets das Beste zu geben. Ist das Haus in Unordnung und Sie wollen, dass es aufgeräumt wird – und Sie haben außerdem die Zeit und Energie dazu –, dann fangen Sie nur gleich damit an. Aber achten Sie einmal darauf, wie viel effektiver, weniger müde und ärgerlich Sie werden, wenn Sie es während der Hausarbeit vermeiden, sich ständig bewusst zu machen, wie viel Zeit Sie jetzt schon damit verbringen und wie sinnlos so eine Putzaktion doch eigentlich ist, weil am nächsten Tag sowieso schon wieder alles schmutzig ist. Versuchen Sie, gar nicht an die vielen *anderen* Male zu denken, die Sie auch schon sauber gemacht haben, oder zumindest nicht so oft. Halten Sie Ihre Aufmerksamkeit stattdessen ausschließlich auf Ihre *gegenwärtige* Hausarbeit gerichtet.

Ich nehme an, dass Sie reichen Lohn bekommen werden, weil es nämlich viel weniger Aufwand macht und Sie sich viel weniger überfordert fühlen werden, wenn Sie den Faktor der eigenen Beurteilung aus der Gleichung herausnehmen. Sie werden schnell merken, dass jegliche Neigung, Ihre eigene Leistung zu bewerten, nichts anderes ist als eine Quelle der Ablenkung; sie hält Sie nämlich von Ihrer Produktivität ab wie auch von der allgemeinen Freude an den Aufgaben, die das Leben stellt. Die gleiche Vorgehensweise gilt auch, wenn Sie mit Ihren Kindern umgehen oder mit irgendwelchen alltäglichen Aktivitäten beschäftigt sind. Anstatt sich beispielsweise darauf zu konzentrieren, wie oft sie heute schon einen Streit schlichten mussten, versuchen Sie doch, ob Sie nicht ohne die Belastung durch all die vorangegangenen Male mit diesem aktuellen Anlass fertig werden können. Dieser simple Perspektivenwechsel wird Ihnen das Leben viel einfacher machen.

Wenn man einen Haushalt führt, Kinder erzieht und sich allgemein um das häusliche Leben kümmert, wohnt dem etwas Angenehmes, sogar Friedliches inne, solange Ihr Denken nicht überfrachtet ist von Gedanken, wie gut Sie es machen oder was Sie verbessern könnten. Indem Sie Ihr Hauptaugenmerk und Ihre Aufmerksamkeit auf den gegenwärtigen Moment konzentriert halten, vermeiden Sie Stress und steigern Ihre Produktivität. Gleichzeitig erhöht sich die Wahrscheinlichkeit, dass Sie Freude an den schlichten alltäglichen Verrichtungen finden. Hören Sie also auf, sich zu fragen, wie gut Sie etwas machen, und fangen Sie an zu leben!

68.

Stellen Sie sich vor, dass jemand anderer im Zimmer ist, der Sie beobachtet

Kris hat mir diesen Vorschlag einmal unterbreitet, als ich ganz eindeutig auf das Durcheinander überreagiert habe, das unsere Kinder gemacht hatten. Sie sagte ganz sanft: »Richard, versuche dir doch einmal vorzustellen, dass jemand, den du nicht kennst, in diesem Zimmer Platz nimmt und deine Reaktionen beobachtet.« Obwohl ich, ganz allgemein gesagt, ein Mensch bin, der von sich glaubt, dass er vor anderen kaum etwas zu verbergen hat, gab ihr Kommentar der Sache doch wieder den ihr angemessenen Stellenwert. Ich erkannte sofort, dass ich die Situation zu sehr aufbauschte. Ich fragte mich also: »Würde ich mich wirklich so verhalten, wenn mir jemand anderer zuschauen würde?« Meine Antwort: wohl kaum. Wenn mir diese Unordnung auch nicht passte, war sie es sicher nicht wert, sich deshalb so aufzuregen; da verwandte ich meine Energie besser auf etwas anderes.

Mit dieser Übung ein bisschen zu experimentieren kann interessant und erhellend sein. Wenn Sie das nächste Mal zu Hause etwas angespannt oder aufgeregt sind, versuchen Sie sich vorzustellen, dass ein Fremder sich Notizen über Ihr Verhalten macht – vielleicht weil er angemessen reagieren lernen will. Es kann eine demütigende Erfahrung sein und außerdem wie eine Reset-Taste wirken, von der in einem früheren Kapitel

schon die Rede war. So bekommt alles wieder seinen angemessenen Stellenwert, weil Sie nämlich daran erinnert werden, dass Sie nur in allem ein Problem sehen und sich verrückt machen.
Ich will mich wahrhaftig nicht dafür aussprechen, dass wir unser Verhalten an dem orientieren sollten, was andere Leute von uns denken könnten – das wäre oberflächlich und unaufrichtig; aber ich glaube, dass es Sinn macht, sich einmal zu überlegen, wie wir im Idealfall gern auf andere wirken würden. Dieser Prozess kann als eine Art internes Barometer fungieren, das den Zweck hat, uns an unsere Ziele und Werte zu erinnern. Wenn Sie beispielsweise wie verrückt durch die Wohnung hetzen und sie verfluchen, weil sie so unordentlich oder nicht groß genug ist, und dann nur einen Moment innehalten und diese Übung machen, müssen Sie vielleicht plötzlich über sich selbst lachen und über Ihren offensichtlichen Mangel an Einschätzungsvermögen und Dankbarkeit. Sind Sie also – wie ich – manchmal zu Hause etwas angespannt, machen Sie, was Kris vorgeschlagen hat, und versuchen Sie sich vorzustellen, wie Sie auf andere wirken würden.

69.

Vergessen Sie nicht: wie innen, so auch aussen

Diese philosophische Strategie hat mir als Erwachsener stets geholfen. Ihr größter Nutzen besteht darin, dass sie es Ihnen ermöglicht, wieder zu einem richtigen Einschätzungsvermögen zu finden, wenn Ihr Leben hektisch ist oder außer Kontrolle gerät. Sie beruht auf der Einsicht, dass unsere Außenwelt – unsere Umgebung, der Lärmpegel, die relative Ruhe oder das Chaos in unserem Leben – in der Regel unsere Innenwelt widerspiegelt, das Maß an Frieden und Gelassenheit – oder eben den Mangel daran –, mit dem unser Geist konfrontiert wird.

Viele Leute haben einen starken Widerstand gegen diese Strategie, weil sie sie als recht demütigend empfinden. Wer will schon gern glauben, dass die Ursache für sein hektisches Leben in seinem überdrehten Geist liegt, selbst wenn es nur zum Teil so ist? Da ist es schließlich erheblich einfacher anzunehmen, dass unser Leben aufgrund der Umstände, Terminpläne und Verpflichtungen so betriebsam ist. Vermögen Sie sich jedoch demütig einzugestehen, dass diese Aussage zutreffend ist, kann Ihnen das enorm helfen, da Sie dann in der Lage sind, von innen heraus eine Veränderung herbeizuführen, wohingegen Sie über Ihre Umwelt ja nur wenig Kontrolle haben.

Eines meiner Lieblingsbücher ist Jon Kabat-Zinns »Wherever You Go,

There You Are«. Denken Sie doch einmal einen Augenblick über die Aussage dieses Titels nach. Er geht davon aus, dass Sie, wenn Sie zu Hause nervös, in Eile und unorganisiert sind, vermutlich eine Möglichkeit finden werden, ähnliche Bedingungen auch anderswo zu schaffen, ganz egal, wohin Sie gehen. Haben Sie zum Beispiel einmal jemanden kennen gelernt, der immer zu spät kommt? Ist es hilfreich, wenn Sie diesem Menschen zehn Minuten mehr Zeit einräumen, um sich fertig zu machen? Sicher nicht. Der Grund ist ganz einfach: Die Angewohnheit, die dazu führt, dass jemand zu spät kommt, liegt nicht in der Zeit begründet oder in den vielen Dingen, die er oder sie zu erledigen hat. Sie beruht vielmehr auf einer inneren Angewohnheit – der Neigung, bis zum letzten Moment abzuwarten, bis man aufbricht. Sie können die äußeren Bedingungen verändern – wohin diese Person geht, wen sie trifft und so weiter –, aber dieser Mensch wird immer aus irgendeinem Grund zu spät kommen. Er oder sie wird stets eine Unmenge großartiger Entschuldigungen parat haben; dennoch bleibt die Tatsache bestehen, dass er oder sie sich andauernd verspätet. Diese Gewohnheit kommt – wie alle anderen – aus dem Inneren des Menschen und spiegelt sich in seinem Leben wider.
Der hilfreichste Teil dieser Information hat mit folgender Überlegung zu tun: »Was kommt zuerst, ein ruhiger Geist oder ein ruhiges Leben?« Denken Sie über Kabat-Zinns Titel nach, liegt die Antwort auf der Hand, selbst wenn es schwer fällt, das zuzugeben. Ein ruhiger Geist geht einem friedlichen Leben voran. Anders ausgedrückt: Empfinden Sie Ihr Leben als Überforderung, dann fangen Sie mit Ihren Verbesserungsmaßnahmen am besten bei Ihrem eigenen Denken an. Möglicherweise brauchen Sie ja eine Pause oder einen Tempowechsel; vielleicht benötigen Sie mehr Zeit für sich selbst; gegebenenfalls sollten Sie weniger fernsehen und öfter hilfreiche Bücher lesen. Wäre es von Vorteil für Sie, wenn

Sie lernen würden zu meditieren oder zu beten? Vielleicht brauchen Sie ja nicht so viel Schlaf und stehen einfach etwas früher auf, um auf diese Weise Zeit für sich zu gewinnen. Für jeden von uns gilt da ein anderes Rezept, weil jeder andere Bedürfnisse hat. Dennoch ist allein schon das Anerkennen der Tatsache, dass die Wurzel des Problems innen zu suchen ist – und nicht in den Lebensumständen begründet ist –, hilfreich, weil die Schuld dann nämlich dort gesucht wird, wo Sie auch liegt: in unserem Inneren.

Wenn Sie sich das nächste Mal überfordert oder frustriert fühlen, machen Sie langsamer und werfen Sie einen Blick nach innen. Dann werden Sie mir bestimmt zustimmen, dass unser äußeres Leben unsere Innenwelt widerspiegelt. Indem Sie diesen Zusammenhang erkennen, werden Ihnen gewiss auch die notwendigen Maßnahmen einfallen, um das Problem lösen zu können.

70.

Gestalten Sie die Beziehung zu jemandem, den Sie bereits kennen, neu

Es ist ein weit verbreitetes Phänomen, dass wir gegenüber Familienmitgliedern oder anderen Menschen, mit denen wir zusammenleben, bestimmte Gewohnheiten an den Tag legen; dazu zählen: Überreaktionen, Abwehr in der Kommunikation, Vorwürfe, schlechtes Zuhören, bestimmte Verhaltensanforderungen, Unaufmerksamkeit. Allem Anschein nach betrachten wir andere – unsere Partner, die Kinder, Eltern, Mitbewohner und so weiter – als Selbstverständlichkeit; wir tun so, als wüssten wir, was sie denken oder wie sie sich verhalten werden; uns brennen schneller die Sicherungen durch und wir reagieren mit einer Vielzahl von festgefahrenen Reaktionen, je besser wir jemanden kennen. Es ist, als erwarteten wir, dass die Menschen, die wir lieben oder mit denen wir zusammenleben, sich auch auf eine bestimmte Weise benehmen müssten. Wir bestätigen unsere Erwartungen dann, indem wir das Verhalten, das wir uns wünschen, zur Kenntnis nehmen und den Rest entweder übergehen oder gar nicht wahrnehmen.

Ich habe beispielsweise festgestellt, dass ich manchmal von vornherein davon ausgegangen bin, dass meine Tochter einige meiner Vorschläge für neue Unternehmungen sowieso ablehnen wird. Ich erwartete deshalb schon, dass sie meinen Vorlieben relativ abweisend gegenüberstehen würde, und es schien, dass ich damit stets Recht hatte. Ich schlug also immer etwas vor – und sie sagte darauf: »Ich will nicht.« Weil ich diese Erfahrungen mit ihr gemacht hatte und auch weil ich mir ihrer Reaktionen so sicher war, ging ich stets davon aus, dass sich meine Annahme als richtig erweisen würde. Ich bauschte ihre Reaktionen unverhältnismäßig auf und überinterpretierte ihre Motive, anstatt jede Situation wieder mit neuen Augen und offenem Herzen zu sehen.

Schließlich fasste ich den Entschluss, eine neue Beziehung zu ihr aufzubauen und dieses Verhaltensmuster zu umgehen. Ich wusste, dass die einzige Möglichkeit darin bestand, meinen *eigenen* Beitrag bei dem Problem herauszufinden, anstatt mich weiterhin auf ihre Reaktionen zu konzentrieren. Ich sah mir also an, auf welche Art und Weise ich ihr neue Unternehmungen unterbreitete, und entdeckte, dass ich bei meinen Vorschlägen zu offensiv war. Mir wurde klar, dass das Problem größtenteils bei mir lag! Anstatt sie zu motivieren, fühlte sie sich durch meinen Enthusiasmus überrumpelt. Und ihre Reaktion auf dieses Gefühl war meistens, lieber nichts Neues auszuprobieren. Das enttäuschte mich dann wiederum, woraufhin ich sie in meiner Begeisterung noch mehr zu überzeugen versuchte. Sie können sich sicher vorstellen, wie viel das nutzte.

Als ich mich zu ändern begann, veränderte sich auch unsere Beziehung.

Diese Veränderung war beachtlich. Ich verstehe jetzt, dass die Erwartungen, die ich meiner Tochter gegenüber hatte – und zwar sowohl, was ich mir an Reaktion auf meine Vorschläge von ihr wünschte, als auch, was meine negative Erwartungshaltung angeht – das eigentliche Problem war. Es stellte sich heraus, dass sie eigentlich sehr gern etwas Neues ausprobiert, aber zu einem Zeitpunkt, der *ihr* angenehm ist – nicht mir. Was ihr wirklich nicht passt, ist ein enthusiastischer Vater, der sie bedrängt und eine ebenso enthusiastische Reaktion erwartet. Seit ich mein Verhalten erkannt habe, gebe ich meiner Tochter absolut keine Schuld mehr. Da ich von meinen Erwartungen jetzt Abstand nehme, ist sie in der Lage zu erkennen, dass es Ausdruck meiner Liebe zu ihr ist, wenn ich mich zu sehr für etwas begeistere. So können wir beide wachsen und den anderen besser akzeptieren.

Um eine Beziehung zu jemandem neu zu gestalten, den man bereits kennt, ist es von Bedeutung, alte Wunden, Quellen von Ärger und so viele Erwartungen wie nur möglich zu vergessen. Es bedeutet, vollständig zu verzeihen und gewillt zu sein, noch einmal von vorn anzufangen. Vielleicht gibt es ja jemanden in Ihrem Leben – möglicherweise sogar mehrere Personen –, mit dem oder der sich diese Mühe lohnen würde. Ich möchte Sie ermutigen, es doch einmal in Betracht zu ziehen. Der Erfolg wird Ihnen gewiss sein und das Schöne dabei ist, dass sich niemand ändern muss – bis auf Sie selbst.

71.

Halten Sie Ihre Gedankenattacken unter Kontrolle

In jedes Buch, das ich schreibe, und in jeden Vortrag, den ich halte, versuche ich etwas über Gedankenattacken einzubauen. Da das eigene Zuhause für viele Menschen einen möglichen Stressfaktor darstellt, soll dieser Titel keine Ausnahme machen.

Wir sind denkende Wesen. Und weil wir ständig am Denken sind, vergessen wir schnell die Tatsache, dass wir das tun. Wenn wir uns in unseren Gedanken verlieren, vollzieht sich unser Denken sogar automatisch. Anders ausgedrückt: Wir denken über vieles nach – wie viel wir zu tun haben, wie stressig unser Leben ist, wie oft wir mit einem Großteil unserer Arbeit festhängen, und so weiter – ohne uns wirklich bewusst zu sein, dass wir aktiv am Denken sind.

Das Problem ist, dass unsere Gedanken uns in Form von Gefühlen wieder einholen. Damit will ich Folgendes sagen: Haben wir ärgerliche Gedanken, fühlen wir uns auch verärgert. Laufen uns unsere Gedanken davon, haben wir das Gefühl, nicht genug Zeit zu haben. Haben wir stressige Gedanken, fühlen wir uns unter Stress. Glauben Sie mir nicht? Versuchen Sie doch einmal, ärgerlich zu werden, ohne an etwas zu denken, das Sie verärgert. Es geht nicht. Ihre Gefühle folgen Ihren Gedanken ganz unwillkürlich.

Eine Gedankenattacke vollzieht sich etwa folgendermaßen: Sie denken sich: »Diese verfluchte Wohnung ist auch nie aufgeräumt!« – was an für sich ja nicht so schlimm wäre. Wir sind jedoch selten einmal so klug, diesen Gedanken im Keim zu ersticken. Stattdessen zieht dieser vereinzelte Gedanke noch viele weitere nach sich wie: »Ich bin hier doch die Einzige, die etwas tut« und vielleicht: »Ich hasse diese Wohnung.« Recht schnell sind wir dann genervt und verärgert, wobei uns allerdings nicht klar ist, in welchem Ausmaß unsere Gedanken zu unserem Unwohlsein beitragen.

Findet diese Art von Gespräch gedanklich statt, gibt es eigentlich nur zwei Reaktionsmöglichkeiten. Meistens fährt der Denkende – also Sie – fort, so zu denken, bis er die stressigen Auswirkungen seiner Gedanken spürt. Ihr Gedankenstrom geht dann weiter und wird vielleicht durch das Läuten an der Haustür oder durch das Telefon unterbrochen.

Die zweite Möglichkeit ist, dass Sie sich bei einer solchen Gedankenattacke ertappen und bemerken, was sich in Ihrem Denken abspielt. Sagen Sie sich: »Ach je, jetzt ist es mal wieder so weit« oder etwas in der Art, das Sie daran erinnert, dass Ihre Gedanken Sie wieder einmal verrückt machen und den Stress, den Sie sowieso schon empfinden, noch verschlimmern. Wenn Sie Ihr Denken auf diese Weise beobachten, können Sie Stress und Frustrationen im Keim ersticken und sich wieder der Gegenwart widmen. Diese Methode hilft Ihnen, zu einer richtigen Einschätzung zu gelangen, indem Sie es nämlich nicht zulassen, dass Ihre Gedanken Ihnen das Leben schwerer machen, als es schon ist. Je früher Sie also Ihre Gedankenattacken stoppen, desto einfacher ist es, sich zu sammeln und wieder in die richtige Bahn zu kommen.

Ich kann Ihnen gar nicht sagen, wie sehr mir dieser einfache Kunstkniff in meinem Leben schon geholfen hat – und Tausenden anderer Leute auch, die ihn einmal ausprobiert haben. Selbst wenn die Überlegung einfach scheint, ist es doch nicht so leicht, sie dann auch in die Tat umzusetzen. Sobald Sie nämlich darauf achten, werden Sie merken, dass Sie viel mehr Gedankenattacken haben, als Sie sich vorstellen können. Aber es macht sich bezahlt. Mit ein bisschen Übung werden Sie dann mit allem zu Hause viel lockerer umgehen.

72.

Hören Sie auf, mit Ihrer Arbeitsbelastung zu übertreiben

Natürlich gibt es schrecklich viele Arbeiten, die man zu Hause täglich oder zumindest regelmäßig erledigen muss; es besteht jedoch allgemein die Tendenz zu übertreiben, was es alles zu tun gilt und wie viel Zeit wir damit verbringen. Bevor Sie mich jetzt kritisieren und sagen: »Sie haben gut reden; meine Arbeitsbelastung ist keine Übertreibung«, gestatten Sie mir zuzugeben, dass ich diese schlechte Angewohnheit selbst auch habe. Ich habe mich schon oft dabei ertappt, wie ich gesagt habe: »Ich habe den ganzen Tag geputzt« oder: »Es hat Stunden gedauert, den Speicher aufzuräumen.« In Wirklichkeit hatte ich höchstens ein paar Stunden geputzt und noch ein oder zwei im Speicher herumgekramt. Eine Freundin von mir sagte zu ihren Kindern immer: »Ich habe euch den ganzen Tag gefüttert.« Es traf durchaus zu, dass sie fast den ganzen Tag mit ihren Kindern beschäftigt war und das Füttern dabei eine große Rolle gespielt hat, doch gibt sie jetzt zu, dass die Zeit, die sie mit der Zubereitung des Essens, dem Füttern und dem Wegräumen des Essens verbracht hat, sich höchstens auf eine halbe Stunde belief. Das ist wichtig. Wenn Sie nämlich übertreiben, wie viel Energie Sie auf die vielen Aktivitäten verwenden, dann kommt Ihnen das wie eine Überforderung vor, so als ob Ihr ganzes Leben nur voller lästiger Hausarbeiten wäre.

Es ist leider schon fast zu einem Statussymbol geworden, mehr zu tun zu haben als andere und sich bei Freunden, dem Partner und bei den Kindern darüber zu beklagen. Man hört wirklich kaum einmal jemanden sagen, dass er oder sie sich einmal eine halbe Stunde entspannt hat oder auf der Couch eine Zeitschrift gelesen hat oder dass er oder sie sich am Telefon eine ganze Weile mit einem guten Freund unterhalten hat, obwohl dergleichen ja nun ebenfalls einen Teil des Tages ausmacht.
Auf den ersten Blick scheint es nicht der Rede wert, wenn man einmal ein bisschen übertreibt, was man zu Hause alles zu tun hat. Wenn Sie genauer hinsehen, werden Ihnen jedoch einige überraschende Tatsachen auffallen. Wenn Sie nämlich damit übertreiben, was Sie alles zu tun haben, verwenden Sie viel Energie darauf und räumen der ganzen Sache einen zu hohen Stellenwert ein, wodurch Ihnen Ihr Leben viel schwieriger erscheint, als es ohnehin schon ist. Sie bemitleiden sich dann selbst und fühlen sich irgendwie ohnmächtig. Wenn Sie übertreiben, führt das sowohl zu geistiger wie auch zu körperlicher Erschöpfung, indem Sie sich nämlich bewusst machen, wie viel Sie zu tun haben, wie viel Sie immer schon getan haben und wie wenig Zeit Sie doch haben, das alles überhaupt zu schaffen. Sie verlieren so Ihr Gefühl von Dankbarkeit, weil Ihnen Ihr Einschätzungsvermögen und Ihre Geduld abhanden kommen. Anders ausgedrückt: Anstatt zu akzeptieren, dass es eben einfach dazugehört, sich um sein Zuhause zu kümmern, fühlen Sie sich bemüßigt, sich auf die Arbeitsbelastung zu konzentrieren, die dieses Zuhause verursacht. Sie verlieren die größeren Zusammenhänge aus den Augen und ärgern sich schließlich über das, was eigentlich ein Privileg ist.
Ich will noch einmal betonen, dass es zu Hause natürlich sehr viel zu tun gibt. Glauben Sie mir, dass ich mit Ihnen einer Meinung bin. Und ich halte es nicht für selbstverständlich, dass jemand, ob Mann oder Frau,

seinen Anteil dieser so wenig gewürdigten Arbeit erledigt. An folgender Tatsache gibt es dennoch nichts zu rütteln: Wenn Sie damit aufhören, wie so viele von uns hinsichtlich Ihrer Arbeitsbelastung zu übertreiben, wird der Stress, der Ihr häusliches Leben betrifft, erheblich nachlassen. Sie werden in der Lage sein, die Pausen zu schätzen, und die Zeit, die Sie für sich haben, genießen, anstatt sich ausschließlich auf die Tatsache zu konzentrieren, dass Ihr Leben nur aus einer Abfolge von Verpflichtungen besteht. Fangen Sie gleich heute damit an. Versuchen Sie, Ihre Arbeitsbelastung nicht mehr so übertrieben darzustellen, damit Sie sich etwas mehr auf die Freuden des Lebens konzentrieren können.

73.

Erinnern Sie andere daran, das Leben zu würdigen

Ich beende viele meiner Briefe mit dem Gruß »Würdige das Leben«, bevor ich unterschreibe. Diese Worte verwende ich auch oft, wenn ich für einen Leser ein Buch signiere, und manchmal, wenn ich jemandem beruflich eine Nachricht auf Band hinterlasse. Es ist mein Versuch, den Menschen bewusst zu machen, wie wertvoll das Leben ist, wie glücklich wir uns schätzen dürfen, hier auf diesem Planeten zu sein. Wenn ich das sage, ist das mein voller Ernst. Ich glaube, dass Dankbarkeit eines der wichtigsten Mittel für ein friedliches Leben ist, wenn nicht gar das Wichtigste. Mit Hilfe der Dankbarkeit bekommt alles wieder den ihm angemessenen Stellenwert.

Zu oft jedoch halten wir dieses unglaubliche Geschenk des Lebens für selbstverständlich. Wir hetzen ständig herum, reagieren aufgrund von Gewohnheiten und nicht aus kluger Überlegung heraus und werden unseren höchsten Zielsetzungen nicht gerecht. Oft gelingt es uns nicht, zu erkennen und zu würdigen, was wir haben: ein Zuhause, eine Familie, Freunde, Besitz, Gesundheit – das Leben selbst.

Ich bin zu dem Schluss gekommen, dass viele von den Problemen, die mich sonst verrückt machen, mir erheblich weniger wichtig und bedeutsam erscheinen, wenn ich das Geschenk des Lebens schätze. Meine

Wertschätzung weist den Dingen ihren angemessenen Stellenwert zu und gestattet es mir, weniger angespannt zu sein, wodurch ich auch zu weniger Überreaktionen neige. Empfinde ich große Dankbarkeit, kann mich nichts umwerfen. Manchmal entdecke ich sogar die humorvolle Seite in all dem Chaos.

Erinnern Sie andere daran, das Leben zu würdigen, können Sie gar nicht anders, als es selbst auch zu tun. Versuchen Sie es einmal. Ermuntern Sie Ihren Partner, Ihr Kind, einen Freund, einen Nachbarn oder sonst jemanden, das Leben zu würdigen, und beobachten Sie dann, was mit Ihnen passiert. Sie werden sich wahrscheinlich mit dem Gefühl der Dankbarkeit verbunden, ja gesegnet fühlen. Die Qualität Ihres Tages – und Ihres Lebens – wird sich ebenso verbessern wie die Qualität des Lebens der Menschen in Ihrer Umgebung. Das Leben zu würdigen gemahnt Sie, freundlich, bescheiden und großzügig zu sein und sich immer wieder einmal die Zeit zu nehmen, um den Duft der Rosen zu riechen.

Ich will Sie ermutigen, sich diese Strategie zu Herzen zu nehmen und sie in Ihrem täglichen Leben in die Tat umzusetzen. Fordern Sie andere häufig auf, das Leben zu würdigen. So erweisen Sie der Menschheit einen enormen Dienst und helfen sich auch selbst weiter.

74.

Hören Sie auf, die gleichen Fehler immer wieder zu machen

Vor vielen Jahren hat jemand einmal den australischen Tennis-Star Ken Rosewall nach seinem Erfolgsrezept gefragt. In diesem Interview antwortete er: »Ich mache viele Fehler, aber ich wiederhole sie in der Regel nicht.« Das Selbstvertrauen, das aus seiner Antwort sprach, hat mich verblüfft. Ich fand diese Überlegung auch enorm hilfreich für meinen Wunsch, zu Hause den Stress zu reduzieren.

Wenn Sie darüber nachdenken, sind Fehler eigentlich nicht groß der Rede wert. Wie die meisten von uns ja zugeben werden, muss man sie sogar machen, um etwas dazuzulernen und zu wachsen. Ein Problem entsteht dann, wenn wir nicht gewillt sind, uns die Fehler, die wir begangen haben, einzugestehen und zu analysieren; dadurch werden sie dann gern wiederholt – manchmal immer wieder.

Einer meiner typischen Fehler war, dass ich es mir nie verkneifen konnte, ans Telefon zu gehen, egal, wie beschäftigt ich war. Manchmal machte ich zwei oder drei Dinge gleichzeitig, obwohl ich bereits spät dran war, die Kinder zur Schule zu bringen. Dann läutete auch noch das Telefon. Anstatt den Anrufbeantworter drangehen zu lassen, habe ich mein Problem noch verstärkt, indem ich selbst abgenommen habe. Nun war also jemand in der Leitung, der meine Aufmerksamkeit erforderte, während es alles andere auch noch zu erledigen galt. Mein Gesprächspartner konnte meine Eile fast immer spüren und fragte dann manchmal: »Ja, warum bist du denn drangegangen?« Ich muss diesen Fehler wohl hundertmal wiederholt haben, bis ich ihn schließlich einsah. Ich ließ es also sein – zu meiner großen Erleichterung. Weil ich den Fehler, den ich machte, erkennen konnte, war ich in der Lage, meine Angewohnheit zu korrigieren. Bin ich jetzt beschäftigt und das Telefon läutet – heißt das nur, dass es eben läutet. Ich verschwende keinen Gedanken daran abzunehmen. Diese einfache Veränderung hat eine gehörige Portion Ruhe in den ansonsten hektischsten Teil des Tages gebracht.

Ich habe viele früher wiederholt begangene Fehler überwunden, wie mich in die Streitereien meiner Kinder einzumischen, zu versuchen, zu viele Vorhaben für einen Tag zu planen, zu lang abzuwarten, bis ich endlich meinen Schreibtisch zu Hause aufräumte, und so weiter.

Nehmen Sie einmal Ihre eigenen Fehler unter die Lupe. Die Tatsache, dass Sie welche machen, ist nicht der Rede wert. Die wichtigere Frage lautet: Legen Sie bei Ihren Fehlern immer wieder das gleiche Verhaltensmuster an den Tag und könnten Sie es verändern? In den meisten Fällen lautet die Antwort: ja. Ich kann Ihnen versichern, dass es ein überaus befreiendes Gefühl ist, sich die eigenen Fehler einzugestehen und sich zu entschließen, etwas anders zu machen. Auf diese Weise werden Sie diese Fehler nie mehr wiederholen müssen.

75.

Erkennen Sie, wenn jemand kein Auge für etwas hat

Vielleicht haben Sie ja schon einmal den Ausdruck gehört: »Er hat kein Auge dafür.« Damit meint man, dass dieser Mensch im wahrsten Sinn des Wortes nicht sehen kann, wovon die Rede ist; er oder sie versteht es nicht oder kann es nicht nachvollziehen. Ich erinnere mich zum Beispiel, dass ich meiner ältesten Tochter einmal beibringen wollte, wie man zwei Zahlen zusammenzählt. Wie wir das früher ja alle getan haben, bevor wir das Prinzip der Addition gelernt haben, nahm sie ihre Finger zu Hilfe, um die Zahlen zu zählen. Aber wie durch Zauberei entwickelte sie dann genau in dem Moment, als der Groschen gefallen war, auch ein Auge dafür und von da an klappte es auch so.

Es erübrigt sich eigentlich zu sagen, dass es eine Idiotie gewesen wäre – und auch sehr hart – mit ihr zu schimpfen, weil ihr das Auge für etwas fehlt, bevor sie geistig überhaupt so weit entwickelt war. Wie die meisten liebevollen Eltern waren meine Frau und ich geduldig und gaben ihr die notwendige Zeit, das Neue zu verdauen und zu verstehen.

Man kann leicht einsehen, wie wichtig es ist, ein Auge für etwas zu haben, wenn die Rede von einer Fünf- oder Sechsjährigen ist, die gerade das Addieren lernt. Es ist etwas ganz anderes, wenn wir annehmen, dass jemandem etwas bekannt sein müsste; dennoch ist es ebenso bedeutsam.

Haben Sie beispielsweise einen schlampigen Ehepartner, gehen Sie vermutlich – fälschlicherweise – von der Annahme aus, dass er oder sie eigentlich weiß, was es heißt, etwas aufzuräumen oder sich an ein bestimmtes Haushaltsbudget zu halten. Sie gehen bei Ihren Kindern vielleicht von ebenso kategorischen Annahmen aus, was die Bedeutung von Ruhe, Geduld, Freundlichkeit und anderem angeht, was Sie und ich für selbstverständlich halten. Die Wahrheit jedoch ist, dass viele Dinge, die wir für eine altbekannte Tatsache halten, es keineswegs sind. In vielen Fällen besteht das Problem nicht darin, dass jemand nicht gewillt wäre zu helfen, sondern dass er oder sie einfach kein Auge für das hat, worum Sie ihn beziehungsweise sie bitten. Es ist, als sprächen Sie verschiedene Sprachen.

Ziehen Sie diese Möglichkeit in Betracht, wird Ihr Frust drastisch zurückgehen. Einschätzungsvermögen und Einfühlungsvermögen werden an die Stelle Ihrer Forderungen und Urteile treten. Anstatt aus einer Stresssituation heraus zu agieren, werden Sie eher zu einem geduldigen Lehrer, zu jemandem, der einem anderen Menschen bei dem Prozess, für etwas ein Auge zu entwickeln, behilflich ist. So wird Ihr Gegenüber viel umgänglicher. Sie fördern seine guten Seiten, anstatt an das Schlechte in ihm zu appellieren.

Meine Frau hatte einmal eine interessante Erkenntnis, was unsere heißgeliebte Babysitterin angeht. Sie kam zwar hervorragend mit den Kindern zurecht, doch wenn wir dann abends wieder nach Hause kamen, sah es in der Küche aus, als hätte eine Bombe eingeschlagen. Wir baten sie wiederholt, das Durcheinander, das sie gemacht hatte, aufzuräumen, worauf sie immer antwortete: »Kein Problem.« Trotzdem änderte sich nichts an diesem fürchterlichen Chaos, wenn wir heimkamen. Uns frustrierte das sehr und wir zogen schon in Betracht, sie nicht mehr für uns arbeiten zu lassen, als Kris den Einfall hatte, dass das Mädchen ja wahrhaftig nicht wissen könnte, was es bedeutet aufzuräumen. Zu unserer großen Überraschung hatte Kris wirklich Recht. Für unsere Babysitterin war die Küche so sauber genug. Offensichtlich herrschte in ihrer eigenen Küche oft Unordnung. Die Sache war bei ihr zu Hause nicht der Rede wert; bei uns hingegen schon.

Die Geschichte hat ein Happy End. Kris und ich brachten eine halbe Stunde damit zu, ihr genau zu zeigen, was wir von ihr erwarteten und wie man an die Sache heranging. Von da an war die Küche makellos, wenn wir nach einer Verabredung abends nach Hause kamen. Das Geheimnis war, nicht zu brüllen und zu toben oder gar das Mädchen aus Frust zu feuern, sondern ihr beizubringen, langsam ein Auge für eine saubere Küche zu entwickeln.

Experimentieren Sie einmal mit dieser Strategie. Sie werden bestimmt viele Ihrer tagtäglichen Probleme schnell und einfach lösen.

76.

Erwarten Sie nicht, dass die Mitglieder Ihrer Familie Sie so behandeln wie andere

Seit Jahren höre ich immer wieder die Klagen, dass sich viele von den Mitgliedern ihrer Familie anders behandelt fühlen als von allen sonst. Die meisten Menschen scheinen manchmal überrascht und enttäuscht, dass sie als Selbstverständlichkeit betrachtet werden, dass man sie unterbricht, ihnen nicht zuhört und ihnen weniger Respekt entgegenbringt als Freunden der Familie, Arbeitskollegen, ja sogar völlig Fremden. Viele Menschen erstaunt es auch, dass sie von der Familie mehr Kritik ernten als von anderen.

Wenn Sie ein friedlicheres Zuhause wollen, ist es wichtig, dass Sie diese unvermeidliche Tatsache anerkennen. Die Mitglieder Ihrer eigenen Familie – die Menschen, die wir am meisten lieben – behandeln uns eben sehr wohl anders als andere. Wir sehen die guten und die schlechten Seiten bei unseren Familienmitgliedern und umgekehrt ist das natürlich genauso der Fall. Einer der Gründe für diese Dynamik liegt darin, dass wir uns bei Menschen, denen wir nahestehen, am wohlsten fühlen. Wir sind weniger auf der Hut und haben das Gefühl, nichts zu verlieren zu haben. Wir fühlen uns sicherer, wenn wir mit verschiedenen Verhaltensmustern experimentieren. Anders ausgedrückt: Wir machen uns keine Sorgen, dass wir die Liebe, die uns unsere Familie entgegenbringt, aufs Spiel setzen, wenn wir unserem Ärger, unserer Niedergeschlagenheit und unserem Frust Ausdruck verleihen. Und es ist auch vernünftig, dass wir keine Angst haben, diese Liebe zu verlieren. Außerdem halten wir es im Kreis der Familie kaum einmal für notwendig, uns zu verstellen oder uns anders zu geben, als wir sind.

Oft fördern unsere Familienmitglieder unsere schlechtesten Seiten zutage – sie können uns per Knopfdruck auf die Palme bringen wie niemand sonst. Diese harmlose Neigung beruht schlichtweg auf der Tatsache, dass man sich so vertraut ist. Die Mitglieder unserer Familie fühlen sich uns gegenüber völlig ungezwungen. Sie sehen unsere Vorzüge ebenso wie unsere Nachteile. Weil sie uns so gut kennen, nehmen sie unsere Fehler und unsere menschlichen Schwächen besser wahr. Anstatt gegen diese Tatsache anzukämpfen, sollten wir sie schätzen lernen. In gewisser Weise ist es ja auch tröstlich zu wissen, dass wir so sein können, wie wir sind – und dennoch geliebt werden.

Zweifelsohne sehen meine Kinder die guten wie auch die schlechten Seiten in meinem Verhalten. Manchmal ist es mir fast peinlich – sie finden das witzig –, dass ausgerechnet ich ein Mensch bin, der anderen beibringen will, wie man entspannter leben kann. Gelegentlich verlasse ich das Haus, um einen Kurs zu geben oder um einen Vortrag zu halten, kurz nachdem wir einen Streit oder eine Unstimmigkeit hatten. Einmal, als ich mich gerade auf den Weg machen wollte, sagte meine älteste Tochter in einem sarkastischen Tonfall zu mir: »Geh nur schön und bring ihnen bei, wie man sich entspannt, Dad.« Ach je! Aber sie hatte vollkommen Recht.

Die einzige Möglichkeit zu vermeiden, sich über alles aufzuregen, ist, diese Dinge einfach als gegeben hinzunehmen, zu wissen, dass es allen anderen ebenso ergeht. Sobald Ihnen klar ist, dass es keine Ausnahmen gibt, lässt sich schon damit leben. Es ist sogar gut für uns. Wir üben uns so in Bescheidenheit und außerdem macht seltsamerweise gerade das unser Familienleben so einzigartig. Denken Sie einmal darüber nach. Sie würden es Fremden wahrscheinlich nie gestatten, so mit Ihnen zu reden, wie Ihre Kinder oder Ihr Partner es tun.

Wenn Sie diese Familiendynamik akzeptieren lernen, werden Sie die humorvolle Seite und die absolute Harmlosigkeit darin entdecken. Sie werden dann auch erkennen, dass Sie mit Ihrer Familie nicht anders umgehen. Also, entspannen Sie sich und verschonen Sie die Mitglieder Ihrer Familie einfach damit. Auch wenn Sie bisweilen nicht das Gefühl haben, liebt Ihre Familie Sie doch und ihr Verhalten ist oft ein verstecktes Geschenk.

77.

Gehen Sie zelten

Oberflächlich betrachtet klingt dieser Vorschlag vielleicht etwas seltsam, aber es ist mir völlig ernst damit. Wenn Sie sich je eine Strategie gewünscht haben, die Ihnen garantiert, dass Sie Ihr Zuhause mit all seinen Annehmlichkeiten wieder zu schätzen wissen, dann ist es diese. Und obendrein werden Sie auch noch Ihren Spaß dabei haben!

Ich habe einen Freund, der einen Sommer damit zugebracht hat, mit Kindern aus finanziell schlecht gestellten Familien Rucksack- und Camping-Reisen zu unternehmen. Diese Reisen sollten unter anderem dazu beitragen, dass die Kinder ihren Alltag besser zu schätzen lernten. Er teilte mir mit, dass diese Unternehmungen von einem umwerfenden Erfolg gekrönt waren. Da die Kinder sowohl mit der Schönheit als auch mit der harten Arbeit und den Unannehmlichkeiten in der Natur konfrontiert wurden, kehrten sie mit einem neuen Gefühl von Dankbarkeit für das Zuhause, mit dem sie gesegnet waren, zurück – ganz egal, wie einfach ihr Heim auch war.

Ich habe herausgefunden, dass das Ergebnis das gleiche ist, wenn ich mit meiner Familie eine Camping-Fahrt unternehme, selbst wenn sie nur ein paar Tage dauert. Wir kehren immer mit einer bescheideneren und dankbareren Grundeinstellung wieder nach Hause zurück.

Wenn Sie draußen in der freien Natur sind, werden die einfachsten Dinge, die wir sonst für selbstverständlich halten, plötzlich viel aufwendiger: kochen, Wasser für den Kaffee erhitzen, es sich zum Schlafen gemütlich machen, aufräumen, eine Dusche nehmen, abends etwas lesen, um nur einiges zu nennen. Etwas so Simples, wie auf die Toilette zu gehen, kann schon einen ganz schönen Aufwand bedeuten. Je nachdem, wo Sie gerade zelten, müssen Sie vielleicht entweder per Anhalter zum nächsten WC fahren oder sich Ihr eigenes Plumpsklo graben.
Verstehen Sie mich nicht falsch. Zelten macht großen Spaß und wirkt sich auch positiv auf Ihre Stimmung aus. Dennoch ist es mit Arbeit und Unannehmlichkeiten verbunden. Letzten Sommer, als Kris und ich mit den Kindern zu unserem alljährlichen Camping-Abenteuer in den Redwood Forest gefahren sind, wurden beide Mädchen fast von den Mücken gefressen. Sie haben auch ihre Lieblingsshow im Fernsehen verpasst und einige ihrer Bücher konnten wir nicht mehr im Auto verstauen. Plötzlich schien unser Zuhause gar nicht mehr so übel zu sein – für sie wie für uns.
Eines jedenfalls steht fest, wenn man Zelten geht: Kommen Sie wieder nach Hause, werden Sie Ihre heiße Dusche und ein weiches gemütliches Bett zu schätzen wissen. Wenn Sie sich also das nächste Mal über Ihr Heim beschweren – aus welchem Grund auch immer –, dann planen Sie einen Zelturlaub und sehen Sie zu, wie Ihre Klagen sich in Wohlgefallen auflösen.

78.

Betrachten Sie Ihr Kind als jemanden, der Ihnen etwas beibringen kann

Kris und ich finden diese Überlegung so hilfreich, dass wir einander oft daran erinnern. Ihr liegt die Vorstellung zugrunde, dass man sein Kind nicht als Erweiterung der eigenen Person betrachten soll oder als jemanden, für den man zu sorgen hat, sondern als ein menschliches Wesen, das unter anderem dafür da ist, uns bestimmte Aspekte des Lebens auf eine Weise näherzubringen, wie es niemand sonst könnte. Diese Strategie wird Ihnen helfen, von Ihrem Kind zu lernen und es mehr zu schätzen, als Sie es je für möglich gehalten hätten.

Ganz unabhängig von ihrem Alter sind unsere Kinder stets unsere besten Lehrer. Sie haben die Fähigkeit, uns mit das Wichtigste in unserem ganzen Leben beizubringen – Dinge wie Geduld, bedingungslose Liebe, gegenseitigen Respekt, kreative Problemlösung, die Akzeptanz unvermeidlicher Veränderungen, das Leben so zu nehmen, wie es eben kommt. Von Augenblick zu Augenblick und von Tag zu Tag vermitteln uns unsere Kinder Erfahrungen, die uns fast immer etwas von dauerhaftem Wert lehren.

Wer Kinder hat, weiß, dass es nichts Lohnenderes und keine größere Herausforderung gibt, als Kinder großzuziehen. Und viele von uns werden bestimmt zugeben, dass niemand uns die Sicherungen so schnell durchbrennen lassen und unsere Gefühle austesten kann wie unsere Kinder. Wenn Ihre Kinder Sie das nächste Mal auf den Prüfstand stellen, möchte ich Ihnen jedoch vorschlagen, die Situation einmal mit anderen Augen zu betrachten. Anstatt so zu reagieren wie sonst, wagen Sie doch einmal ein kleines Experiment. Versuchen Sie herauszufinden, was für eine Lektion Ihr Kind Sie lehren will. Fragen Sie sich: »In welcher Hinsicht will mir mein Kind jetzt etwas beibringen?«

Ich habe diese Strategie vor einer Weile einmal ausprobiert und Folgendes ist passiert: Mich bringt es schnell auf die Palme, wenn meine Kinder mir widersprechen. Aus irgendeinem Grund geht mir das mehr an die Substanz als andere tagtägliche Herausforderungen. Meine Reaktion auf diesen respektlosen Ton ist in der Regel, dass ich anfange, meinem Kind eine Standpauke zu halten, was bekanntlich wenig Einfluss auf das künftige Verhalten hat. Diesmal wollte ich die Sache jedoch etwas anders anpacken. Ich fragte mich also: »Kann ich hierbei etwas lernen?« und »Versucht sie vielleicht unbewusst, mir etwas beizubringen?« Die Antwort auf beide Fragen lautete ganz eindeutig: ja. Mir fiel zweierlei auf: Als erstes musste ich geduldiger werden. Weil ich auf ihre Widerrede so spontan reagierte, bauschte ich die Kommentare meiner Tochter oft unverhältnismäßig auf. Anders ausgedrückt: Habe ich mehr Geduld und mehr Abstand, bemerke ich auch, dass ihre Kommentare gar nicht so respektlos sind, wie sie mir scheinen – das Ganze ist eigentlich nicht der Rede wert.

Außerdem fiel mir auf, dass meine Tochter vor allem durch die Interaktion mit ihrer Mutter und mir zu kommunizieren gelernt hat. Ich selbst bin bisweilen kein guter Zuhörer, dennoch bestehe ich darauf, dass sie das sein soll. Als ich mir die Sache einmal ehrlich ansah, wurde mir klar, dass meine Tochter am respektlosesten ist, wenn sie das Gefühl hat, dass man ihr nicht zuhört. Ich kam also zu dem Schluss, dass ich ein besseres Vorbild abgeben und nicht bessere Standpauken halten musste. Und es ist mir bereits aufgefallen, dass meine Tochter weniger abwehrend und ein lieberes Kind ist, wenn ich das tue. Natürlich ist jeder Fall anders gelagert, aber ich glaube, dass Sie es als überaus lohnend empfinden werden, wenn Sie Ihr Kind als Ihren Lehrer betrachten.

Probieren Sie diese Strategie aus, wenn Sie das nächste Mal wegen des Benehmens Ihres Kindes frustriert sind, und ich denke, dass Sie mir zustimmen werden: Sehen Sie Ihr Kind als jemanden, der Ihnen etwas beibringen will, wird es sich auf Sie, auf Ihr Kind und auf Ihre Beziehung enorm positiv auswirken.

79.

Bedenken Sie, dass Sie nichts mitnehmen können

Vielleicht wissen Sie ja etwas, das mir nicht bekannt ist – aber wenn man stirbt, verlässt man gemeinhin sein Zuhause und lässt all seine Besitztümer zurück. Obwohl diese Tatsache eigentlich auf der Hand liegt, leben viele von uns allerdings nicht so, als ob dem so wäre. Stattdessen verwenden wir viel Zeit und Energie darauf, uns um unsere Habseligkeiten zu kümmern, sie zu putzen, zu versichern, zu schützen, damit zu prahlen, als ob ihnen irgendein beständiger Wert zukäme.

Es ist unglaublich hilfreich, wenn Sie sich bewusst machen, dass Sie nichts mitnehmen können. Das heißt nicht, dass Sie in Ihrem Leben keine Freude an Ihren Sachen haben sollten – das sollten Sie mit Sicherheit. Es ist eigentlich nur ein kleiner Wink, den Dingen den richtigen Stellenwert zuzuweisen und sich selbst einmal zu fragen: »Was ist hier wirklich wichtig?« Stellen Sie Fragen wie: »Ist es absolut notwendig, dass das Badezimmer jetzt geputzt wird, oder ist es wichtiger – und auch lohnender –, mit meinem Mann beziehungsweise meiner Frau – oder Kind oder Hund – einen Spaziergang zu machen?« Um es noch einmal zu wiederholen: Ich will damit keineswegs sagen, dass man sein Bad nicht putzen sollte, sondern nur, dass man erkennen soll, wie relativ dieser Stellenwert doch ist. Sicher mag es Zeiten geben, in denen das Putzen des Ba-

dezimmers Vorrang vor einem Waldspaziergang hat – und das ist dann auch in Ordnung so.
Ich kann Ihnen fast garantieren, dass Sie eines Tages, wenn Sie auf Ihr Leben zurückblicken, viel weniger daran interessiert sein werden, was Sie an materiellen Errungenschaften zusammensammeln konnten, als in welchem Maße Sie Ihre Liebe auszudrücken vermochten und wie viel Zeit Sie mit den Menschen, die Ihnen am meisten bedeuten, zugebracht haben oder auch ob sie der Welt einen Dienst erwiesen haben. Wenn Sie diese Wahrheit *jetzt* anerkennen, kann Ihnen das helfen, Ihre Ziele zu verfolgen und Ihre Zeit auf eine Weise zu verbringen, die Ihrem Seelenleben zuträglich ist. Es kann den Unterschied zwischen einem oberflächlichen Leben und einem Leben mit Tiefgang bedeuten.
Ihr Zuhause macht einen wichtigen Teil Ihres Lebens aus. Sie leben in Ihrem Heim; Sie verbringen dort viel Zeit; Sie nehmen Ihre Mahlzeiten dort ein, sind mit der Familie und mit Freunden dort zusammen und ruhen sich dort aus – alles zu Hause. Es ist jedoch von Bedeutung, sich bewusst zu machen, dass das Wichtigste, was wir dort teilen, die Liebe ist – nicht das Heim selbst und unser Hab und Gut. Geht etwas kaputt und muss repariert werden, auch egal. Herrscht zu Hause Unordnung, bemühen Sie sich um Abhilfe. Halten Sie Ihre Reaktionen unter Kontrolle. Ihr Zuhause und Ihr Besitz sollen Ihnen Spaß machen und das Leben einfacher und angenehmer gestalten. Lassen Sie sich davon nicht überfordern. Indem Sie sich bewusst machen, dass Sie nichts mitnehmen können, öffnen Sie eine Tür zu neuer Akzeptanz und Freiheit.

80.

Tun Sie mit Ihrer Familie etwas für einen guten Zweck

Nur wenige Aktivitäten können eine Familie enger zusammenschweißen als der Akt des Schenkens. Wir sind zu dem Schluss gekommen, dass es deshalb auch viel Spaß bereitet, als Familie etwas für einen guten Zweck zu tun. Egal, ob Sie zu zweit oder zu zehnt sind, der Gedanke dabei ist, jeden in der Familie in den Prozess, etwas auszusuchen und zu verschenken, mit einzubinden. Leben Sie alleine, können Sie dasselbe natürlich mit Freunden machen.

Fast jede karitative Einrichtung kann eine gute Gelegenheit darstellen, die Familienbande zu festigen. Anstatt einfach einen Scheck auszustellen und in die Post zu geben, beteiligen Sie Ihre Familie an dem Prozess. Besorgen Sie sich einen Prospekt der jeweiligen Hilfsorganisation und zeigen Sie Ihren Kindern, wem genau Sie helfen wollen und warum. Besprechen Sie die Arbeit, die diese Organisation leistet, und zollen Sie ihr gemeinsam Anerkennung. Wenn Sie Geld schicken, lassen Sie die Kinder zuschauen, wie Sie den Scheck ausstellen. Vielleicht können sie den Scheck dann ja in einen Umschlag stecken oder das Kuvert in den Briefkasten einwerfen. Teilen Sie ihnen mit, wohin das Geld geschickt wird und wozu es gebraucht wird. Fragen Sie Ihre Kinder, wem sie am liebsten helfen würden und warum. Sind es Kinder, ältere Leute, Obdachlose oder

Menschen, die Hunger leiden? Oder würden sie lieber für die Krebsforschung oder den Blindenbund spenden? Hätten sie Interesse, dem Tierheim oder der Gemeindeverwaltung Geld zu schenken? Diese Strategie gibt Ihrer Familie gleichzeitig die Möglichkeit, die Bedürfnisse, die in Ihrer Wohngemeinde – wie auch in der Welt – bestehen, zu besprechen; sie ist eine Demonstration Ihrer Liebe; sie macht Spaß und ist ebenso lohnend wie hilfreich.

Wenn Sie es sich nicht leisten können, Geld zu spenden, kann sich Ihre Familie dennoch zu einer Hilfsaktion zusammentun. Vielleicht braucht ja Ihre Kirchengemeinde oder das Obdachlosenheim Unterstützung. Eine Kirche bei uns in der Nähe stellt zum Beispiel jeden Samstag Essenspakete für Obdachlose zusammen. Das wäre doch eine schöne Möglichkeit, einen Vormittag mit der Familie zu verbringen.

Was genau Sie tun, ist nicht so wichtig, wie überhaupt etwas zu tun. Jede Art, etwas zu geben, gibt einem ein gutes Gefühl und bringt die Menschen näher zusammen, besonders Familien.

Ich hoffe, dass Sie es einmal mit dieser Strategie versuchen wollen. Alle in der Familie werden sich einander mehr verbunden fühlen und auch Ihre wichtigsten Werte werden bestärkt. Wenn jede Familie ihren kleinen Beitrag leistet, können wir gemeinsam eine bessere Welt schaffen.

81.

Seien Sie geduldig mit Ihrem Hauseigentümer oder Verwalter

Egal, ob Sie nun ein Zimmer gemietet haben oder ob Ihnen eine komplette Wohnung zur Verfügung steht, man wird dem Eigentümer gegenüber leicht ungeduldig und stellt Forderungen. Das Problem dabei ist, dass Ihre Ungeduld Sie irgendwann wieder einholt. Und dann müssen Sie nicht nur mit den Auswirkungen Ihrer Ungeduld und Ihrer Verärgerung leben, sondern es kommt Ihnen auch noch der unschätzbare Vorteil abhanden, einen Vermieter zu haben, der auf Ihrer Seite ist.

Vor vielen Jahren, als ich in einer riesigen Wohnanlage lebte, machte mein Mitbewohner den Fehler, ständig irgendwelche Forderungen zu stellen und sich dem Hausverwalter gegenüber unhöflich zu verhalten. Er fühlte sich im Recht und dachte, dass sein Auftreten mehr als angebracht sei. Er fand, dass man auf unsere Bitten nicht in angemessener Weise einging, und forderte drohend einen besseren Service. Ob seine Beurteilung der Lage nun richtig war oder nicht, für das Endergebnis spielte das keine Rolle. Egal, wer nun Schuld hatte – diesen Mann hatte er sich zum Feind gemacht. Das Dumme war, dass wir damals in einer Universitätsstadt wohnten, wo es praktisch keine freien Wohnungen gab; wir saßen also in der Klemme.

Von da an reduzierte sich der zunächst schlechte Service auf null. Wenn an der Heizung etwas zu richten war, standen wir als Letzte auf der Liste. War der Kühlschrank undicht, dauerte es Wochen, bis er repariert wurde. Wenn jemand auf unserem Stellplatz parkte, wollte sich der Verwalter nicht darum kümmern – das war dann unser Problem.

Was mein Mitbewohner nicht verstanden hatte, war, dass aller Wahrscheinlichkeit nach der Verwalter getan hatte, was er nur konnte. Wir wohnten in einem Gebäude, das ziemlich alt war und an dem es ständig etwas zu richten und zu erneuern gab. Zweifelsohne fühlte er sich überarbeitet und unterbezahlt und hatte damit vermutlich auch Recht. Bei der Erstellung seiner Prioritätenliste ging er danach, ob es sich um einen echten Notfall handelte und ob er den jeweiligen Mieter mochte oder nicht. Da unsere Probleme nie als Notfall eingestuft wurden und der Verwalter uns nicht leiden konnte, standen wir auf seiner Liste deshalb immer ganz am Ende.

Natürlich muss man manchmal beharrlich, ja sogar aggressiv sein, damit man den Service bekommt, den man benötigt. Versuchen Sie jedoch ein solches Verhalten auf die wenigen Fälle zu beschränken, in denen es wirklich notwendig ist, Druck zu machen. Seien Sie sonst so geduldig und verständnisvoll wie nur möglich. Auch wenn man es gern vergisst, haben Hauseigentümer und Verwalter oder Hausmeister auch ein Privatleben, persönliche Probleme mit eingeschlossen. Ich will Hauseigentümer nicht verteidigen; ich selbst zähle übrigens jetzt, da ich dies schreibe, nicht zu ihnen. Ich will Ihnen nur sagen, dass es immer in Ihrem eigenen Interesse ist, den Eigentümer auf Ihrer Seite zu haben. Ist das der Fall, wird er oder sie alles Erdenkliche tun, um Ihnen das Leben zu Hause so angenehm wie möglich zu machen.

Im Umgang mit Hauseigentümern ist es also absolut von Vorteil, nicht in allem ein Problem zu sehen und sich verrückt zu machen. Je mehr

Weitsicht, Freundlichkeit und Geduld Sie an den Tag legen, desto mehr wird Ihr Verwalter auch geneigt sein, Ihnen zu Diensten zu stehen. Wenn Sie also das nächste Mal etwas auf dem Herzen haben, worum sich Ihr Verwalter kümmern soll, machen Sie einmal ein kleines Experiment. Geben Sie ihm zu verstehen, dass Sie wissen, wie viel er zu tun hat und wie sehr Sie seine Hilfe und harte Arbeit zu schätzen wissen. Seien Sie freundlich, sanft und geduldig. Verhalten Sie sich nicht aus Berechnung so, sondern weil Sie ein netter, verständnisvoller Mensch sind. Dann legen Sie einfach die Hände in den Schoß und warten ab, was passiert. Sie werden vielleicht überrascht sein, wie viel besser der Service wird. Viel Glück dabei!

82.

Treiben Sie etwas Sport

Ich schätze, dass bestimmt die Hälfte der Menschen, die ich kenne, wenig oder keinen Sport treibt. Die Ausreden reichen von: »Ich habe keine Zeit« bis hin zu: »Mir macht das keinen Spaß.«

Ich bin bestimmt keine Sportskanone, aber ich habe eigentlich, seit ich denken kann, meine Freude daran. Aus meiner Sicht ist die einzige Ausrede, die ich gelten lasse, nicht regelmäßig Sport zu treiben, eine körperliche Beeinträchtigung. Wenn das nicht zutrifft, dann schneiden Sie sich ins eigene Fleisch, wenn Sie keinen Sport machen, davon bin ich überzeugt. Sie versäumen so eine einfache und effektive Möglichkeit, glücklicher und ausgeglichener zu werden, wodurch sie zu weniger Überreaktionen neigen; und Sie handeln sich so einen völlig unnötigen Nachteil beim Umgang mit den unvermeidlichen Widrigkeiten und Herausforderungen ein, die das Leben zu Hause stellt.

In gewisser Weise habe ich das Gefühl, nicht die Zeit zu haben, *keinen* Sport zu treiben – diesen Luxus kann ich mir nicht leisten. Es fiele mir schwer, es vor mir selbst zu rechtfertigen, dass ich etwas *nicht* täte, das dazu beiträgt, dass ich mich großartig fühle – und zudem noch den Vorteil hat, dass ich gesund, fit und ruhig bleibe, und mir auch noch eine Dosis extra Energie verschafft. Durch regelmäßigen Sport werden im Körper nämlich Endorphine freigesetzt, die einen beruhigenden Effekt auf Ihr Gehirn und Ihren Körper haben. Nach sportlicher Betätigung haben viele Kleinigkeiten, die Sie sonst verrückt machen, wenig oder keinen negativen Einfluss auf Sie. Und sogar mit etwas wirklich Wichtigem kommen Sie dann besser zurecht.

Es stimmt natürlich, dass aus einem engen Blickwinkel und kurzsichtig betrachtet Sport Zeit in Anspruch nimmt. Ich verbringe beispielsweise eine dreiviertel Stunde bis zu einer Stunde fünf oder sechs Tage pro Woche damit. Es ist jedoch ein überaus niedriger Preis, den Sie bezahlen, weil Sie dann nämlich weniger lang krank sind und womöglich weniger oft ins Krankenhaus müssen. Ihr allgemeines Energieniveau sowie Ihre Produktivität steigen erheblich an. Außerdem ist der Aufwand nicht groß, wenn Sie bedenken, wie viel geistige Energie es verschlingt, wenn man verärgert ist und sich Sorgen macht wegen all des tagtäglichen Kleinkrams zu Hause. Stellen Sie sich doch vor, wie viel besser Ihr Leben wäre, wenn Sie weniger schnell zu Überreaktionen neigen und effizienter arbeiten könnten – nur aufgrund von ein bisschen Sport! Und dann sollten Sie auch einmal Ihre Fitness in Betracht ziehen. Ich will kein Blatt vor den Mund nehmen: Ein durchtrainierter Körper sieht einfach besser aus als einer, der kaum einmal beansprucht wird. Außerdem weiß ich, dass ich nachts viel besser schlafen kann, wenn ich regelmäßig Sport treibe – wobei ich den Zusammenhang allerdings nicht nachweisen kann.

Ich weiß, ich weiß. Es ist schwer, damit anzufangen und es gibt Hunderte von prima Ausreden. Ich möchte Ihnen aber noch sagen, dass ich allein im vergangenen Jahr zwei unglaublichen Menschen begegnet bin – der eine im Rollstuhl, der andere ebenfalls mit einigen schwerwiegenden Körperbehinderungen – und doch trieben beide regelmäßig Sport. Die

zwei stehen voll im Berufsleben und haben eine Familie, für die sie sorgen müssen.
Was haben Sie schon groß zu verlieren? Ich hoffe sehr, dass Sie es einmal mit ein wenig Sport probieren. Suchen Sie sich etwas, das Ihnen Spaß macht: Gehen, Joggen, Wandern, Radfahren, ja selbst zu Hause auf der Stelle oder mit Hilfe eines Steppers rennen. Tun Sie etwas! Ich schätze, dass Sie dann zu Hause viel weniger in allem ein Problem sehen werden und mit der Zeit sogar zugeben werden, dass das der beste Entschluss war, den Sie je gefasst haben.

83.

Achten Sie auf positive Veränderungen

Das ist ein Tipp, den Sie in vielen Lebenssituationen gebrauchen können, aber zu Hause ist er besonders hilfreich. Es geht dabei um das häufige frustrierende Gefühl, festzusitzen ohne Aussicht auf Veränderung.

In Wirklichkeit jedoch ist das Leben einem ständigen Wechsel unterworfen. Das Problem ist, dass wir normalerweise zu sehr mit unserem eigenen Erleben beschäftigt sind, um Veränderungen überhaupt wahrnehmen zu können. Ein besonders häufiges Beispiel für dieses Phänomen betrifft unsere Kinder. Wenn Sie jeden Tag mit ihnen zusammen sind, fallen Ihnen Veränderungen kaum auf. Kommen Verwandte oder Freunde zu Besuch, die sie länger nicht gesehen haben, sagen sie in der Regel jedoch oft so etwas wie: »Meine Güte, wie die Kinder sich verändert haben!«

Manchmal sind wir frustriert wegen Problemen, die nie ein Ende zu nehmen scheinen – Zankereien unter den Kindern, ein unaufgeräumter Schrank, eine Unmenge Leute, die wir noch zurückrufen müssen – es gibt noch viele andere Beispiele, weshalb uns das Leben als eine solche Überforderung vorkommt. Unser Fehler ist, dass wir nach Perfektion streben. Unsere Erwartungen sind so hoch gesteckt, dass wir positive Veränderungen oder Verbesserungen gar nicht mehr bemerken können. Wir rechtfertigen unsere Unzufriedenheit, weil die Kinder wieder einmal streiten, der Schrank unaufgeräumt ist und wir so viele Leute zurückrufen müssen. Unser Augenmerk ist auf das Problem gerichtet und auf den offensichtlichen, nie enden wollenden Mangel an Perfektion.

Die Schwierigkeit dabei ist Folgendes: Kommen wir zu dem Schluss, dass wir erst glücklich sein können, wenn diese oder jene Probleme komplett gelöst sind, dann legen wir den Grundstein für ein Leben voller Enttäuschungen. In Wirklichkeit werden die Kinder nämlich immer irgendwelche Streitereien austragen, die Schränke selten in perfektem Zustand sein und vermutlich werden wir auch immer ein paar Personen zurückrufen müssen.

Es ist überaus hilfreich zu lernen, sich nicht auf Perfektion, sondern auf positive Veränderungen zu konzentrieren. Die Kinder mögen ja in der Tat wieder einmal streiten, aber vielleicht weniger als im vergangenen Monat – möglicherweise ist es ja wirklich ein bisschen besser als früher. Oder Sie haben es geschafft, wenigstens einen Teil von Ihrem Schrank aufzuräumen, so dass er jetzt schon etwas ordentlicher ist. Oder es könnte ihnen auffallen, dass Sie heute wenigstens ein paar Leute zurückgerufen haben und dass die Liste schon viel weniger bedrückend ist.

Konzentrieren Sie sich auf positive Veränderungen, haben Sie die Hoffnung, dass es Licht am Ende des Tunnels gibt. Sie kommen dann vielleicht sogar zu dem Schluss, dass das Leben gar nicht so schlimm ist, wie es manchmal den Anschein hat. Wenn Sie sich Ihr Leben also einmal genau und ehrlich betrachten, werden Sie vielleicht erstaunt sein, wie oft solche kleinen positiven Veränderungen stattfinden. Behalten Sie die im Auge, wird sich Ihr Stress reduzieren und viel mehr Freude in Ihr Leben kommen.

84.

Machen Sie sich wiederholt bewusst, was Kinder wirklich wollen

Sehen wir den Tatsachen ins Auge: Unseren Kindern ist es letztlich egal, ob wir Flugbegleiter, Verkäufer, Kellner, Computerexperte oder Firmenchef sind. Ich kann Ihnen aus eigener Erfahrung sagen, dass es ihnen auch nicht imponiert, wenn Sie Schriftsteller sind oder beruflich viel zu tun haben. Ich schätze, dass meine Kinder sich ebenso wenig beeindruckt zeigen würden, wenn ich Arzt, Rechtsanwalt oder sogar ein Filmstar wäre. Die Tatsache, dass Sie hart arbeiten und für sie Opfer bringen, wird vielleicht anerkannt, aber nicht annähernd so sehr, wie wir meinen, dass es angemessen wäre, und wir es vielleicht auch verdient hätten. Nein, was Kindern wirklich wichtig ist, ist Ihre Zeit – und ob Sie willens sind, gut zuzuhören und sie bedingungslos zu lieben. Punktum.

Es ist eine Sache zu sagen: »Meine Kinder sind mir das Wichtigste im Leben«, aber ganz etwas anderes, diese Aussage auch in die Tat umzusetzen. Ich weiß, dass es nicht einfach ist, und ich weiß auch, dass es viele Entschuldigungen gibt – die oft durchaus berechtigt sind –, warum wir unseren Kindern nicht den Vorrang einräumen können. Die Tatsache bleibt jedenfalls bestehen: Unsere Kinder wollen nicht unseren gesellschaftlichen Erfolg, sie brauchen unsere Liebe.

Diese Strategie soll Ihnen keine Schuldgefühle machen, weil Sie so wenig Zeit für Ihre Kinder haben. Glauben Sie mir, ich habe selbst auch oft ein schlechtes Gewissen, wenn ich zum Flughafen muss, bevor meine Kinder überhaupt aufgestanden sind, oder wenn ich während des Abendessens ein wichtiges Telefonat zu führen habe oder ich ein Theaterstück in der Schule verpasse. Diese Strategie zielt nicht auf Schuldgefühle, sondern auf Liebe ab. Sie soll uns sanft daran erinnern, dass die Elternschaft zwar manchmal eine Überforderung darstellt und Sie womöglich meinen, dass sie nie ein Ende findet – doch dem ist nicht so. Ihnen steht sogar nur eine kurze Zeitspanne zur Verfügung, in der Sie mit Ihren Kindern zusammen sein und eine auf Gegenseitigkeit beruhende, einfühlsame und respektvolle Beziehung entwickeln können, bevor Ihre Kinder erwachsen sind und aus dem Haus gehen.

Manchmal war es mir eine Hilfe – und ich denke, dass es Ihnen nicht anders gehen wird –, mir bewusst zu machen, dass Kinder nicht Geld oder Ihren Erfolg wollen und auch nicht ständig daran erinnert werden möchten, wie hart man arbeitet. Sie wollen wirklich uns. Das bedeutet logischerweise nicht, dass Sie Ihren Lebensunterhalt nicht verdienen müssten oder dass Erfolg nicht so wichtig ist; es heißt für unsere Kinder nur, dass diese Dinge sekundär sind. Ich bezweifle stark, dass sich jemand von uns, wenn er einmal auf dem Sterbebett liegt, wünschen wird, dass er mehr Zeit im Büro oder beim Umsetzen seiner Traumvorstellungen verbracht hätte; ich schätze eher, dass er oder sie es bedauern wird, nicht mehr Zeit seinen Kindern gewidmet zu haben. Warum verändern wir also unsere Zielsetzungen nicht wenigstens ein wenig, da uns diese Tatsache ja nun bekannt ist?

Was unsere Kinder wirklich brauchen und wollen, ist unsere Liebe. Sie wollen, dass wir uns anhören, was sie uns zu erzählen haben, ohne dass wir bereits etwas anderes im Kopf haben oder schon zum nächsten Ter-

min unterwegs sind. Sie wollen, dass wir ihnen beim Fußballspielen zuschauen – und zwar nicht aus Verpflichtung, sondern weil wir nichts lieber tun. Sie wollen, dass wir sie in den Arm nehmen, ihnen etwas vorlesen, bei ihnen sind. Sie wollen im Mittelpunkt unserer Welt stehen.
Erst heute Morgen habe ich eine gute Freundin besucht und wir haben uns darüber unterhalten, wie wertvoll mir meine Kinder, ja alle Kinder sind. In diesem Moment fasste ich den Entschluss, immer auf meine Prioritäten zu achten, egal, wie ungelegen es mir auch kommen mag. Ich hoffe, Sie bekennen sich auch dazu.

85.

Lesen Sie nicht zwischen den Zeilen

Das ist ein weit verbreitetes Problem – besonders zu Hause. Kennen wir jemanden wirklich gut, gehen wir davon aus, auch zu wissen, was dieser Mensch denkt oder wie er sich verhalten wird. Mit dieser Strategie will ich auf andere Weise Folgendes ausdrücken: Lesen Sie nicht die Gedanken anderer und unterstellen Sie anderen nicht irgendwelche Motive in ihrem Verhalten.

Ich selbst gerate immer wieder in diese Falle, allerdings viel seltener als früher. Erst gestern schien eine meiner Töchter wieder einmal zu trödeln, anstatt sich für die Schule fertig zu machen. Da ich schon damit gerechnet hatte, dass es so kommen würde, fiel mir gleich auf, dass sie keine Schuhe anhatte, und ich ging davon aus, dass sie sicher auch nicht wissen würde, wo sie waren; dergleichen war schließlich schon häufig passiert. Ich war mir also ganz sicher, was sich da abspielte. Ungeduldig und verärgert herrschte ich sie an: »Jetzt geh bitte deine Schuhe suchen!« Sie gab mir die selbstbewusste Antwort: »Daddy, meine Schuhe stehen vorn an der Haustür. Du hast mich doch gebeten, sie nicht im Haus anzuziehen.« Mit beidem hatte sie völlig Recht. Wie so viele von uns hatte ich einige Augenblicke an diesem Morgen mit Ärger und Sorge vertan. Diese negativen Gefühle und auch die innere Anspannung kamen aber nicht, weil meine Tochter etwas getan hatte oder eben nicht getan hatte, sondern allein durch mein eigenes Denken. Der Fall war ganz klar, alles war nur »in meinem Kopf«.

Vermutlich sehen Sie ein, dass eine derartige Neigung viel zu den häuslichen Problemen beiträgt. Wenn Sie zwischen den Zeilen lesen, halten Sie regelrecht nach etwas Ausschau, das Sie besorgt und ärgerlich macht. Und suchen Sie nach etwas und gehen noch dazu davon aus, dass Sie es auch finden werden, werden Sie selten eine Enttäuschung erleben. In den meisten Fällen werden sich Ihre Annahmen schließlich bestätigen, Sie haben also wieder einmal Recht gehabt.

Natürlich geht keine Beziehung kaputt, nur weil Sie jemandem einmal etwas unterstellen. Die Neigung dazu ist jedoch gar nicht so selten. Sie wird sogar zu einer Lebenseinstellung – zu einer Gewohnheit, zu etwas, das wir die meiste Zeit tun, ohne es überhaupt zu bemerken. Unser Gehirn arbeitet so schnell und setzt Dinge voraus, die es zu wissen glaubt, so dass es im Voraus Urteile fällt, derer wir uns gar nicht bewusst sind.

Die Lösung ist simpel – aber nicht einfach. Sie müssen sich eingestehen, dass Sie eigentlich gar nicht wissen, was jemand tut oder denkt – Sie stellen sich nämlich nur vor, es zu wissen. Es ist wichtig, jeden Tag, jeden einzelnen Umstand so zu nehmen, wie er kommt. Gehen Sie nicht von der Annahme aus, dass alles schließlich immer so war und dass kein Raum für Veränderungen besteht. Tun Sie das, legen Sie unterschwellig eine Art Missachtung an den Tag. Schließlich passt es Ihnen ja auch nicht, wenn jemand Ihre Gedanken liest und Ihr Verhalten vorherzusehen glaubt.

Vollziehen Sie eine Veränderung. Sagen Sie Verhalten nicht mehr voraus, sondern reagieren Sie darauf, dann werden Sie feststellen, dass Sie viel weniger verärgert sein werden. Ihr Denken ist entspannter und am

Hier und Jetzt orientiert; es bezieht sich auf das, was wirklich passiert, und nicht auf das, was Sie glauben, dass eintreten könnte. Neben den persönlichen Vorteilen, die Sie so haben – nämlich weniger hausgemachten Stress –, werden auch Ihre Lieben diese Veränderung zu schätzen wissen. In vielen Fällen kann schon eine kleine Kurskorrektur einen enormen Unterschied ausmachen, was den gegenseitigen Respekt innerhalb einer Familie angeht.

86.

Sprechen Sie in einem sanften Tonfall

Ein Mensch mit einer sehr sanften Diktion hat etwas Aufbauendes und Beruhigendes an sich. Fast mein ganzes Leben lang ging ich von der Annahme aus, dass es sich dabei um einen Wesenszug handelt, den man entweder hat oder nicht – man war eben mit einer sanften Stimme geboren oder nicht. Und in gewisser Weise mag das ja auch stimmen. In den letzten Jahren bin ich allerdings zu dem Schluss gekommen, dass es sich um eine Eigenschaft handelt, die man auch entwickeln kann. Tun Sie das, werden Sie mir sicher beipflichten, dass die Vorzüge enorm sind; sie wirken sich auf die Liebe innerhalb Ihrer Familie und Ihrem Zuhause positiv aus.

Sprechen Sie zu schnell und zu laut, kann die Energie, die Sie auf diese Weise abgeben, Ihre Umwelt – und Ihre Familie – überdreht und nervös machen. Selbst wenn das nicht in Ihrer Absicht liegt, fühlen sich die Menschen in Ihrer Umgebung unter Druck oder irritiert, was sie dann wiederum noch überzogener reagieren lässt. Anders ausgedrückt: Sie tragen mit Ihrer Stimme zu einem Kreislauf negativer Energie bei. Ihre Stimme weist nämlich Stärke und Macht auf und vermittelt so den Menschen um Sie herum eine Botschaft. Beinhaltet diese Botschaft Ungeduld und Aufgeregtheit, vermindern Sie, ohne dass es Ihnen überhaupt bewusst wird, Gefühle von Liebe, Ruhe und Respekt in Ihrem Zuhause.

Natürlich hat jeder eine andere Stimme, sein individuelles Temperament und seine persönliche Art, sich mitzuteilen. Ich will Ihnen also nicht nahe legen, Ihre Diktion völlig zu verändern, oder so zu tun, als wären Sie jemand anderer. Ich schlage Ihnen nur vor, mehr Bewusstsein dafür zu entwickeln, wie Ihre Stimme von den Menschen Ihrer Umgebung wahrgenommen wird. Wenn Sie zudem einen Versuch unternehmen, etwas sanfter zu sprechen, dann werden Sie mit einem Mal einige überraschende Veränderungen in der Gefühlswelt bei sich zu Hause feststellen. Sie werden sich zum Beispiel weniger gestresst und somit ruhiger fühlen. Sobald Sie Ihre Stimme dämpfen, entspannt sich Ihr Körper wie auch Ihr Geist. Anschließend werden Sie merken, dass, sobald Sie selbst ausgeglichener sind, sich das auch auf die Menschen in Ihrer Umgebung überträgt – was sich wie durch Zauberei vollzieht und sich günstig auf die häusliche Atmosphäre auswirkt. Auch wenn ich lange gebraucht habe, bis ich das verstanden habe, ist mir mittlerweile x-mal Folgendes aufgefallen: Wenn meine Kinder sich überdreht und albern verhalten und ich möchte, dass Sie sich beruhigen, ist es für mich die beste Strategie, mich zuerst selbst zu sammeln. Das fängt bei mir damit an, dass ich meine Stimme zurücknehme, was dann ein ruhigeres Gefühl und auch Verhalten nach sich zieht. Denken Sie einmal darüber nach, macht es wenig Sinn, zu brüllen und sich selbst wie ein Verrückter aufzuführen, wenn Sie wollen, dass jemand anderer sich relativ ruhig verhält. Doch wie viele von uns haben sich nicht schon so benommen? Wenn Sie wirklich wollen, dass Ihnen jemand zuhört, ist das Beste, was Sie tun können, in einen sanfteren Tonfall zu schalten. Sie werden erstaunt sein, wie aufmerksam und respektvoll Ihre Zuhörer sich Ihnen zuwenden werden.

Aber behalten Sie dabei unter allen Umständen Ihren eigenen Sprechrhythmus und Ihre Stimmlage bei. Probieren Sie es einmal aufrichtig mit dieser Strategie – zumindest ansatzweise –, werden Sie, wie ich meine, angenehm überrascht sein über die beruhigende Wirkung, die sie auf Ihre Familie und Ihr Leben zu Hause haben wird.

87.

Seien Sie spielerisch

Denke ich über die Eigenschaften in meiner Familie nach, die uns eng zusammenhalten, und an die Erinnerungen, die mir besonders am Herzen liegen, dann steht ziemlich weit oben auf meiner Liste, dass wir alle überaus spielerisch miteinander umgehen. Im Lauf der Jahre ist mir ein ähnlich spielerischer Umgang auch bei vielen anderen Familien aufgefallen, die wirklich glücklich und dankbar scheinen, zusammen zu sein.

Spielerisch miteinander umzugehen ist etwas Freudvolles. Sie lächeln und lachen dann häufig. Auch nehmen Sie sich und die anderen Familienmitglieder nicht zu ernst. Pflegen Sie einen spielerischen Umgang, sind Sie unbekümmert und entspannt. Sie können so den Menschen Ihrer Umgebung Ihr Herz öffnen und Widrigkeiten einfach abprallen lassen. So wird auch viel von dem abwehrenden Verhalten, das bisweilen in Familien auftritt, reduziert und Sie können zu gegebener Zeit miteinander scherzen. Das wiederum hilft Ihnen auch, in emotionalem Kontakt zu bleiben, wenn einmal eine offene Aussprache notwendig wird.

Ich finde es immer traurig, wenn Menschen ihren Sinn für das Spielerische verloren haben. Sie sind dann so ernst, immer kurz davor, sich aufzuregen, und betrachten das ganze Leben als einen einzigen Notfall. Auf ihrem Gesicht zeichnet sich oft ein Ausdruck der Missbilligung ab und

sie können sich selten an einfachen Dingen freuen. Es erübrigt sich eigentlich zu sagen, dass Menschen, die keine spielerische Ader haben, stets in allem ein Problem sehen und sich verrückt machen.
Spielerisch zu sein kann vieles bedeuten – die Fähigkeiten, über sich selbst lachen zu können und offen zu sein für Neues. Man kann mit den Kindern auf dem Boden herumtollen, mit seinem Partner herumalbern oder sich mitten in der Nacht kitzeln. Was genau Sie tun, ist gar nicht so wichtig wie die Tatsache, dass Sie etwas lockerer werden.
Haben Sie das Gefühl, dass Ihnen der Sinn für das Spielerische abhanden gekommen ist, brauchen Sie sich keine großen Sorgen zu machen – den können Sie leicht wiederfinden. Fangen Sie einfach damit an zu lächeln. Nur zu, probieren Sie es einmal! Dann beobachten Sie andere, die eine spielerische Ader haben. Und anstatt deren Verhalten als oberflächlich abzutun, betrachten Sie es als Unbeschwertheit. Sich spielerisch zu verhalten ist etwas Unschuldiges; es tut keinem weh. Es ist eigentlich sogar eine heilsame, erfrischende Grundhaltung. Wenn Sie andere beobachten, die wirklich spielerisch sind, dann achten Sie einmal darauf, wie glücklich sie sind und wie sie an die guten Seiten der anderen appellieren.
Hätten Sie selbst gern eine spielerische Ader, müssen Sie deswegen nicht Ihre ganze Persönlichkeit verändern. Machen Sie lieber ein paar kleine Schritte. Alles, was Sie unternehmen, um etwas weniger ernst zu sein, wird von allen gut aufgenommen werden. Es kann den Unterschied ausmachen, ob sich jemand an Ihrer Gesellschaft wirklich erfreut oder lieber eine gewisse Distanz hält. Noch wichtiger dabei ist vielleicht, dass Sie selbst eine eher philosophische und lockerere Einstellung gewinnen. Die tagtäglichen Ärgernisse, mit denen wir konfrontiert werden, sind dann nicht mehr der Rede wert, und Sie werden schnell aufhören, in allem ein Problem zu sehen und sich verrückt zu machen.

88.

Denken Sie an etwas, das Sie heute richtig gemacht haben

Überlegen Sie sich doch nur einmal, wie oft Sie zusammenzählen oder überschlagen, was Sie an einem bestimmten Tag alles falsch gemacht haben. Dazu einige Beispiele: »Es darf doch nicht wahr sein, dass ich meine Schlüssel verlegt habe, zu spät zum Unterricht meines Sohnes gekommen bin, die belegten Brote nicht eingesteckt habe, zehn Minuten vom Fußballspiel verpasst habe, ein wichtiges Telefonat vergessen habe, etwas versiebt habe, den Ball habe fallen lassen, übersehen habe, etwas abzugeben, jemanden verärgert habe« – die Liste lässt sich beliebig fortsetzen.

Jetzt legen Sie einmal einen anderen Gang ein und überlegen sich, wie oft Sie es sich als Verdienst anrechnen, wenn Sie etwas richtig gemacht haben. Wenn Sie so sind, wie die meisten Menschen, die ich kenne, wird Ihre Kritik bei weitem das Positive übersteigen.

Vielleicht denken Sie ja: »Ach, so sind ja alle. Was soll's? Das ist doch nur menschlich.« Diese Annahme ist zum Teil zutreffend; leider sind die meisten Menschen wirklich so. Sie konzentrieren sich im Übermaß auf Fehler und Schwierigkeiten – was die Sache aber nicht besser macht. Das Problem ist, dass viele gar nicht einsehen, welchen Preis sie eigentlich bezahlen, wenn sie sich so sehr auf das Negative konzentrieren. Der Preis, den ich meine, ist Stress und eine angespannte, abwehrende und strenge Art und Weise, das Leben zu erfahren.

Das Leben steckt voller Fehler. Es gibt einfach zu viel zu erledigen und zu beachten, als dass man Fehler vermeiden und alles perfekt machen könnte. Um ein Gleichgewicht herzustellen, müssen Sie versuchen, sich Raum für Unzulänglichkeiten zu gönnen. Würden Sie wirklich alles perfekt schaffen, wäre das Leben schließlich auch ziemlich langweilig!

Konzentrieren Sie sich jedoch darauf, was Sie alles falsch machen, führt das dazu, dass Sie in allem ein Problem sehen und sich verrückt machen. Ihr Augenmerk ist dann auf all das gerichtet, was an Ihnen und der Welt nicht stimmt, wodurch Sie sich ungut, ja inkompetent fühlen. Sich auf etwas Negatives zu konzentrieren setzt ebenso negative Energien frei und schürt, wie ich glaube, negatives Verhalten. Sie werden an Probleme, Schwierigkeiten und Unannehmlichkeiten erinnert. Sie fühlen sich dann angespannt, werden kritisch und übersensibel.

Denken Sie jedoch an etwas, das Sie gut machen, richtet sich Ihr Augenmerk auf Ihre positive Seite. Ihnen werden Ihre Kompetenz und guten Absichten bewusst. Sie verschaffen sich so eine Verschnaufpause, um ein paar Kleinigkeiten, die Sie vielleicht falsch machen oder verbessern wollen, korrigieren zu können. Ist Ihnen klar, was Sie richtig machen, werden Sie geduldiger mit sich und anderen. Es hilft Ihnen, die insgesamt doch positiven Bemühungen von uns allen zu erkennen, die Tatsache, dass wir trotz unserer Fehler vieles recht gut meistern. Anstatt sich als jemand zu betrachten, dem nichts als Fehler unterlaufen, werden Sie sich – und andere – dann als einen Menschen sehen, der das Bestmögliche versucht.

Wichtiger als all das ist jedoch vielleicht die Tatsache, dass sich auf etwas Positives zu konzentrieren mehr Freude ins Leben bringt. Sie sind dann

weniger ernst und streng, fühlen sich weniger unter Druck, als würde jemand eine Punktliste bezüglich Ihrer Leistung führen.
Mein Vorschlag ist folgender: Geben Sie stets Ihr Bestes in Ihrem Leben und lassen Sie dann locker. Es ist ganz egal, wie sehr Sie sich bemühen, ein paar Fehler werden Sie unwillkürlich machen. Nehmen Sie das einfach als gegeben hin und konzentrieren Sie sich mehr auf Ihre Stärken als auf Ihre Schwächen, werden Sie bald mehr Freude haben, als Sie es sich je haben träumen lassen.

89.

Entdecken Sie ein einfaches Vergnügen

Ich bin zu dem Schluss gekommen, dass die besten Dinge im Leben zwar nicht unbedingt gratis, aber meistens doch sehr simpel – und fast gratis – sind. Es steht außer Frage, dass für sich ein einfaches Vergnügen zu entdecken eine wunderbare Möglichkeit ist, mehr Freude und Frieden in das eigene Leben zu bringen.

Meine Frau Kris hat bereits so ein einfaches Vergnügen, das ein hervorragendes Beispiel abgibt. Jedes Jahr pflanzt sie einige Reihen Sonnenblumen in unserem Garten hinter dem Haus, und zwar die Sorte, die sehr hoch wächst; niemand kann Blumen mehr lieben als sie diese Sonnenblumen. Mehrmals am Tag nimmt sie sich Zeit, sie zu betrachten und zu würdigen. Es macht ihr große Freude, ihre geliebten Sonnenblumen zu gießen und zu hegen. Und wenn die Zeit dann gekommen ist, schneidet sie ein paar ab und stellt sie im Haus in eine Vase, damit sich alle daran erfreuen können. Auch schenkt sie Freunden oder Verwandten oft einen Strauß, wenn sie zu Besuch kommen, was ihr ebenfalls viel Spaß macht.

Wie Sie sehen, vermag dieses einfache Vergnügen mehr zu leisten, als nur unseren Garten und das Wohnzimmer zu verschönern. Es bringt große Freude in Kris' Leben und diese Freude geht weit über die Augenblicke hinaus, die sie sich tatsächlich mit den Blumen beschäftigt. In gewisser

Weise stellen diese Sonnenblumen die Grundlage für ihren ganzen Tag dar. Sie freut sich darauf, sie zu sehen und zu pflegen. Sie lächelt, wenn sie an sie denkt, und ich glaube, sie helfen ihr auch, ihren vielen Verpflichtungen den angemessenen Stellenwert zuzumessen. Und obwohl sie dieses einfache Vergnügen ohne jeglichen Hintergedanken genießt, ist es doch auch schön zu sehen, welche Auswirkung diese Tradition auf unsere Kinder hat. Sie können so nämlich die Erfahrung machen, dass sich ihre Mutter an etwas wirklich Einfachem und Schönem erfreut; dadurch werden sie unmittelbar Zeuge ihrer Wertschätzung und sind somit, wie ich glaube, eher geneigt, selbst auch etwas zu würdigen.

Nehmen Sie sich die Zeit, einmal darüber nachzudenken, dann wird Ihnen mit Sicherheit etwas einfallen, das sich als Ihr persönliches kleines Vergnügen eignet. Für mich ist es zum Beispiel, mir die Zeit zu nehmen, in einem Buchladen herumzustöbern oder allein irgendwo einen Kaffee trinken zu gehen. Ich lese auch gern, balge mich mit meinen Kindern herum und gehe im Park in der Nähe zum Joggen. Das sind nur ein paar der Aktivitäten, die mir am meisten Vergnügen bereiten. Ich glaube, je mehr Freude wir in unserem Leben haben, desto mehr sind wir auch in der Lage, den Dingen den richtigen Stellenwert zuzuweisen, relativ ruhig zu bleiben und zu vermeiden, in allem ein Problem zu sehen und sich verrückt zu machen.

Ich hoffe, Sie nehmen sich die Zeit, sich wenigstens ein kleines Vergnügen einfallen zu lassen, das Ihnen wirklich Spaß macht. Egal, ob Sie ein paar Minuten lesen, einen Kurs einfach aus dem Wunsch heraus belegen, etwas Neues zu lernen, spazieren gehen oder eine Runde mit dem Auto fahren, diese Strategie wird sich bezahlt machen.

90.

Vergessen Sie nicht, dass man sich an Kleinigkeiten am besten erinnert

Kürzlich unternahm ich eine ausgedehnte Lesereise für eines meiner Bücher und bin auch in einigen aufregenden Fernseh- und Radiosendungen aufgetreten. Ich hatte vor einem riesigen, enthusiastischen Publikum gesprochen und mein Verleger, die Medien und auch sonst alle hatten mich überaus hofiert. Damals war mein Buch »Alles kein Problem!« die Nummer eins der Bestseller-Liste und ich fühlte mich sehr geehrt, weil meine Arbeit so gut aufgenommen worden war. Alles war wunderbar, bis auf eines: Es fehlte mir, so viel Zeit mit meiner Familie zu verbringen, wie sonst auch.

Eines Abends rief ich zu Hause an und meine beiden Töchter sangen am Telefon ein Loblied auf mich, wobei sie mich beide wissen ließen, wie sehr sie mich liebten und dass sie es nicht abwarten konnten, bis ich endlich wieder nach Hause kam. Sie höhlten gerade für Halloween Kürbisse als Laternen aus und versprachen mir, den größten für mich aufzuheben. Als ich am Flughafen von Chicago den Telefonhörer auflegte, fing ich an zu weinen. Meine Tränen waren eine Mischung aus Freude und Traurigkeit; ich war so gerührt, dass ich meine Gefühle nicht mehr im Zaum halten konnte. Mit einem Mal wurde mir klar, dass, ganz egal, wie wunderbar das Leben auch sein mag, welche Träume und Hoffnungen man hat

oder was beruflich und sonst im Leben passieren mag, es die Kleinigkeiten sind, denen eigentlich die größte Bedeutung zukommt.
In dieser Nacht flog ich noch nach Hartfort, Connecticut, zu einer weiteren Talkshow. Unterwegs ließ ich meine liebsten Erinnerungen Revue passieren. Und wissen Sie was? Es handelte sich nicht um die aufregendsten Ferien oder meine größten Leistungen. Auch wenn diese Äußerlichkeiten für mich wichtig sind, sind die tatsächlich herausragenden Erinnerungen all diejenigen, die mich gefühlsmäßig angerührt haben – zum Beispiel, als ich mich einmal wirklich wegen etwas sehr aufgeregt hatte und meine jüngste Tochter Kenna dieses Gefühl gespürt, mich fest umarmt und gesagt hat: »Daddy, das wird schon wieder.« Sie war damals vier. Fast zwei Jahre später kann ich diese Umarmung noch spüren und ihre aufmunternden Worte hören. Und dann hatten meine Tochter Jazzy und ich einmal gleichzeitig eine ganz fürchterliche Grippe. Wir haben uns die ganze Nacht gegenseitig getröstet und sie gemeinsam durchlitten – die Einzelheiten will ich Ihnen lieber ersparen. Aber zu einem gewissen Zeitpunkt hat sie mich so lieb angesehen wie noch nie und mit ihrem zarten Stimmchen gesagt: »Daddy, das werde ich nie vergessen. Danke, dass du bei mir geblieben bist.« Sie wird diese Erfahrung nie vergessen – und ich ebenso wenig. Diese Worte zu hören war die schlimmste Grippe meines Lebens wert.
Für mich ist dies einer der wichtigsten Punkte dieses Buches. Man erliegt schnell der Versuchung, sein Leben in der Hoffnung zu verbringen, dass alles irgendwann einmal besser werden wird. Die meisten von uns freuen sich auf ihre Beförderung, besondere Ereignisse, Ferien und andere Höhepunkte. Und natürlich ist es schön, sich dergleichen auszumalen. Konzentrieren wir uns jedoch zu sehr auf diese seltenen Vorkommnisse, verpassen wir vielleicht etwas ganz Normales, das dennoch irgendwie beson-

ders ist, etwas, das regelmäßig passiert: das liebe Lächeln und Lachen von Kindern, einfach freundliches Verhalten erleben, mit jemandem, den wir lieben, einen Sonnenauf- oder -untergang betrachten oder sehen, wie sich im Herbst langsam die Blätter färben. Daraus besteht das Leben und die Erinnerungen.

Wenn Sie daran denken, nach Kleinigkeiten Ausschau zu halten und sie zu würdigen, nimmt Ihre Wahrnehmungsfähigkeit zu. Dann werden Sie ganz normale Vorkommnisse plötzlich auf eine ungewöhnlichere Weise erfahren. Nehmen Sie sich ein paar Minuten Zeit, um zu reflektieren, was wirklich zählt in Ihrem Leben, dann werden Sie mir sicher zustimmen, dass letztendlich Kleinigkeiten der größte Stellenwert zukommt.

91.

Geben Sie ein Paradebeispiel an Ruhe und Ausgeglichenheit ab

Das Motto »Tue, was ich sage, nicht, was ich tue«, funktioniert zu Hause nicht besonders gut. Anders herum klappt es besser, wenn man nämlich sagt: »Tue, was ich tue, nicht, was ich sage.« Egal, ob Sie nun alleine leben, mit einer anderen Person oder mit mehreren, die effektivste Art und Weise, das häusliche Umfeld friedlich zu gestalten ist, selbst ein Paradebeispiel an Ruhe und Ausgeglichenheit abzugeben.

Das emotionale Klima, in dem Sie leben, bestimmen Sie ebenso wie ich meines bestimme. Sind Sie hektisch, nervös, überdreht und frustriert, ist es unrealistisch zu erwarten, dass die Menschen bei Ihnen zu Hause sich wohl fühlen sollen. Viel eher werden sie einen Eiertanz aufführen bei dem Versuch, Sie nicht noch weiter aufzuregen. All Ihre negativen Gefühle werden bis zu einem gewissen Grad auf Ihre Mitbewohner Auswirkungen haben – von Ihnen selbst ganz zu schweigen. Das heißt nicht, dass es Ihre Schuld ist, wenn es bei Ihnen zu Hause nicht besonders friedlich zugeht, sondern nur, dass Sie in den meisten Fällen sehr lange warten können, wenn Sie wollen, dass die anderen mit gutem Beispiel vorangehen.

Sind Sie jedoch ruhig, geduldig und einfühlsam, appellieren Sie an die guten Seiten der anderen. Indem Sie selbst ein Paradebeispiel an Ruhe und Ausgeglichenheit abgeben, öffnen Sie anderen Tür und Tor, selbst ebenfalls geduldiger, toleranter und großzügiger zu sein. Anstatt sich über das tagtägliche Auf und Ab aufzuregen, schaffen Sie ein Umfeld, das allen zuträglich ist. Und je ruhiger Sie werden, desto einfacher ist es auch, die notwendigen Korrekturen vorzunehmen, die durch die Schwierigkeiten und Herausforderungen des Alltags entstehen. Indem Sie ruhig sind, schalten Sie viele geistige Ablenkungen aus, die mit Ihrer klugen Überlegung und Ihrem gesunden Menschenverstand nicht in Einklang stehen; Sie können so viel leichter Lösungen sehen und nicht nur Probleme.

Der erste Schritt, selbst ruhiger zu werden, ist, diesem Ziel in Ihrem Leben höchste Priorität einzuräumen. Anstatt auf andere zu warten, dass sie einen Anfang wagen, und sie für das Durcheinander bei sich zu Hause verantwortlich zu machen, treffen Sie die Entscheidung, sich Ruhe und Ausgeglichenheit zu *Ihrem* wichtigsten Ziel zu machen, nach dem zu streben sich lohnt.

Wenden Sie die Strategien dieses Buches ebenso an wie andere, die in Ihrem Herzen Anklang finden. Sie werden bestimmt zu dem Schluss kommen, dass alles andere sich wie von selbst ergibt und sich viel einfacher handhaben lässt, sobald Sie sich Ruhe und Ausgeglichenheit zum höchsten Ziel setzen. Außerdem geben Sie so anderen die Basis für ein friedlicheres Leben, was wiederum das Durcheinander reduziert, in dem Sie selbst leben müssen. Ein ruhigerer Mensch wird man sicher nicht im Handumdrehen, aber es lohnt sich bestimmt, nach diesem Ziel zu streben. Fangen Sie gleich damit an und fassen Sie einige Entschlüsse, die Sie in diese Richtung führen.

92.

Bringen Sie Ihre Dankbarkeit für Ihr Zuhause zum Ausdruck

Das ist eine der Strategien, die sich mit am einfachsten umsetzen lässt. Dennoch ist sie so wichtig, dass Sie sie unbedingt ausprobieren sollten – und zwar am besten jetzt gleich. Denken Sie einmal einen Moment lang über Ihr Zuhause nach. Egal, ob Sie in einer winzigen Wohnungen, zur Untermiete oder in Ihrem Eigenheim leben, dieser Wohnraum steht Ihnen zur Verfügung. Das ist Ihr Platz. Was um Himmels willen würden Sie ohne machen? Wie könnten Sie überleben?

Es lohnt sich, einmal darüber nachzudenken, wie glücklich Sie sich doch eigentlich schätzen dürfen, ein Heim zu haben, einen Ort zum Ausruhen, einen Hort der Ruhe. Wann aber haben Sie zuletzt langsamer gemacht, um sich einmal umzusehen, um die Wände, die Böden, die Fenster – überhaupt das ganze Ambiente zu betrachten? Wann haben Sie das letzte Mal Ihre Dankbarkeit für Ihr Zuhause zum Ausdruck gebracht? Ich kenne viele Menschen, die nie in ihrem Leben derartiges empfanden.

Atmen Sie einmal tief durch und verleihen Sie Ihrer Dankbarkeit für Ihr schönes Heim Ausdruck. Trotz aller Unzulänglichkeiten ist es schließlich das Ihre. Sie leben in Ihrem Zuhause. Es schützt Sie vor Hitze und Kälte und allem anderen – von Insekten bis hin zu Fremden. Es hält Sie am Leben und verschafft Ihnen Wohlbehagen. Dennoch betrachten wir unser Heim oft als Selbstverständlichkeit. Sicher sagen wir manchmal danke, wie das bei einem Gebet oder bei einer Feierlichkeit routinemäßig mit dazu gehört. Ich bitte Sie nun aber, sich jeden Tag ein paar Augenblicke Zeit zu nehmen – und zwar Ihr ganzes Leben lang –, um über die Freuden, ein Zuhause zu haben, nachzudenken, egal, wie es aussieht und wie hart Sie für den Unterhalt arbeiten müssen.

Seine Dankbarkeit zum Ausdruck zu bringen bewirkt vieles. Ihre Aufmerksamkeit konzentriert sich darauf, welch ein Glück Sie doch eigentlich haben, und nicht, was es alles zu erledigen gilt. So können Sie den Dingen besser den ihnen angemessenen Stellenwert zuweisen. In schwierigen Zeiten macht es Ihnen bewusst, dass Sie sich glücklich schätzen können, am Leben zu sein und ein Zuhause zu haben – allen Widrigkeiten zum Trotz. Fühlen Sie sich durch die Arbeitsbelastung oder durch die hohen Kosten, die mit einem Heim einhergehen, überfordert, dann hilft Dankbarkeit Ihnen, den richtigen Weg einzuschlagen. Dankbarkeit ist ein überaus starkes Gefühl. Sie bringt Ihre guten Seiten zutage und ermöglicht es Ihnen, Ihr Gefühlsleben positiv zu gestalten, glücklich zu sein.

Wenn Sie ein bisschen so sind wie ich, werden Sie erstaunt sein, wie gut Sie sich fühlen werden, wenn Sie diese Übung zum ersten Mal ausprobieren. Sie werden sich vielleicht wundern, warum Sie es nicht schon immer so gemacht haben. Freuen Sie sich an dem Gefühl der Dankbarkeit und genießen Sie, vielleicht zum ersten Mal, das Privileg, ein Zuhause zu haben.

93.

Hören Sie auf, sich zu beklagen, dass andere klagen

Als Vater habe ich schon viele interessante Erfahrungen mit meinen Kindern gemacht; aber eine sticht sicher hervor: Kinder und Klagen gehen Hand in Hand. Von der Stunde an, wenn Ihr Kind auf die Welt kommt und aus reiner Hilflosigkeit jammert, bis hin zu dem Tag, an dem Ihr herangewachsener Sohn beziehungsweise Ihre Tochter aus dem Haus gehen, werden Sie nie einen Tag erleben ohne irgendwelche Klagen, mit denen Sie sich auseinandersetzen müssen.

Jemand hat mir einmal gesagt, dass der Grund, warum unsere Kinder oder auch andere Familienmitglieder sich so oft beklagen, darin liegt, dass sie sich in unserer Gesellschaft besonders wohl fühlen. Nachdem ich darüber genauer nachgedacht hatte, wurde mir klar, dass ich mir manchmal wünschte, dass das bei meiner Familie nicht so wäre. Ich nehme an, dass es Ihnen nicht anders ergeht.

Was das Klagen betrifft, habe ich zwei in sich logische Dynamiken festgestellt, die ich Ihnen gern mitteilen möchte. Zunächst einmal bedeutet es für mich Stress, mir die Klagen anderer Leute anzuhören, und es ermuntert mich, selbst auch zu jammern. Nehmen wir also zum Beispiel einmal an, dass es draußen heiß ist und ich mich sowieso schon nicht wohl fühle. Dann fängt auch noch eine meiner Töchter an zu jammern, wie warm es ist und dass sie solchen Durst hat. Das macht mir dann wieder bewusst, wie unwohl ich mich sowieso schon fühle, und ich wünsche mir, dass sie mit ihrem Gejammer aufhört. Aber Kinder sind eben Kinder; die Kleine findet kein Ende. Recht bald habe ich ihre Klagen dann so satt, dass ich mich bei meiner Frau beschwere: »Die Kinder quengeln immer.« Meine erste Beobachtung ist also, dass Klagen immer weitere nach sich ziehen.

Die zweite Beobachtung, die ich gemacht habe, besteht darin, dass in nicht einem einzigen Fall meine Einwände den Klagen ein Ende bereitet haben. Es hat sogar den Anschein, als würde dann alles nur noch schlimmer. Den Klagen wird weitere Energie zugeführt, was den bestehenden Teufelskreis zusehends verstärkt.

In den letzten Monaten habe ich auf diesem Gebiet einige gewaltige Schritte nach vorn unternommen und es war viel einfacher, als ich es mir vorgestellt hatte. Anstatt mich also über die Klagen weiter zu beschweren, fasste ich den Entschluss, mit der Tatsache Frieden zu schließen, dass es einfach zum Leben gehört, sich derartiges Gejammer anzuhören. Und dabei habe ich etwas wirklich Beachtliches entdeckt: Die Klagen haben erheblich abgenommen, und sie gehen mir nicht mehr so auf die Nerven. Die Tatsache, dass ich mich emotional nicht mehr so in Klagen verstricken lasse, hat dazu geführt, dass es für meine Kinder nicht mehr so verlockend ist, mir etwas vorzujammern.

Mein Ratschlag lautet nun also ganz einfach: So schwierig es anfangs auch sein mag und so berechtigt Ihre Klagen erscheinen mögen, versuchen Sie, Ihren Beitrag zu dem Prozess auszuschalten. Dann wird Folgendes passieren: Wenn Sie selbst aufhören, sich zu beklagen, werden die Klagen, die Sie sich anhören müssen, langsam zurückgehen. Viel Glück mit dieser Strategie – aber beschweren Sie sich nicht, wenn sie Ihnen nicht hilft!

94.

Heißen Sie Veränderungen willkommen

Es ist stets wichtig, Veränderungen willkommen zu heißen, doch nirgends so sehr wie zu Hause. Schließlich ist alles in einem ständigen Wechsel begriffen – unser Körper, die Beschaffenheit unseres Zuhauses, auch werden unsere Kinder immer älter und machen ständig Veränderungen durch. Unser Aussehen mit zwanzig ist ganz anders als mit vierzig, sechzig oder achtzig Jahren. Wenn unsere Kinder heranwachsen, unterliegen sie gravierenden Veränderungen, körperlich wie emotional. Es erübrigt sich eigentlich zu sagen, dass Ihr Wonneproppen von vierjährigem Sohn als Jugendlicher ein ganz anderer Mensch sein wird und sich zudem noch weiter verändert, bis er einmal achtzehn ist.

Grundsätzlich stehen uns zwei Möglichkeiten zur Verfügung, mit Veränderungen umzugehen: Wir können dagegen ankämpfen und uns verweigern – oder wir können nachgeben und sie willkommen heißen. Die meisten Menschen stemmen sich mit aller Macht gegen Veränderungen. Sie kämpfen gegen das Altern an, gegen ungewohnte Familientraditionen, veränderte Einstellungen ihrer Kinder – das heißt gegen eigentlich alle gravierenden Veränderungen in ihrem Leben. Das Problem dabei ist, dass sie auf verlorenem Posten kämpfen – und zwar hundertprozentig immer. Veränderungen sind nämlich das Einzige, was im Leben gewiss ist, sie gehören zu dem wenigen, worauf wir uns verlassen können. Kämpfen wir gegen das Unvermeidliche an, fügen wir uns viel Kummer und Leid zu. Ich habe beispielsweise einige Menschen kennen gelernt, die so viel Zeit und Energie darauf verwendet haben, Angst vor ihrem vierzigsten oder fünfzigsten Geburtstag zu haben, dass sie fast die paar Jahre davor verpasst haben; ihre Aufmerksamkeit lag nämlich ganz woanders. Manche Menschen sind so unglücklich darüber, dass ihre Kinder heranwachsen und irgendwann aus dem Haus gehen werden, dass sie die letzten ein oder zwei Jahre, wenn ihr Sohn oder ihre Tochter noch daheim wohnt, gar nicht mehr schätzen können. Wieder andere fühlen sich beunruhigt wegen kleiner Änderungen im Familienritual – jemand tauscht einen Gang beim Menü an Erntedank aus oder will Weihnachten einmal anderswo feiern – oder sonst etwas, das den Status quo ändert.

Ich möchte Ihnen nicht vorschlagen, sich dem Alterungsprozess einfach zu ergeben und sich nicht angemessen zu pflegen oder nicht daran zu arbeiten, Traditionen zu bewahren, die Ihnen wirklich etwas bedeuten. Ich möchte darauf hinaus, dass man sich nicht aufzuregen und frustriert fühlen soll wegen Dingen, die sowieso nicht der eigenen Kontrolle unterliegen. Genießen Sie nur weiter eine bestimmte Phase Ihres Lebens – aber nicht auf Kosten all der anderen. Erfreuen Sie sich an der nächsten Phase ebenso sehr wie an der vergangenen. Öffnen Sie Ihr Herz für das, was vor Ihnen liegt, und Sie werden feststellen, dass es viel einfacher ist, sich anzupassen, als Sie vermuten.

Heißen Sie Veränderungen willkommen, öffnen Sie einem friedlicheren Dasein Tür und Tor. Anstatt darauf zu beharren, dass das Leben auf eine bestimmte Weise sein und auch bleiben soll, unternehmen Sie eine Reise, die Akzeptanz und Würdigung einer jeden Phase mit einschließt. Dann wird das Leben eher zu einem Abenteuer.

95.

Tauschen Sie einmal mit Ihrem Mann beziehungsweise Ihrer Frau die Rollen

Es ist eigentlich traurig, aber der Mensch, den Sie am leichtesten als Selbstverständlichkeit betrachten, ist wohl die Person, die Sie am meisten von allen auf der Welt lieben – nämlich Ihr Mann beziehungsweise Ihre Frau. So schnell verliert man sich in seiner eigenen Welt und den Verantwortlichkeiten, die das reale Leben stellt, dass man allmählich meint, dass der Partner es viel einfacher hat als man selbst; oder man vergisst – oder es wird einem zumindest nicht bewusst –, wie hart Ihr Partner doch eigentlich für Sie arbeitet. Diese Neigung kann zu viel Frust führen, ist größtenteils jedoch vermeidbar. Der Schlüssel dazu liegt darin, dass Sie sich in die Rolle Ihres Partners versetzen.

Ich will Ihnen dazu jetzt ein Beispiel geben, obwohl ich weiß, dass Unmengen Ausnahmen die Regel bestätigen. Ich bin mir darüber im Klaren, dass es in der heutigen Zeit viele Familien gibt – wenn sie nicht gar in der Überzahl sind –, in denen zwei Personen das Geld verdienen und ebenso viele auch die häuslichen Pflichten teilen. Ich bin mir zudem bewusst, dass viele Frauen zur Arbeit gehen, während die Männer zu Hause bei den Kindern bleiben. Versuchen Sie aber, trotz meiner etwas klischeehaften Beispiele den Kern dessen zu erfassen, was ich Ihnen so Wichtiges erklären möchte.

Viele der Männer, mit denen ich befreundet bin, haben den Fehler begangen, Ihre Frauen als Selbstverständlichkeit zu betrachten. Ich freue mich jedoch, Ihnen mitteilen zu können, dass einigen geholfen werden konnte, weil sie sich nämlich diese Strategie zu Herzen genommen haben. Ein gängiges Beispiel ist ein Mann, der arbeitet und mit einer Frau verheiratet ist, die zu Hause bleibt – und dort natürlich auch hart arbeitet. In dieser – typisch chauvinistischen – Konstellation ist der Mann überzeugt, dass seine Frau großes Glück hat, weshalb er oft die Wichtigkeit ihrer Rolle herunterspielt. Er glaubt, dass ihre Bedürfnisse befriedigt werden, weil er den ganzen Tag draußen schuftet. Er leistet daheim kaum einen Beitrag, was Hausarbeiten, Kinderbetreuung und andere Verpflichtungen angeht. Er ist sich völlig dessen bewusst, wie schwer er arbeitet, doch die Rolle, die seine Frau spielt, ist für ihn selbstverständlich. Es ist oft ein Schock – für die Ehe aber nur von Vorteil –, wenn in so einem Fall der Mann den Haushalt einmal eine Woche übernimmt oder zumindest ein paar Tage lang, während seine Frau Freunde besucht oder einfach eine Pause einlegt. Viele Männer bekommen vor diesem Vorschlag solche Angst, dass sie mit einem Mal verstehen, was ich sagen will, ohne sich dieser Erfahrung überhaupt zu unterziehen. Es wird ihnen, wenn es hart auf hart kommt, nämlich oft bewusst, dass sie völlig unfähig sind, die wichtigen alltäglichen Aufgaben, die die Führung eines Haushalts sowie die Kindererziehung mit sich bringen, zu übernehmen. Zudem wird ihnen klar, wie anstrengend das sein kann. Und harte Arbeit ist es wahrhaftig! Ziel eines solchen Rollentausches ist es, wieder ein Gefühl der Dankbarkeit zu entwickeln und ein Einfühlungsvermögen in das, was der andere alles für einen tut.

Natürlich funktioniert diese Strategie beidseitig. Sehr häufig betrachtet auch das typische Hausmütterchen ihren Mann als Selbstverständlichkeit. Sie beklagt sich dann zum Beispiel vermutlich über seine vielen Überstunden und die verpassten Essenseinladungen, ohne sich dessen bewusst zu sein, wie schwierig es oft ist, den Lebensunterhalt zu verdienen. In den meisten Fällen ist es für die nicht im Berufsleben stehende Ehepartnerin natürlich unrealistisch, eine Woche lang die Rollen tauschen zu wollen. Es kann für sie – oder ihn – jedoch von Vorteil sein, sich einmal vorzustellen, wie es wäre, aus dem Haus zu gehen und Geld zu verdienen, um die finanziellen Bedürfnisse der Familie zu befriedigen. Die Erfahrung kann für jemanden, der eigentlich keinen Job außer Haus hat, ziemlich niederschmetternd sein.

Sinn dieser geistigen Übung ist es nicht herauszufinden, wessen Arbeit nun diffiziler oder wichtiger ist, sondern die Bedeutung und inhärenten Schwierigkeiten zu erkennen, die beiden Aspekten des Lebens innewohnen. Ganz unabhängig von Ihrer persönlichen Situation und sogar, wenn Sie und Ihr Partner beide arbeiten und auch beide den Haushalt führen, kann es enorm hilfreich sein, mit dieser Strategie ein bisschen zu spielen. Tun sie das, wird Ihnen nämlich langsam bewusst werden, wie viel Ihr Mann beziehungsweise Ihre Frau eigentlich für Sie tut und wie schwierig sein oder ihr Leben oft sein kann, was Sie dann auch zu schätzen lernen. Und ich kann Ihnen versichern, dass sich jeder gern gewürdigt weiß. Zollt man Menschen Anerkennung, macht ihre Gesellschaft nämlich mehr Freude.

96.

Akzeptieren Sie die Tatsache, dass es stets etwas zu tun gibt

Manchmal ist es enorm hilfreich, mit den Gegebenheiten Frieden zu schließen, weil Sie sich dann nämlich nicht überfordert und verärgert fühlen. Vieles im Leben, mit dem man konfrontiert wird, fällt in diese Kategorie, wie zum Beispiel: Nie reicht die Zeit, um alles erledigen zu können; man kann nicht an zwei Orten gleichzeitig sein; es gibt Dinge im Leben, über die nicht zu verhandeln ist; jedes Jahr wird die Lohnsteuererklärung fällig; man wird älter und stirbt schließlich; man kann einem Menschen nicht alles bedeuten; und – natürlich – gibt es stets zu Hause etwas zu erledigen!

Aus irgendeinem Grund – vielleicht ja, weil es so offensichtlich ist – versuchen viele dagegen anzukämpfen. Man hört Menschen sehr häufig so etwas sagen wie: »Mein Haus ist nie in so einem Zustand, dass es mir gefällt« oder: »Egal, wie hart ich arbeite, ich kriege einfach nie alles fertig.« Ich bin nun zu dem Schluss gekommen, dass es unglaublich nützlich ist, einige Aspekte des Lebens, die absolut vorhersehbar sind, schlichtweg als gegeben hinzunehmen. Ziemlich weit oben auf dieser Liste steht die Tatsache, dass, ganz egal, wo Sie wohnen, wer Sie sind oder wie viel Geld Sie haben oder auch nicht, es immer etwas zu erledigen gibt. Keinerlei Klagen, Vereinfachungen, Wünsche, dass es anders wäre, oder kluge Planung vermag an dieser einfachen Gegebenheit etwas zu verändern. Ich bin außerdem der Meinung, dass die beste Möglichkeit, mit dieser Tatsache fertig zu werden, darin besteht, einfach zu akzeptieren, dass es immer so sein und auch so bleiben wird. Ich kenne viele Leute, die praktisch kein Geld haben, einige mit mehr Geld, als sie je brauchen werden, und Unmengen, die in eine Kategorie dazwischen fallen. Und es gibt nicht einen einzigen Menschen, der sich von diesen Gegebenheiten des Lebens ausnehmen ließe.

Vor ein paar Wochen verbrachten Kris und ich einen Samstag zu Hause, um ein paar unerledigte Arbeiten zu Ende zu bringen. Ich sah mich um und war entsetzt, wie viel wir zu erledigen hatten. Wäsche musste gewaschen werden, Böden mussten geschrubbt, Toiletten geputzt und der Speicher aufgeräumt werden. In meinem Büro oben im ersten Stock sah es aus, als hätte ich die Post von einem Monat nicht geöffnet, obwohl ich sie noch am Tag zuvor durchgesehen hatte. Die Hamsterkäfige mussten gesäubert und vor dem Haus musste der Gehsteig gefegt werden. Natürlich war es auch nötig, die Kinderzimmer in Ordnung zu bringen, und unser Bett musste auch noch gemacht werden. Der Hund musste ausgeführt und der Sattel vom Fahrrad meiner Tochter weiter nach oben versetzt werden. Zudem waren noch sämtliche Pflanzen im Haus und draußen zu gießen.

Und das war eigentlich erst die Spitze des Eisbergs. Diese einfache Liste beinhaltet nämlich noch nicht so Alltägliches, wie die Rechnungen zu bezahlen oder sich den Kindern zu widmen. Ebenso wenig ist dabei die Tatsache berücksichtigt, dass die Kinder drei Mahlzeiten am Tag zu sich nehmen, die zubereitet und hinterher wieder weggeräumt werden müssen. Auch sind Instandhaltungsarbeiten noch nicht eingeplant wie das Streichen der Wände oder dass Geräte oder Gartenmöbel kaputt gehen und gerichtet oder ersetzt werden müssen. Auch den Rasen, der wöchentlich zu mähen ist, habe ich noch nicht mit in Betracht gezogen, und das Unkraut, das sich im restlichen Garten angesammelt hat. Ich könnte diese Aufzählung immer weiterführen, aber ich denke, Sie haben schon verstanden, worum es mir geht.

Mit etwas Abstand können Sie vermutlich erkennen, wie schnell man sich entmutigt fühlen kann – wenn man nicht sogar gleich durchdreht –, ob der vielen Dinge, die es zu tun gilt. Fassen Sie den Entschluss, nicht zu ruhen, bis alles erledigt ist, dann werden Sie Ihr ganzes Dasein müde und frustriert fristen. Es ist nicht schwer, in allem zu Hause ein Problem zu sehen, weil es ja so viele Kleinigkeiten zu berücksichtigen gibt. Die einzige Möglichkeit, dieses Problem zu umgehen, ist, es zu akzeptieren und loszulassen. Vertreten Sie die Auffassung, dass es schon genug ist, wenn Sie Ihr Bestes *versuchen*, selbst wenn Sie die Schlacht letztendlich nicht gewinnen können. Das Optimum, was Sie wohl schaffen können, ist, den Überblick zu behalten, festzusetzen, was wirklich wichtig ist, und sich Ihren Sinn für Humor zu bewahren. Kurz gesagt: Sie können eben nur tun, was Ihnen möglich ist. Zu dem Schluss zu kommen, dass es eine Gegebenheit des Lebens ist, dass man eben nie alles fertig kriegt, hat nichts mit einer defätistischen Einstellung zu tun; man erkennt diese Wahrheit einfach nur an. Die schlichte Tatsache, dass Sie sich einer Sache widmen, bedeutet automatisch, dass Sie eine andere nicht tun.

Fangen Sie also heute noch an und gönnen Sie sich eine Pause. Entspannen Sie sich. Tun Sie, was in Ihrer Macht steht, aber steigern Sie sich nicht zu sehr hinein. Das Ergebnis wird sein, dass Sie sich viel glücklicher fühlen werden.

97.

Werden Sie Ihre alten Sachen los

So simpel diese Strategie scheint, ist sie doch einige Überlegungen wert; und die Aufgabe ist gar nicht so einfach. Es war eine ganze Menge Ausdauer erforderlich, aber ich denke, dass ich mittlerweile mehr als neunzig Prozent an alten Sachen in meinem Leben losgeworden bin. Ich bin überzeugt, dass diese Anstrengung mir enorm geholfen hat, ein umgänglicherer Mensch zu werden und zu Hause nicht mehr in allem ein Problem zu sehen und mich verrückt zu machen.

Alles mögliche Zeug, von dem viel total nutzlos ist und bloß physische wie psychische Energien verschleißt, belastet wahrhaftig jeden Tag unser Leben. Ohne bewusste und konzentrierte Bemühungen, einer derartigen Ansammlung entgegenzuwirken, versinken wir schließlich in Bergen von nutzlosem Müll, um den wir uns kümmern müssen. Die Ursache: Alter Krempel prägt unser Leben, ob uns das nun passt oder nicht. Wenn wir also keine Methode entwickeln, zumindest so viel wieder loszuwerden wie durchschnittlich hereinkommt, ist es ganz unvermeidlich, dass die Stapel immer höher und somit schwieriger abzubauen werden. Viele Leute täuschen sich selbst, indem sie sagen, dass sie sich »bald darum kümmern wollen« oder der – meist – falschen Annahme erliegen, dass sie etwas irgendwann einmal wieder brauchen könnten. Diese Ausrede wird

durch die Tatsache untermauert, dass sie sich erinnern, wirklich einmal etwas gebraucht zu haben, das sie dann im hintersten Winkel der Garage unter einem Stapel Kisten hervorgezogen haben.
Zu altem Krempel zählt alles, was Platz erfordert, unsere Aufmerksamkeit ablenkt, uns irritiert und im Weg ist und praktisch nie in Gebrauch kommt. Eine der gängigsten Formen sind Stapel von Postwurfsendungen, Schmierzettel, alte Zeitungen, Telefonbücher, Zeitschriften, Kleidung und Handtücher, die wir nicht mehr benutzen, Geschenke und andere Gegenstände, mit denen wir nichts anzufangen wissen, alte Fahrräder und Sportgeräte, Stapel von unbenutztem Bauholz, nicht absetzbare Rechnungen, Schlüssel, die wir nicht mehr brauchen, Spielzeug, das die Kinder nie mehr auch nur anschauen, alte Briefe und andere Post, Bücher, die wir bereits gelesen haben oder überhaupt nicht vorhaben, je zu lesen, Erinnerungsstücke von nostalgischem Wert, Nippes, den wir keines Blickes mehr würdigen, überzähliges Geschirr oder Töpfe und Pfannen, Besteck, Küchengeräte und so weiter. Genauer betrachtet sind die meisten Wohnungen bis zum Rand vollgestopft mit Utensilien, die zu nichts anderem taugen, als Platz wegzunehmen. Ich war schon in vielen Wohnungen, wo die Schränke knallvoll waren mit Sachen, die nie benutzt wurden, und zudem niemand auch nur die Absicht hatte, etwas davon je in Gebrauch zu nehmen. Und wenn ich dann genug Mut hatte, um die Frage »Wozu hebst du denn dieses ganze Zeug überhaupt auf?« zu stellen, dann lautete die Antwort meist nur lapidar: »Ach, ich weiß auch nicht so recht, es ist halt mal da.«
Ich glaube, ein Grund, warum so viele Leute sich von irgendwelchen alten Sachen das Leben verderben lassen, ist, dass sie gar nie die Erfahrung gemacht haben, welch eine Freude es ist, ein wohlgeordnetes Zuhause zu haben. Die meisten dieser Menschen hatten selbst Eltern, die es nicht

anders gemacht haben. Oft wird ein Speicher erstmals geräumt, wenn jemand gestorben ist oder aus gesundheitlichen Gründen sein Zuhause verlassen muss.
Ein Heim ohne all diese Altlasten hat jedoch etwas unglaublich Friedliches an sich; wenn man beispielsweise einen Schrank aufmacht und wirklich Platz hat, um etwas aufzuhängen; wenn man mühelos eine Schublade herausziehen kann; wenn man alles findet, wonach man gerade sucht; wenn man Luft und Freiraum hat und einfach gar nichts stört. Es hat etwas Zwangloses und Angenehmes, am Schreibtisch zu sitzen und in der Lage zu sein, die Tischplatte noch erkennen zu können und außerdem auch sein Adressbuch zu finden. Ebenso befreiend ist es, einen Küchenschrank zu öffnen und schnell und einfach einen seiner liebsten Töpfe und Backbleche auswählen zu können, ohne vorher alles durchwühlen und hin- und herschieben zu müssen, als ob man sich durch einen Dschungel kämpft.
Sich von allen alten Sachen zu verabschieden ist eine einfache Methode, sich das Leben leichter zu gestalten; man hat dann das Gefühl, besser organisiert zu sein und die Dinge im Griff zu haben. Dieser Freiraum vermittelt Ihnen Gelassenheit. Er hebt Ihre Stimmung, indem er Ihnen ein Gefühl von Offenheit gibt, ein Gefühl, mit der Welt in Einklang zu stehen und nicht gegen Überforderungen ankämpfen zu müssen.
Sie können ganz einfach anfangen – räumen Sie Ihre Schubladen und Schränke leer. Geben Sie alles, was Sie nicht brauchen, Menschen, die etwas damit anfangen können. Veranstalten Sie eine Art Flohmarkt in der Garage und spenden Sie alles, was Sie nicht loswerden, für einen guten Zweck, anstatt die Sachen weiterhin zu behalten. Bestellen Sie alle Zeitschriften, die Sie nicht wirklich lesen, ab und legen Sie die ungelesenen, die Sie noch aufbewahrt haben, zum Altpapier. Schauen Sie Ihre al-

ten Erinnerungsstücke durch und tun Sie alles, was Sie weiterhin gern aufheben möchten, in eine bestimmte Schachtel – alles andere geben Sie weg. Misten Sie Ihre Kleidung aus. Tragen Sie das wirklich noch alles? Wenn nicht, wäre es dann nicht nett, die Sachen jemandem zu schenken, der noch Freude daran hat? Und könnten Sie die Spenden nicht zudem steuerlich geltend machen? Vielleicht sollten Sie ja eine neue Kleiderordnung einführen: Wenn Sie etwas zwei Jahre lang nicht anhatten – weg damit!

Die meisten Leute, die sich ihr Leben mit Hilfe dieser Methode einfacher gestalten, sind vom Ergebnis begeistert. Für einige wird diese Strategie zu einem Lebensstil, mit dem sich alles leichter handhaben lässt; für andere ist sie eher eine Übung, wie man sich sein Dasein etwas angenehmer machen kann. Ich bin zu dem Schluss gekommen, dass ich, seit ich nicht mehr alles horte und mich der Sachen entledige, die ich eigentlich nicht mehr benutze, all das, was ich bewusst behalte, viel mehr zu schätzen weiß. Ich hoffe, dass Sie es einmal mit dieser Strategie versuchen wollen; wenn ja, werden Sie bestimmt froh darüber sein.

98.

Verzichten Sie auf den Wunsch, dass sich etwas sofort bezahlt machen soll

Auf den ersten Blick scheint dieser Vorschlag ja eher auf die Arbeit oder finanzielle Angelegenheiten zuzutreffen als auf das Leben zu Hause. Wenn Sie es sich jedoch einmal genauer betrachten, werden Sie feststellen, dass dieses Prinzip auch hier Gültigkeit hat. Für mich hat es sich jedenfalls immer wieder gelohnt, mir diese Strategie auch zu Hause zu Herzen zu nehmen.

Darauf zu verzichten, dass sich etwas sofort bezahlt machen soll, heißt, dass Sie entweder momentan etwas tun, was Sie nicht unbedingt wollen, oder etwas sein lassen, um später dafür entlohnt zu werden. Sie verschieben also die unmittelbare Wunscherfüllung, weil die spätere Belohnung vermutlich größer sein wird als die gegenwärtigen Kosten und Aufwendungen.

Diese Strategie lässt sich ganz offensichtlich gut beim Umgang mit Ihren Kindern anwenden. Vielleicht möchten Sie ja, dass Ihr quengeliges Kind endlich ein bisschen schläft. Es ist aber bereits fünf Uhr nachmittags und deshalb ist es wohl sinnvoller, noch durchzuhalten und es abends um sieben zu Bett zu bringen. Gestatten Sie Ihrem Kind, jetzt ein Nickerchen zu machen, wird es genau dann gut ausgeruht und entsprechend lebhaft sein, wenn Sie selbst schlafen wollen, und Sie dann vielleicht um Ihre

Nachtruhe bringen. In diesem Fall verschieben Sie die Befriedigung Ihrer Wünsche – dass Sie nämlich Ihre Ruhe haben wollen – um ein paar Stunden, damit Sie keine schlaflose Nacht ertragen müssen. Oder Ihr Kind könnte zum Beispiel weinen, weil es eine große Schale Eis möchte oder sonst irgendwelche Süßigkeiten. Sie wissen jedoch, dass Ihr Kind jedes Mal, wenn Sie ihm erlauben, zu viel Zucker zu sich zu nehmen, mürrisch und gereizt wird. Sie entscheiden also, dass es besser ist, das Kind eine Weile weinen und klagen zu lassen – und sich schließlich wieder zu beruhigen –, damit es später weniger schlecht gelaunt ist. Wieder verschieben Sie die Erfüllung Ihrer Wünsche eine kleine Weile, weil es sich bezahlt macht.

Es gibt noch viele andere Anlässe, wenn es sinnvoll ist, auf die unmittelbare Erfüllung seiner Wünsche zu verzichten. Sie möchten beispielsweise wirklich gern ein bestimmtes Fernsehprogramm sehen, aber Ihr Partner will mit Ihnen reden. Auch wenn Sie vielleicht enttäuscht sind, Ihre Lieblingsshow zu verpassen, ist es sicher klug, den Fernseher abzuschalten und dem Partner die ungeteilte Aufmerksamkeit zu schenken. Sie investieren jetzt ein bisschen, um langfristig gesehen einen viel glücklicheren Partner zu haben. Ihre Beziehung verbessert sich, da auf diese Weise das gegenseitige Vertrauensverhältnis zunimmt – und Ihr Leben wird somit viel weniger stressig.

Einer meiner liebsten Anlässe, auf die sofortige Erfüllung meiner Wünsche zu verzichten, ist, wenn in der Küche spät am Abend Chaos herrscht, aber sowohl Kris als auch ich erschöpft sind und eigentlich nur noch ins Bett wollen. Fast immer zwinge ich mich, noch so lange aufzubleiben, bis die Küche wieder ordentlich ist – das heißt ich verschiebe mein Bedürfnis nach Schlaf –, damit wir am Morgen in einem sauberen Haus aufwachen. Wir finden beide, dass es beruhigend ist, nach dem

Aufstehen den Tag nicht in einer schmutzigen Küche beginnen zu müssen; so fällt es uns leichter, in die Gänge zu kommen.
Auch Sie werden sicher zu dem Schluss gelangen, dass es viel einfacher ist zu vermeiden, in allem zu Hause ein Problem zu sehen und sich verrückt zu machen, wenn Sie es in Betracht ziehen, auf die sofortige Befriedigung Ihrer Wünsche zu verzichten.

99.

Denken Sie daran, dass alles einmal vorübergeht

Eine alte Weisheit, die mir stets sehr dienlich war, ist der Ausspruch: »Alles geht einmal vorüber.« Sie hat mir geholfen, die tagtäglichen Ärgernisse, mit denen jeder von uns konfrontiert wird, zu überwinden und auch einige schwere Zeiten in meinem Leben zu überstehen.

Denken Sie einmal darüber nach. Alles kommt und geht. Probleme bauen sich auf und verschwinden. Den einen Tag sind wir noch im Urlaub, am nächsten bereits wieder am Arbeitsplatz. Wir bekommen eine Erkältung oder die Grippe, aber beides vergeht wieder. Wir haben eine kleine Verletzung, aber in der Regel heilt sie wieder. Wir freuen uns auf ein Ereignis und schon ist es wieder vorbei. Wir können das Endspiel im Football nicht mehr erwarten und am Tag danach stellen wir uns schon auf die nächste Spielzeit ein.

Sich diese alte Weisheit bewusst zu machen, bedeutet enorme Freiheit. Darin kann wirklich der Grundstein für ein friedlicheres Leben liegen. Man wird so nämlich stets daran erinnert, dass alles seine Zeit hat, seinen Ort. Man bekommt auf diese Weise in schweren Situationen eine Perspektive, einen Bezugsrahmen; nichts ist von ewiger Dauer. Wir schöpfen Hoffnung und Zutrauen, dass wir eine Sache durchstehen – sie wird vorübergehen, so wie immer.

Wer kleine Kinder hat, denkt gern: »Ich werde nachts nie mehr richtig schlafen können.« Ohne die Aussicht, dass auch das einmal vorübergeht, fühlt man sich dann leicht überfordert, ja sogar ohne Hoffnung in solch schwierigen Zeiten. Jede schlaflose Nacht scheint ewig zu dauern. Sie sind voller Angst; sie fühlen sich hoffnungslos, gefangen, überfordert.
Aber wie alles andere geht logischerweise auch diese Phase vorbei. Dann steuern Sie auf eine neue Serie von Herausforderungen zu – die Trotzphase beispielsweise. Diese Dynamik gilt für alles in unserem Leben. Sie machen eine Krise durch und haben Angst, dass sie nie vorübergehen wird, aber irgendwie findet sich dann doch ein Weg. Sie haben einen Riesenkrach mit Ihrem Partner und schwören, dass sie ihm oder ihr das nie verzeihen werden, aber im Grunde Ihres Herzens lieben Sie ihn oder sie dann doch wieder. Es ist bei Ihnen beruflich viel los und Sie haben das Gefühl, nicht mehr lang durchhalten zu können, und dann gestaltet sich Ihr Terminplan plötzlich wieder ganz normal. Immer wieder haben wir zu kämpfen und kommen dann doch weiter.
Schauen wir auf unser Leben zurück, kann man unschwer erkennen, dass alles kommt und geht: Winter, Frühling, Sommer, Herbst; Freude, Leid, Trauer, Lob und Tadel; Not, Wohlbefinden, Ruhe, Erschöpfung; Errungenschaften, Verluste und was sonst noch alles. Wirkliche Freiheit und Glück entstehen, wenn wir diese Dynamik erkennen, und zwar nicht erst rückblickend, sondern *während* wir in Schwierigkeiten stecken. Auf diese Weise können wir unser Einschätzungsvermögen selbst mitten im Chaos bewahren. Bedenken Sie, dass alles kommt und geht, ermöglicht Ihnen das, den Dingen den angemessenen Stellenwert zuzuweisen, ein offenes Herz zu haben und sich in allen Lebensphasen sogar Ihren Sinn für Humor zu bewahren.
Ich möchte Sie ermutigen, sich diese alte Weisheit immer bewusst zu ma-

chen, wenn Sie verärgert, gestresst oder beunruhigt sind, und auch, wenn Sie erhebliche Schwierigkeiten durchzustehen haben. Das Leben ist kurz. Unsere Kinder sind klein; sie wachsen heran. Wir sind jung; wir werden alt. Wir durchleben das alles. Die beste und effizienteste Art, sich eine Einstellung der Dankbarkeit zu bewahren und sich nicht überfordern zu lassen, ist, stets daran zu denken, dass alles – selbst wenn es noch so schlimm ist – vorübergeht.

100.

Behandeln Sie die Mitglieder Ihrer Familie so, als sähen Sie sie zum letzten Mal

Es ist immer schwierig, ein Buch zu beenden. In »Alles kein Problem!« schloss ich mit dem Vorschlag, heute so zu leben, als wäre es Ihr letzter Tag auf dieser Welt – was auch der Fall sein könnte; man weiß ja nie. Ich habe mich entschlossen, diesen Titel mit einer ähnlichen Überlegung zu beschließen, nur dass sie diesmal mehr auf Ihre Familie ausgerichtet ist. In dieser Strategie möchte ich Ihnen vorschlagen, die Mitglieder Ihrer Familie – und alle, die Sie sehr lieben – so zu behandeln, als sähen Sie sie zum letzten Mal.

Wie oft stürzen wir aus der Tür, ohne uns zu verabschieden – oder sagen etwas wenig Freundliches oder üben im Affekt noch schnell Kritik, wenn wir getrennter Wege gehen? Wie oft betrachten wir die Menschen, die wir lieben, als Selbstverständlichkeit, weil wir davon ausgehen, dass wir *stets* mit ihnen zusammen sein werden? Viele von uns scheinen von der Annahme auszugehen, dass sie ja später immer noch freundlich sein können, dass es immer ein Morgen gibt. Aber ist es klug, so zu leben?

Vor ein paar Jahren starb meine Großmutter Emily. Ich habe sie oft besucht, immer wohl wissend, dass jeder Besuch der letzte sein könnte. Immer wenn wir uns sahen, war es etwas Besonderes. Jeder Abschied war von wahrer Liebe erfüllt, von Wertschätzung und dem Bewusstsein der

Situation. Rückblickend war das eine überaus liebevolle Zeit, weil jeder Augenblick so wertvoll war.

Unser Alltag kann ebenfalls wertvoll sein. Eine beeindruckende Übung, die man regelmäßig machen sollte, ist, so zu tun, als ob dies ihr endgültiger Abschied sei. Stellen Sie sich also beispielsweise vor, dass Sie ein bestimmtes Mitglied der Familie nach einem Treffen nie mehr wiedersehen werden. Wäre das der Fall – was ja immer im Bereich des Möglichen liegt –, würden Sie dann das Gleiche denken und sich auch ebenso verhalten? Würden Sie Ihre Eltern, Ihr Kind, Ihren Bruder oder Ihre Schwester, Ihren Mann beziehungsweise Ihre Frau oder sonst jemanden, den Sie lieben, noch an einen Fehler, eine Schwäche oder einen Mangel in ihrem Verhalten oder Wesen erinnern? Wären Ihre letzten Worte Klagen und pessimistische Kommentare, die darauf schließen lassen, dass Sie sich ein anderes Leben wünschen? Vermutlich nicht.

Vielleicht würden Sie ja, wenn Sie die Möglichkeit in Betracht zögen, dass Sie jemandem, den Sie lieben, zum letzten Mal gegenüberstehen, sich etwas mehr Zeit für eine liebevolle Umarmung zum Abschied nehmen. Oder Sie würden vielleicht etwas Nettes und Freundliches sagen, das Ihrer Liebe Ausdruck verleiht, anstatt wie sonst nur: »Bis bald dann.« Wenn Sie meinen würden, dass es das letzte Mal ist, dass Sie Ihren heranwachsenden Sohn beziehungsweise Ihre Tochter, Ihre Schwester, Ihre Eltern, Schwiegereltern, Ihren Partner sehen, dann würden Sie diesen Menschen anders behandeln, nämlich mit mehr Freundlichkeit, mit mehr Einfühlungsvermögen. Anstatt einfach davonzustürzen, würden Sie wohl lächeln und diesen Menschen wissen lassen, wie viel er Ihnen bedeutet. Sie hätten ein offenes Herz.

Ich mache diesen Vorschlag nicht, um ein von Angst geprägtes Umfeld zu schaffen, sondern um Sie zu ermutigen, stets daran zu denken, wie wertvoll Ihre Familie ist und wie sehr Sie sie vermissen würden, wenn sie ihr Leben nicht mit Ihnen teilen würde. Diese Strategie in die Tat umzusetzen hat meinem Leben eine weitere Perspektive für das gegeben, was wirklich wichtig ist. Ich glaube, dass sie Ihnen helfen kann, geduldiger und einfühlsamer zu werden – und vielleicht vor allen Dingen, daran zu denken, nicht in allem ein Problem zu sehen und sich verrückt zu machen.

Harmonie und Glück

in der Familie!

als reine Utopie? Schnuller verschwunden. Grießbrei an der Wand. Keine Nacht richtig geschlafen. Die Nerven liegen blank.

Richard Carlson weiß Rat.